二十四桥明月夜

目录

- 序 ……… 〇〇一
- 巷城赋 ……… 〇〇一
- 浪漫扬州 ……… 〇〇八
- 见证扬州城 ……… 〇一四
- 南柯寻梦 ……… 〇二四
- 小秦淮风情 ……… 〇四五
- 苏唱街漫步 ……… 〇五〇
- 寂寞丛书楼 ……… 〇五五
- 沧桑测海楼 ……… 〇六四
- 白塔传说 ……… 〇四〇
- 重访梅花岭 ……… 〇三四
- 二十四桥仍在 ……… 〇二九
- 琼花新说 扬州花事之一 ……… 〇七〇
- 芍药异闻 扬州花事之二 ……… 〇七五
- 茉莉飘香 扬州花事之三 ……… 〇八一
- 关于扬州盐商 ……… 〇八七
- 关于扬州瘦马 ……… 〇九三
- 关于扬州优伶 ……… 〇九八
- 关于扬州八怪 ……… 一〇三
- 关于扬州学派 ……… 一〇九
- 包家灯 ……… 一一八
- 女儿红 扬州风物撷拾之一 ……… 一二三
- 黄鱼脚 扬州风物撷拾之二 ……… 一二八
- 狮子头 扬州风物撷拾之三 ……… 一三三
- 周制 扬州风物撷拾之四 ……… 一三八
- 乌师 ……… 一四三
- 柳麻子 ……… 一四八
- 袁豁嘴 ……… 一五三
- 瘦西湖船娘 ……… 一五八
- 遥想安家当年 ……… 一六三
- 个园主人之谜 ……… 一六八
- 伍少西毡铺 ……… 一七三
- 戴春林香店 扬州老字号钩沉之一 ……… 一七八
- 梁福盛漆号 扬州老字号钩沉之二 ……… 一八三
- 惜馀春茶肆 扬州老字号钩沉之三 ……… 一八八

目录

陈恒和书林 …… 一九四
扬州老字号钩沉之五
二分明月情结 …… 一九九
品味「扬州气」 …… 二〇四
扬盘·苏意 …… 二〇九
　关于扬州、苏州与江南文化
侬自阊门来 …… 二一六
扬州俗语札记 …… 二二一
　「高妈」不姓高 …… 二二二
　「莲子」是什么 …… 二二三
　略谈「门槛里」 …… 二二四
　杂忆「一人两只眼」 …… 二二五
　话说「三步两个桥」 …… 二二五
　闲谈「四盘一暖锅」 …… 二二六
　漫话「三山不出头」 …… 二二八
　释「扬州人没耳朵」 …… 二二八
　解「高邮人黑屁股」 …… 二二九
　「清明不看牌，死了没人抬」 …… 二三一
　「苏州片，扬州刀」 …… 二三一
　「柴龙水虎粪阎王」 …… 二三二
　「有钱到处是扬州」 …… 二三三
　「扬州虽好，不是久恋之家」 …… 二三四
关于「老鸦语」 …… 二四四
《南歌子》里的「紧干」 …… 二四三
《鹿鼎记》中的「辣块」 …… 二四二
「南马北查」考 …… 二四一
「北安西兖」考 …… 二四〇
「波斯献宝」考 …… 二三九
「扬一益二」考 …… 二三八
「锅不热，饼不靠」 …… 二三七
「上扬州，拢湾头」 …… 二三五
关于「流儿言」 …… 二四四

朱自清故居寻踪 …… 二四六
邵伯埭情思 …… 二四八
天宁街掠影 …… 二五〇
弥陀巷逸事 …… 二五〇
南皮市杂俎 …… 二五八
琼花观寻梦 …… 二五五
禾稼巷旧闻 …… 二五七
东关街览胜 …… 二五八
安乐巷散记 …… 二六一
跋 …… 二六四
再版后记 …… 二六六

二十四桥明月夜

序

如果你没有去过扬州，你一定要去，因为扬州是那么古老。

如果你曾经去过扬州，你一定要去，因为扬州在不断更新。

扬州是很古的，遥远的九州中就有她的名字。如果从春秋时吴王夫差在此筑邗城算起，扬州至今已有将近二千五百年建城史。

扬州又是很新的，战争的烽火几度摧毁了她，她又重新在废墟中崛起。现存的唐城、宋城、明城等遗址，是扬州自强不息的证明。

扬州是一座庞大的博物馆和精彩的游乐场。在扬州，看的、吃的、听的、玩的，都可以让你满意。

你在扬州能够看到最美的园林。这里的园林不像北京园林那般厚重，也不像苏州园林那么纤细，她兼有北方之雄和南方之秀。你在扬州能够看到最有文化内涵的名胜古迹。从春秋时代的运河邗沟到隋炀帝杨广的陵墓，从唐代高僧鉴真修行的大明寺到明末孤忠史可法埋葬衣冠的梅花岭，数千年沧桑变幻尽呈眼底。你在扬州能够看到最富于传奇色彩的古树名花。无论是南柯一梦的古槐、天下无双的琼花，还是四相簪花的芍药、八方飘香的茉莉,都教你浮想联翩,流连忘返。

你在扬州能够吃到最香的肴馔。维扬菜是中国最有名的菜系之一,从乾隆皇帝享用的满汉席,到曹氏家族特有的红楼宴,显示了扬州美食的取材之广和烹调之精。你在扬州能够品尝到最道地的扬州风味。譬如雅俗共赏的扬州狮子头和风行天下的扬州蛋炒饭——听着这名字也会教人垂涎。你在扬州能够吃到最为平民化的扬州小吃。来到扬州,你才知道周作人笔下的烫干丝、朱自清文中的小笼点心、曹聚仁提到的绿杨邨、丰子恺难忘的小觉林,这些扬州的名吃名店果然名不虚传。

你在扬州能够听到最具有乡土气息的戏剧。还有什么剧种像扬剧那样,既保留着两百年前清代乱弹的遗响,又吸收了扬州农村中的民歌和市井间的小调呢?你在扬州能够听到最古老、最生动的说书艺术。还有什么曲种像扬州评话那样,从明朝末年的柳敬亭到现代的王少堂及其弟子们,四百年间一直不断地在讲述着同一部《隋唐》、同一部《水浒》呢?你在扬州能够听到最深沉、最优美的琴筝演奏。还有什么比广陵琴派弹奏的《樵歌》、《渔歌》、《流水》、《白雪》等古曲更扣人心弦和动人幽思呢?

扬州的玩就更不必说了。李白说

序

"烟花三月下扬州",徐凝说"二分明月在扬州",表明无论春夏秋冬都是游玩扬州的季节。扬州的玩是多层次的。在扬州的浴室里洗澡,让助浴的师傅在背上捶出许多带节奏的声响来,这是一个层次。在瘦西湖的游船上躺着,看船娘撑篙的优美姿势,听船娘说话的流啭方音,又是一个层次。在工艺品商店里买一面漆屏、一尊玉雕或一函剪纸,把玩其构思的巧妙和手法的精湛,这或许是更高的层次。

扬州的历史文化,大抵是由若干个层面累积而成的。以最粗略的眼光去看,扬州的文化至少可以划分为技术、艺术、学术等三个层面。在这三个层面中,我们领略到的是各种不同的风光,谁都能够毫不费力地从中寻找到自己感兴趣的东西。如扬州的美食与园亭,扬州的戏曲与工艺,扬州的八怪与学派等等。还有什么比到扬州去更愉快的事呢?

唐人张祜《纵游淮南》诗云:
十里长街市井连,
月明桥上看神仙。
人生只合扬州死,
禅智山光好墓田。

所以,你一定得去扬州,亲自读一读扬州这部奇书。

二〇〇〇年十月

二十四桥明月夜

巷城赋

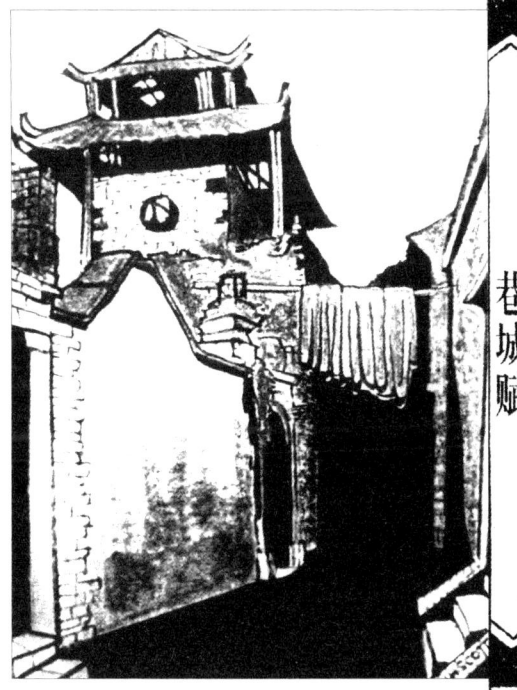

你曾经走过各种各样的路。但你走过扬州的小巷吗?

扬州的小巷又多又密——多似牛毛,密似蛛网。扬州的小巷又深又窄——深如蚁穴,窄如羊肠。扬州的小巷又幽又曲——幽若凤栖,曲若龙翔。对扬州的大街,也许你不消三日就能行遍;对扬州的小巷,只怕你呆上五年也辨别不清。在扬州,大街是骨骼与肢架,小巷是血管和神经。

扬州深巷

我常常独自漫步在扬州的深巷之中。我喜爱它的曲折与幽邃。都市和喧嚣是分不开的,独是这一座古城,要在喧嚣中寻些个静谧的所在,似乎还不费力。

人们往往偏爱平坦笔直的大街,那是因为他们不了解小巷。小巷自有小巷的风情。这里民宅鳞次栉比,百姓比屋而居。有时候,不知从哪里隐约飘来咿咿呀呀的二胡声,教你依稀记起《牡丹亭》里唱的"良辰美景奈何天,赏心乐事谁家院"。有时候,在小巷的两侧有两位老妪各自坐在自家门口拉家常儿,又使你油然想到元微之的"白头宫女在,闲坐说玄宗"。这儿邻里和睦,老少怡然——它最能让你体会风俗民情的淳厚。早些年,一般住宅的墙都用青砖砌成,讲究的人家用水磨砖砌成门楼。门楼雕以花卉,门板髹以黑漆。那水磨砖的砌法是极有学问的,有规矩者为藻井纹,横斜者为象眼纹,八方者为八卦纹,半斧者为鱼鳞纹,参差者为冰裂纹,上嵌梅花者为冰片梅,各种砌法似乎在不动声色之中比试着高低——它最能教你得到民间建筑艺术的真髓。小巷中有一些特别的文字。植于拐弯处的石碑,上面刻的是"石敢当"或"泰山石敢当"。陶南村《辍耕录》云:"居户正门,当巷陌桥道之冲,恒立一小石将军,或植一小石碑,镌其上曰'石敢当',以厌禳之。……敢当,所向无敌也。……则世之用此,亦欲以为保障之意。"可见此制已古。一些人家的门对面设有照壁,照壁也用水磨砖砌成,或为八字形,或为一字形,其中央也常常有砖刻的字,曰"福",曰"禄",曰"寿"——它最能使你了解平民百姓的愿望和追求。砖墙蜿蜒伸向前方。那墙头是青青的茅草，墙根有唧唧的鸣虫，墙中间是用青瓦砌成的花窗。透过花窗，可以看见院中的芭蕉、玉兰或者藤萝，正给小巷平添着无限生趣——此情此景，又最能令你领略扬州人的审美趣味。

在扬州的小巷中漫步，是能够产生情节的。时有山穷水尽的惶惑，时有柳暗花明的欣喜。忽而如临空谷，心驰神往；忽而误入庭院，粥香人语。当举头望见红杏出墙，马上觉得春意扑面；当俯首发现绿苔遍地，又顿时感到秋气逼人。墙脚孤井，累累绳迹，似乎饱含着岁月的艰辛，欲言而又无语；门头砖刻，栩栩如生，仿佛阅尽了人间的春色，世故而又漠然。方砖垒壁，何等严丝合缝，整饬险峻；乱石铺地，却又潇洒落拓，漫不经心。屋边寸地，人必莳花；门檐小隙，鸟或为巢。在现代都市中，这是极为难得的人与自然的统一和谐。斯虽陋巷，何陋之有？

小巷是历史的杰作。它引人入胜，予人启迪，使人深沉。它是美的。这是一种幽静的美，小巧的美，变化的美，富于人情味和哲理性的美——又是被人们忽略和遗忘了的美。

它绝不浅薄。它用自己的语言顽强地申述：世界上没有绝对直的路，人必须经过曲折才能到达目的地。它有时跟人开玩笑——在急躁鲁莽的人面前，它是迷宫，你本来要到这个房间，结果却走进了另一个房间；在聪慧从容的人面前，它是捷径，能尽快地引你走向新的广阔天地——如同一位睿智的哲人。

它绝不单调。当你刚进去的时候，你觉得它平常；当你再深入的时候，你感到它丰富；当你走完了的时候，你才佩服它

巷里的墙

的多姿。它下面的路首尾衔接,纵横捭阖,起承转合,章法分明;它两边的墙或高或低,时险时平,参差不一,错落有致——宛然一篇天成的文章。

小巷中的一砖一石、一折一弯,都显示出强烈的个性而绝不雷同。人们简直疑心八怪就是从这里形成的。那乱石铺成的地面难道不是郑板桥"六分半书"的蓝本?那孤寂幽冷的氛围怎能不激起罗两峰创作《鬼趣图》的灵感?小巷的各行其是同八怪的离经叛道何以如此近似?八怪中的许多人又为什么对小巷怀有特别的感情?汪士慎《岁暮自嘲》:"一椽深巷住,半榻乱书横。"李方膺《题梅花》:"愿借天风吹得远,家家门巷尽成春。"金农《问颜大疾》:"榻掩青苔径没莎,巷中深辙几人过?"李葂《长夏过双树堂赠药根诗僧》:"数椽小

巷里的花

隐巷西偏,树散浓阴别有天。"郑燮《有所感》:"绿杨深巷,人倚朱门,不是寻常模样。"都无非说明了八怪同小巷的密切关系——他们都不屑于重蹈他人走过的"阳关大道",而宁愿去开辟属于自己的"蓬门蒿径"。小巷好像是一个艺术的渊薮。

每一条小巷都有独特的经历,每一个巷名都有奇妙的传闻。它们如实地记录着这座城市的荣辱与兴衰。在正谊巷,你当会记起汉代江都相董仲舒,他提出的那个"正其谊不谋其利"的原则,上承孔孟的义利之辨,竟然决定了整个华夏道德乃至东方道德的价值取向。

老宅门楼

在开明桥,你可以遐想唐代扬州那"二十四桥明月夜,玉人何处教吹箫"的神仙般境界。据《梦溪笔谈》说,开明桥系二十四桥之一,如今桥虽不存而以桥命名的街巷犹在。在旌忠巷,你自然缅怀起宋代爱国英雄岳飞,他那"精忠报国"的浩然正气不知鼓舞过多少龙的传人,他那"莫等闲,白了少年头,空悲切"的不朽诗句不断激励着代代莘莘学子。在田家巷,你不妨想像明代崇祯皇帝在此娶走他的贵妃田秀英时的浩大排场,而曾几何时,大明江山却断送在这个庸君手中,田贵妃也早已香消玉殒。在螺丝结顶,耆老们会告诉你它的原名是"累尸积顶",原是清兵屠城时积存尸体的所在,也许到了秋雨绵绵之夜,你还能听到那些死难冤魂的幽咽与哭诉。在安乐巷,你最好去找寻近代文学家朱自清先生童年的足迹,那散文名篇《背影》里的主人公就在这里走完了他生命的最后历程。巷子太多,犹如书页太厚,难以一一细读。何况有些事情,你也分不清是正史,还是野史。黑婆婆巷——有个风趣的传说?芦刮刮巷——何以如此的怪诞?吃吃看巷——果真有维扬佳肴?小巷仿佛是一部翔实的城史。

  历史老人一锤一凿、一砖一石把小巷雕琢和构筑成今天的模样,也真是历尽了沧桑。最初,世界上并没有巷子。先民们择地而居,往往在住宅与住宅之间留下很宽的地方,以为行走和活动之用。后来人口繁衍,贫富分化,豪强并起,公共的地方日益被蚕食鲸吞,广场逐渐变成了狭路,通衢逐渐变成了隘巷。《旧唐书·杜亚传》云:"扬州侨寄衣冠及工商等,多侵衢造宅,行旅拥弊。"这就是早期一部分小巷形成的原因。否极泰来,乐极生悲。一些像贾府那样的人家,当鲜花着锦、烈火烹油的光景过后,财产散尽,房屋典光,原先大墙内供自家行走的小道,便成了公众来往的官巷,扬州人谓之"穿店"。《邗江三百吟》云:"扬城运盐之家,虽土著百年,而厮仆皆呼其旗名,曰某某店,故高门大屋非店而亦曰店也。间有贫落大户,零星卖屋,数十家分而居之,前后门竟为通衢矣,故曰'穿店'。"这就是后期一部分小巷的由来。同为小巷,前者是封建社会走向发达兴旺的产物,后者是豪强士族走向衰败没落的象征。此中道理,谁说得尽?

  小巷虽小,然而却蕴藏着大学问。如果你不是在小巷中走马看花似地匆匆而过,而是在小巷里住上三年五载,那你的得益就更多了。因为它不仅能够给予你各式各样的启示,而且它的简朴和沉寂还能够砥砺你的品性。孔夫子赞赏颜回,说他"一箪食,一瓢饮,在陋巷,人不堪其忧,回也不改其乐"。但他只说对了一半。颜回的高洁固然表现在安居陋巷,然而安知不正是"陋巷"玉成了颜回的高洁?小巷是节操的象征。它不趋炎,不附势,不求闻达,用心于一。它用坚强的脊梁载负着行进的人们走向大路,自己却固守着清贫,自甘寂寞,俏不争春。这难道不也是一种伟大?

  我赞美小巷,小巷真美!这种美可以入诗,可以为文。"扬州好,宜雨又宜晴。小雨石街堪著履,多晴油壁不生尘。谁更说瑶京！"这是费轩《扬州梦香词》对小巷的讴歌。"石路未平，或凸或凹，若踬若掣，蜿蜒隐见，绵亘数十丈，……，极幽邃窈窕之趣。"这是李斗《扬州画舫录》对小巷的称颂。文学史上赞美小巷的作品，大概可以追溯到很古很古。《诗经》中有题为《巷伯》的诗章，乃是为刺幽王而作。那个不为五斗米折腰的陶渊明，以"狗吠深巷里，鸡鸣桑树颠"的出神入化的白描，勾起了多少人对宁静淡泊境界的向往。而惯写悲壮激越之词的陆放翁，竟也用生花妙笔谱出"小楼一夜听春雨，深巷明朝卖杏花"的绝唱，惹得多少人吟哦不已，回味无穷。近代也有一位以写《雨巷》而蜚声文坛的诗人戴望舒，他那追魂摄魄的笔触，至今令我们在雨巷中行走时，还总引领希冀着有"一个丁香一样的结着愁怨的姑娘"从身边飘过。

或许有人叹息，今天的扬州为什么仍有这么多小巷！我却为幸存的小巷感到侥幸。幸而历史留下这些长长短短、曲曲弯弯的小巷，我们才得以认识中世纪城市的古朴风貌。扬州是一座古城，它有自己的个性。城外有西湖而曰"瘦"，湖中有金山而曰"小"，此即扬州个性之体现。只看到杜牧之的"春风十里扬州路"，看不见郑板桥的"绿杨深巷，人倚朱门"，那不是真正的与完整的扬州。人们爱大海，也爱小溪；爱高山，也爱峡谷；爱极目千里，也爱曲径通幽。从美学意义上说，雄伟与幽深，豪放与婉约，阳刚与阴柔，具有同等的价值。爱扬州的小巷吧，朋友！扬州的美不仅在瘦西湖，在平山堂，在文峰塔，在茱萸湾，更蕴藏在这座古城的主体——那些千姿百态、抚今追昔的长巷短巷之中！

如同重庆被称为山城、苏州被称为水城一样，扬州真堪被称为巷城。

于是作《巷城赋》。

二十四桥明月夜

浪漫扬州

扬州的城市性格,到底属于浪漫主义呢,还是属于现实主义呢?

《浪漫扬州》

我以前曾经想过这个问题,觉得扬州是一座最讲实际的城市。因为扬州历史上盐商最出名,商人都是惟利是图的,哪一样不讲实际?扬州又以市民文化出名,市民们"早上皮包水,晚上水包皮",哪一样不讲实际?即使是扬州的文人吧,也是以做学问的学者出名,不以做诗词的诗人出名,他们哪一样不讲实际?

这些确有道理。但仔细想想,却只是扬州的一个侧面。

一座城市的性格,通常是由许多个侧面来决定的。其中,必定有一些侧面是主要的,有一些侧面是次要的,有一些侧面是本质的,有一些侧面是表象的。一座城市的总体性格理应由她主要和本质的方面来决定,不该由她次要和表象的方面来决定。这样一来,使我感到困惑已久的问题也就似乎迎刃而解了。

可以说,作为一座古城,扬州从建城时起就富于传奇色彩和浪漫情调。

邗城不是由邗人自己建造的,而是由江南的吴王夫差北渡来此兴筑的,这

湖上望春楼

使得扬州的历史从一开始就具有开放性与传奇性。夫差——这位扬州城最早的统治者,不但是一位雄图大略的政治家,应该说也是一位浮想联翩的幻想家。他为了称霸中原,挥师北上,竟突发奇想,要把长江和淮河沟通起来。俗话说,一锹不能挖出一口井来。一口井尚且难挖,何况是一条河!但正由于这一奇想,才诞生了世界上最早的运河邗沟。可以说,现存的古邗沟就是浪漫主义的产物。扬州城的创始人在两千五百年前就产生人工开河这样惊世骇俗的念头,不能不说是一位浪漫主义者。

接下来的江都国、广陵国时代,也都充满了瑰丽和诡谲的浪漫故事。几乎没有一个江都王和广陵王是安分守己的角色,他们总是想入非非,要以江都和广陵为基地,干出什么离经叛道和惊天动地的事业来。在他们同时代的诸侯王当中,几乎没有其他人像广陵王这样留下了完好精湛的棺椁和金印的。而偏偏在这些不安于王位的诸侯身边,历史又安排了两位传奇式人物,一位是用"天人合一"的理念实现他乌托邦理想的鸿儒董仲舒,一位是用"出塞和番"的行为完成了她人生艺术的公主刘细君。此外,扬州在这个时代还有一个天赋的浪漫奇观——广陵潮,其壮观绝不下于今天的钱塘潮。后来广陵潮虽然消失,但因有一篇《七发》名赋传世,它便不但赢得古人讴歌,也使得后人向往。

隋唐时期的扬州,更是一部气魄宏伟的多声部浪漫交响曲。大食和波斯的胡商来扬州进行他们的东方探险,高丽和倭奴的学子来扬州为自己的留学镀金,还有一个年过花甲的扬州高僧鉴真竟然置生死于度外,毅然六次渡海到扶桑去弘佛。这些都显得很不世俗,十分浪漫。当时天下的文人竞相流连扬州,以做一场"扬州梦"为毕生之荣耀。在他们眼中,扬州的月亮似乎比别地更为皎洁,扬州的桥梁似乎比他乡更富诗意,甚至于扬州的墓田也似乎比自家的祖茔更宜长眠。以至唐明皇要造一条天桥到扬州看灯,淳于梦要在广陵槐树下当蚂蚁国驸马,张若虚的一首《春江花月夜》就孤篇压全唐,你能说这些不浪漫?

当然,我们也不能忘记宋元扬州那段光怪陆离的浪漫史。论文,有一位太守欧阳修不以政绩著称,却以文章滋润后代,无愧于"风流";论武,有两个将军李庭芝、姜才誓死守卫社稷,用热血谱写英雄颂歌,堪称是"双忠"。此外,后土祠里的一朵琼花,号称"天下无双",竟然普天之下无人不晓;淮南署中的万株芍药,迎来"四相簪花",真是亘古未有鬼亦称奇。更有浪漫意味的是,有位信奉真主的穆斯林圣徒普哈丁来扬城传教,最后在扬州进入

湖上凫庄

了他的天国；有个出生西方的威尼斯商人马可·波罗到东方历险，居然在扬州做了三年总管。即使在《天方夜谭》里，也找不出比这些更浪漫的故事。也许应该说，扬州就是东方的《天方夜谭》。

明清的扬州，更是无处不浪漫，甚至浪漫得有些荒诞。来自山陕、江浙、湖广特别是徽州等地的商人，风尘仆仆，千里迢迢，到扬州来实现他们的淘金美梦，他们当中究竟产生了多少成功的喜剧和失败的悲剧？这个时代出现的文学杰作如《牡丹亭》、《水浒传》、《桃花扇》、《红楼梦》等，它们的作者或内容竟然无一不与扬州有关，它们的跌宕情节到底有多少是从扬州汲取的素材？我们今天已经很难想像，在几百年前的一座东方都市中，聚集过那么多的商人和文士，堆积过那么多的金银和典籍，创造了那么辉煌的文化和艺术，留下了那么隽雅的格调和韵味，以至于康熙、乾隆两代大清天子屡屡来游，我们至今仍享受其福荫。我们实在无法不承认她的潇洒、倜傥、风流，或者浪漫。

平心而论，扬州的历史，真可以说是

充满了奇迹。就像汉人的观涛,唐人的咏月,宋人的赏花,这些在历史上不过是偶尔发生的事件,但经过历代骚客的渲染与美化,如今都无一不升华和结晶为中华文化之林中广为人知与最富魅力的浪漫意象。波涛、月亮和花,本来是人间共有之物,一经点化,便成了扬州的一种奇观。现在只要一提起"曲江观涛"和"二分明月",一提起"琼花"和"芍药",谁会不想到扬州,不想到扬州的浪漫?

扬州人历来务实,但是在务实的背后,在这座城市性格的最深处,蕴藏的是浪漫的因子。

扬州的浪漫就在于从细微处发现宏伟,从有限处发现无穷,从平常处发现不凡,从具象处发现空灵。所以,哪怕是一个梦,一棵树,一顿饭,一首曲,它们都远远超出了寻常的时空,而变得特别的奇伟。杜牧之的一个梦,可以经历唐、宋、元、明、清几代而不朽,衍变为各种体裁的文学作品《扬州梦》;驼岭巷的一棵树,可以生发出"大槐安国"的传奇和"南柯一梦"的成语,而不让"一枕黄粱"或"邯郸一梦"专美于北方;木兰院的一顿饭,可以引起王播的诗兴大发,从而使得"饭后钟"和"碧纱笼"的文学典故无人不晓;甚至一首琴曲《广陵散》,也因为名字关系到"广陵",千百年来便成了"人间绝唱"、"空前绝后"的同义

语。这里的关键在于既要有历史的事实,也要有超人的想像。

有了事实和想像,一碗蛋炒饭会联系着隋炀帝,一块太湖石能追溯到宋徽宗,一条田家巷变成了明崇祯皇帝的丈母娘家,一座喇嘛塔同清乾隆皇帝结下了不解之缘。而这一切又都不是完全向壁虚构,凭空捏造,都有那么一点事实,一点根据。一生二,二生三,三生无穷,扬州浪漫的奥秘即源于此。

扬州的浪漫是无时不在、无处不在的。

扬州的浪漫并不是帝王和富商的专利,而是一般百姓乃至各阶层人物的日常追求。扬州的浪漫不是一时一地或兴之所至式的刻意做作,而是浸淫于衣食住行、琴棋书画乃至七十二行之中的真情流露。

我们寻找扬州的浪漫,实际上就是去和扬州人的求新求异的想法和做法对话。那些想法和做法,不仅体现在汉代广陵王的出奇制胜的"黄肠题凑"的葬制上,也不仅体现在隋炀帝的连神仙都感到头晕目眩的"迷楼"上,更多的却是深入在扬州这座城市的千家万户、大街小巷中。以日常生活中的衣食住行为例:

扬州人善于穿着——"苏州头,扬州脚"的古谚流传了几百年,《牡丹亭》写到时髦发型"扬州纂",近代的"扬

帮"裁缝曾以款式新颖享誉南北；

扬州人酷爱美食——"扬州菜"名扬天下，"扬帮"厨子身价百倍，动辄几百味的"满汉全席"菜谱最早就记载在《扬州画舫录》里；

扬州人擅长安居——大户住宅固然有园林，中下等人家至少有一方院落和一座花台，人与自然和谐相处，唐人赞叹的"园林多是宅"与清人品评的"扬州以园亭胜"竟然千年一脉；

扬州人的出行别具特色——陆上有所谓"飞轿"，水中有所谓"沙船"，均大受世人羡慕，更不用说帝王的龙舟和湖上的画舫了。

"浪漫"一词我不知道词典里是怎样解释的，我理解的"浪漫"就是不同凡响，异乎寻常，充满幻想，富于诗意。我觉得扬州人的灵魂深处，就隐藏着这种追求浪漫的精神。他们在一切可能的领域，都企图施展自己的才华，满足自己的感官，并无一不臻美的极致。小到剪纸，大到叠山，他如说书、唱曲、弹琴、演戏、琢玉、髹漆、写字、绘画、猜谜、雕版、养花、造园、剃头、修脚、做菜、治学等等，竟没有一样不出人意表，而蔚为大观！

"浪漫"是一种创造。所以清初画坛上有了霸主"四王"之后，扬州人并不满足，又诞生了"扬州八怪"；昆曲和徽班等精英粉墨登场之后，扬州人并不满足，又推出了"扬州乱弹"；四方美食和宫廷菜肴纷纷出炉之后，扬州人并不满足，又创造了"淮扬菜系"；吴学和徽学在学术上各据一方之后，扬州人并不满足，又形成了"扬州学派"。扬州人总是不满足，不满足就要幻想，就要创新。

"浪漫"更是一种愉悦，一种解脱，一种享受。就像有人说的那样，对于扬州人，凡可以吃的东西没有不吃的，凡可以吃的时候没有不吃的，凡可以吃的地方没有不吃的。无论是在人的物质生活中还是在人的精神生活中，扬州人都是这样一种"饕餮大家"。他们全力地打造美，开拓美，同时也纵情地品赏美，享用美。因此，扬州人付出的比别人多，得到的也比别人多。凡是别人有的，扬州人也必须有，而且和别人不同，或者更好。

我忽然想起，历史上的扬州人喜欢套用别人的名字来命名自家的风景，譬如"小金山"、"小秦淮"、"瘦西湖"等等。我们以前总认为这是拾人牙慧，没有出息。现在才明白，这正是扬州人想把天下风光一网打尽，收入彀中，从而坐在家里，就能享用四海美景的浪漫想法。

扬州人真会生活！

西方哲人马丁·海德格尔说过，人，是应该诗意地栖居的。

扬州，就是人们诗意地栖居的地方。

二十四桥明月夜

见证扬州城

扬州的建城史,始于《左传》周敬王三十四年(前486)的那一句简短的话:"吴城邗,沟通江淮。"因为这一句话,我们今天才确切地知道,吴王夫差在邗国故地筑城的时间,是在距今2490年前。

从那以后，扬州这座城市，就不断地以各种形象出现在诗人、学者和旅行家的笔下……

诗词歌赋是扬州城历史的档案。

南朝文人鲍照的《芜城赋》，也许是对扬州城的繁盛与毁灭最早也最生动的描写："当昔全盛之时，车挂轊，人驾肩。廛闬扑地，歌吹沸天。孳货盐田，铲利铜山。才力雄富，士马精妍。"这是广陵国时代兴旺发达的写照。可是好景不长，刘宋时代的无情兵火摧毁了它，当作者来到广陵城下时，看到的却是："边风急兮城上寒，井径灭兮丘陇残！"《芜城赋》以华丽的辞藻和鲜明的对照，极写汉代广陵的繁盛和南朝芜城的破败，它除了文学上的成功之外，更唤起了读者对人世兴亡的无穷感喟。而"芜城"，也从此成为扬州城的一个最具沧桑感的别称。

"芜城"到了唐代，已经完全换了一个模样。尽管唐代诗人刘长卿在《送子婿崔真甫李穆往扬州》诗中依然称扬州为"芜城"，但是唐代的扬州已是一派欣欣向荣："渡口发梅花，山中动泉脉。芜城春草生，君作扬州客。半逻莺满树，新年人独还。落花逐流水，共到茱萸湾。"这虽然是一首送别诗，但在惜别之外，我们可以感受到扬州城草木青青、春意融融的景象。

唐人歌咏扬州城的诗很多，张祜的《纵游淮南》却别开生面，说人的一生不但应该在扬州度过，而且死了也应该葬在扬州："十里长街市井连，月明桥上看神仙。人生只合扬州死，禅智山光好墓田。"诗中的月明桥、禅智寺、山光寺，都是唐代扬州城内外实有的地名，如今还有遗迹可寻，这就为我们了解扬州城的历史提供了珍贵的资料。有意思的是，"人生只合扬州死"一句话，此后一直成为历代人们向往扬州的口头禅。清代文人吴敬梓，就是吟诵着这句诗死于扬州城的。

唐代扬州有两重城，蜀冈上面为子城或者牙城，蜀冈下面为罗城或者大城。这在诗歌中有真实的反映，如杜牧《扬州三首》咏道："街垂千步柳，霞映两重城。天碧台阁丽，风凉吹管清。"就是唐代扬州城在诗中的写照。市廛和树木相依，街衢和自然掩映，扬州自古就是一座重视人居环境和生态平衡的城市。

亚历山大所绘扬州城

山田积善所摄扬州城

宋代扬州的繁华市井，虽然稍逊于盛唐，也是令人艳羡的。秦观有一首《望海潮》词，写宋代扬州城的情景是："星分牛斗，疆连淮海，扬州万井提封。花发路香，莺啼人起，珠帘十里东风。"扬州的千家万户百姓，简直生活在鸟语花香之中。社会的安定，物产的丰盛，使得宋代扬州一度成为文化昌盛之邦。

宋代扬州城的繁盛，毁灭于金兵南下，南宋姜夔的一阕《扬州慢》写出了词人眼中的"空城"。词前有短序，尤为言简意赅，读来令人惆怅："淳熙丙申至日，予过维扬。夜雪初霁，荠麦弥望。入其城，则四顾萧条，寒水自碧，暮色渐起，戍角悲吟。余怀怆然，感慨今昔，因自度此曲，千岩老人以为有黍离之悲也。"本来是一座"淮左名都"，现在却成了"废池乔木"，怎不教人伤感！

元代的扬州城，有一位名叫盛如梓的扬州人在他的《庶斋老学丛谈》里曾经加以考证："今之扬州，秦为广陵县，汉为广陵郡。扬州治所，或在历阳，或在寿春，或在建康，广陵皆非所统。隋开皇初，方改为扬州，其城即今宝祐城，周三十六里，因吴王濞之都也。今扬州城，乃后周显德五年，于故城东南隅改筑，周二十余里。大市东南角，俞生家穿井，犹有船板。"盛如梓还说，宝祐城原系贾似道所筑，旧名堡城，后改名宝祐城。为了筑城，总共费银一千三百余万两，米九万五千余石，动用士兵三万人，花费时日六个月。

关于元代扬州的富庶，陈秀民在《扬州》诗中写道："琼花观里花无比，明月楼头月有光。华省不时开饮宴，有司排日送官羊。银床露冷侵歌扇，罗荐风轻袭舞裳。遮莫淮南供给重，逢人犹说好维扬。"好一个"逢人犹说好维扬"，让我们至今不敢小觑元代的扬州城！

扬州城的昔日繁华，成为明清文人难以挥去的追忆。明清诗人写得最多的，就是"扬州怀古"一类诗什。

明人曾棨《维扬怀古》云："广陵城里昔繁华，炀帝行宫接紫霞。玉树歌残犹有曲,锦帆归去已无家。楼台处处迷芳草,风雨年年怨落花。最是多情汴堤柳,春来依旧带栖鸦。"清人洪昇《广陵怀古》云:"孤坟何处问雷塘?犹忆东巡乐未央。廿四桥头人影乱,三千殿脚棹歌长。流萤不见飞隋苑,杜宇依然叫蜀冈。全盛江都同一梦,杨花如雪晚茫茫。"追忆扬州往昔的美人芳草、急管繁弦,仿佛成了封建晚期文人的不解情结。

其实,明清时代的扬州城也有它的胜景,尤其是城北一带,风光特别宜人。

明代诗人万时华有《同诸子泛舟平山堂酌第五泉》云:"共泛轻舟绿树湾,遥从北郭问平山。"可见明代扬州的"北郭",已是人们游赏的胜地。

清代扬州城则又达到了一个鼎盛的极致。清初诗人吴绮以为,扬州城的精华确在"城北"。他在《红桥绝句》里写道:"城北风光绝点尘,垂杨个个斗腰身。榆钱飞尽荷钱出,买断扬州十里春!"王士禛同意他的看法,在《红桥怀古》写下了歌咏扬州城最美的词句:"北郭青溪一带流,红桥风物眼中秋,绿杨城郭是扬州!"陈维崧《依园游记》具体记载了扬州城北一家园林的风景:"出扬州北郭门百余武,为依园。依园者,韩家园也。斜带红桥,俯映渌水,人家园林以百十数,依园尤胜,屡为诸名士宴游地。"

如果以为只有城北才有名胜,其实不免以偏概全。郑燮写过一篇《梅庄记》,说梅庄在扬州的"城东"。袁枚写过一篇《榆庄记》,又说榆庄在扬州的"城南"。扬州八怪之一的黄慎在《维扬竹枝词》中有这样两句诗:"人生只爱扬州住,夹岸垂杨春气熏。"显然,清代扬州的再度崛起,已经不让大唐时代"人生只合扬州死"的盛况。

晚清时代的扬州,已经日益萧条。龚自珍在《己亥六月重过扬州记》中,一方面说"扬州三十里,首尾屈折高下见,晓雨沐屋,瓦鳞鳞然,无零甃断甓","是居扬州城外西北隅,最高秀,南览江,北览淮,江淮数十州县治,无如此冶华也";一方面又说"惟窗外船过,夜无笙琶声;即有之,声不能彻旦"。他从扬州城表面上的"承平"气象中,感受到了一种"萧疏澹荡、泠然瑟然"的衰暮气氛,寄慨良深。

小说戏曲是扬州城沧桑的镜子。

除了诗词、歌赋,扬州城也经常出现在小说、戏曲等文学作品之中。

唐代于邺的《扬州梦记》可能是最早写到扬州城的文言小说,其中有云:"扬州,胜地也,每重城向夕,娼楼之上,街中珠翠填咽,邈若仙境。"文中说的"重城",就是指唐代扬州的子城与罗城,可见作品取材于现实。

另一位唐人李公佐的小说《南柯太

守传》里没有直接提到扬州城,但却提到了广陵郡,说淳于棼"家住广陵郡东十里,所居宅南有大古槐树一株,枝干修密,清阴数亩。淳于生日与群豪,大饮其下"。淳于棼就是在广陵郡东的古槐下,进入"大槐安国",做完他的"南柯一梦"的。

宋人的笔记小说中,时常谈到扬州城的变迁和兴替。王楙《野客丛书》对扬州的治所变迁分析得最为透彻:"西汉扬州,治无定所。后汉治历阳,后治寿春,后又徙曲阿。至隋唐,方治今之广陵耳。今之广陵,自后汉至晋,皆属徐州。至东晋,侨置青、兖二州,故广陵以青、兖、徐为一镇。至宋,乃为南兖州,齐为东广州,后周为吴州,隋唐始为扬州耳。"王楙接着指出:"而文人议论,多失于不契勘,往往便谓今之广陵为古扬州之地。"这种历史概念的错误,今人仍然偶尔会犯。

沈括在《梦溪笔谈》里,对扬州城有独到的记述:"扬州在唐时最为富盛,旧城南北十五里一百一十步,东西七里三十步,可纪者有二十四桥。最西浊河茶园桥,次东大明桥,今大明寺前。入西水门有九曲桥,今建隆寺前。次东正当帅牙南门,有下马桥,又东作坊桥,桥东河转向南,有洗马桥,次南桥,见在今州城北门外。又南阿师桥,周家桥,今此处为城北门。小市桥,今存。广济桥,今存。新桥,开明桥,今存。顾家桥,通泗桥,今存。太平桥,今存。利园桥,出南水门有万岁桥,今存。青园桥,自驿桥北河流东出,有参佐桥,今开元寺前。次东水门,今有新桥,非古迹也。东出有山光桥,见在今山光寺前。又自衙门下马桥直南,有北三桥,中三桥,南三桥,号'九桥',不通船,不在二十四桥之数,皆在今州城西门之外。"这一段记载,是研究扬州城的宝贵资料。

对于扬州城的兴替,另一位宋人洪迈在《容斋随笔》里写得最为感人:"唐世盐铁转运使在扬州,尽斡利权,判官多至数十人,商贾如织。故谚称'扬一益二',谓天下之盛,扬为一而蜀次之也。……自毕师铎、孙儒之乱,荡为丘墟。杨行密复葺之,稍成壮观,又毁于显德。本朝承平百七十年,尚不能及唐之十一,今日真可酸鼻也!"想到扬州城的衰败,鼻子居然发酸,洪迈的确是爱扬州的。尽管他不是扬州人,而是江西人。

明代汤显祖在他的著名传奇《牡丹亭》中,引人注目地运用了扬州筑城的史事。剧中人说道:"边海一边江,隔不断胡尘涨。维扬新筑两城墙,酾酒临江上。请了!俺们扬州府文武官僚是也。安抚杜老大人,为因李全骚扰地方,加筑外罗城一座。今日落成开宴,杜老大人早到也。"这里说的扬州筑城一事,并不是作者的虚构,其实是明代扬州建城史的真实反映。

冯梦龙的《三言》，对扬州城的描写极多。《醒世恒言》写扬州的交通和商业是："那扬州，隋时谓之江都，是江淮要冲、南北襟喉之地，往来樯橹如麻。岸上居民稠密，做买做卖的，挨挤不开，真好个繁华去处。"《警世通言》反映了徽商在扬州的活动："在下姓陈，祖贯徽州，今在扬州闸上开个粮食铺子。"《喻世明言》提到了扬州的开明桥和桥畔的生药铺："教往扬州开明桥下，寻开生药铺申公，凭此为照，取钱十万贯。"虽然是小说家言，却是历史的折射。

清初孔尚任在《桃花扇》里，写史可法在扬州城破之际，不得不突围出城。在史可法的唱词里，提到了扬州的"北城"、"南城"："俺史可法率三千弟子，死守扬州，那知力尽粮绝，外援不至。北兵今夜攻破北城，俺已满拼自尽，忽然想起明朝三百年社稷，只靠俺一身撑持，岂可效无益之死，舍孤立之君。故此缒下南城，直奔仪真。"这也是历史的真实反映。

清代中叶的几部伟大小说，几乎无一不提到扬州城。

曹雪芹的《红楼梦》里，有两个回目直接提到"扬州城"，一是《贾夫人仙逝扬州城》，二是《林如海捐馆扬州城》（脂本）。其中写到扬州城外的风光是：

"雨村闲居无聊，每当风日晴和，饭后便出来闲步。这一日偶至郊外，意欲赏鉴那村野风光，信步至一山环水漩、茂林修竹之处，隐隐有座庙宇，门巷倾颓，墙垣剥落，有额题曰'智通寺'。"据考证，智通寺就是城北的禅智寺。

吴敬梓的《儒林外史》，则写到清代扬州有新城、旧城之分："我要到旧城里木兰院一个师兄家走走，牛相公，你在家里坐着吧。"书中还提到扬州城里的许多地名，如河下、钞关、盐运司、兴教寺、缺口门、武城巷等，这些地方至今有迹可寻。

沈复的自传体小说《浮生六记》，是一部篇幅不大但是影响不小的文学作品。作者因为流寓扬州，对扬州城颇为熟悉，所以在书中极力称赞扬州城郭之美："平山堂离城约三四里，行其途有八九里。虽全是人工，而奇思幻想，点缀天然，即阆苑瑶池、琼楼玉宇，谅不过此。其妙处，在十余家之园亭合而为一，联络至山，气势俱贯。其最难位置处，出城八景，有一里许紧沿城郭。"沈复感慨说，一般的城郭只有远远地掩映于重山之中才能够入画，哪有紧紧挨着城郭建造园林的呢？可是扬州的园林正是倚城而建，"此非胸有丘壑者断难下手"。

吴趼人的《二十年目睹之怪现状》，是清末四大谴责小说之一。在这部书中，写到了晚清扬州城的微妙变化。一方面，书中写扬州城的有名无实："到了次日，便叫了船仍回上海，耽搁一天，又到镇江稽查了两天帐目，才雇了船渡江到扬州去。入到了江都县衙门，自然又是一番景象……最好笑的，是相传扬州的二十四桥，一向我只当是个名胜地方。谁知到了此地问时，那二十四桥竟是一条街名。被古人欺了十多年，到此方才明白。"另一方面，书中又写扬州城的繁华余韵："原来扬州地方，花园最多，都是那些盐商盖造的。上半天任人游玩，到了下午，园主人就来园里请客或做戏不等。这天述农同了我去逛容园。据说这容园是一个姓张的产业，扬州花园算这一所最好。除了各处楼台亭阁之外，单是厅堂，就有了三十八处，却又处处的装潢不同。游罢了回来，我问起述农，说这容园的繁华也可以算绝顶了。久闻扬州的盐商阔绰，今日到了此地，方才知道是名不虚传。"容园是一座真实存在过的扬州名园，地址就在今广陵路流芳巷内，可惜如今已经不存了。

应该说，小说、戏曲中的扬州城，正是历史上扬州城的影子。

域外游记是扬州城盛衰的见证。

扬州城有着对外开放的光荣传统，它在外国人的笔下有着丰富的记载。

在外国人的著作中，最早记载扬州城情况的，是日本和尚真人元开的《唐大和上东征传》。他在书中虽然没有说到扬州城的详情，但是也透露了不少信息。如书中提到扬州的大云寺、大明寺、崇福寺、既济寺、龙兴寺、延光寺、白塔寺、兴云寺，提到扬州的新河也即瓜洲运河，还提到"有百海贼入城来"等等。

稍后，另一个日本僧人圆仁写过一部《入唐求法巡礼行记》，与玄奘《大唐西域记》、马可·波罗《东方见闻录》并称"东方三大旅行记"。圆仁在书中详细记录他在扬州的旅程、见闻，以及他所知道的扬州城："自桥西行三里，有扬州府。大使为通国政，差押官等遣府迟来，申时发去。江中充满大舫船、积芦舡、小船等不可胜计。申毕，行东郭水门。酉时，到城北江停留。"由此可见唐代扬州水

东渡日本的鉴真

上交通的繁忙,和当时"水门"的设置。书中又说:"扬州节度使领七州:扬州、楚州、庐州、寿州、滁州、和州、(舒州)也。扬州有七县:江阳县、天长县、六合县、高邮县、海陵县、扬子县、(江都县)也。今此开元寺,江阳县管内也。扬府南北十一里,东西十里。"也为我们提供了一个外国人眼中的扬州城规模的资料。

来自朝鲜半岛的崔致远,在扬州做过官,他在《桂苑笔耕集》中多处记述扬州的风物与交游。在《酬杨赡秀才送别》诗中,他把扬州称为"芜城":"暂别芜城当叶落,远寻蓬岛趁花开。"在《求化修大云寺疏》中,他提到扬州大云寺的地点是"与城东禅智寺双肩对耸,两耳齐张,夹炀帝之遗宫,拥淮王之仙宅"。因为大云寺是鉴真出家之地,寺在何处,久已无考,崔致远的这一记载为我们寻觅大云寺的遗址指出了重要的方位。

元代来中国的意大利旅行家马可·波罗,在他著名的《东方见闻录》也即《马可波罗游记》里,这样描写扬州:"从泰州发足,向东南骑行一日,终抵扬州。城甚广大,所属二十七城,皆良城也。此扬州城颇强大,大汗十二男爵之一人驻此城中,盖此城曾被选为十二行省之一也。应为君等言者,本书所言之马可·波罗阁下,曾奉大汗命,在此城治理亘三年。"扬州城在泰州的西南而不是东南,

来自朝鲜半岛的崔致远

这是书中的疏忽之处。但是,马可·波罗关于扬州城的记载,仍然有其特殊的意义。特别是,据他说自己曾经做过扬州城三年总管,尽管学术界对此尚有争议,但却是饶有兴味的话题。

元代来华的欧洲旅行家,除了马可·波罗,还有一位同样来自意大利的鄂多立克,他是在马可·波罗离开中国三四十

《见证扬州城》

来自威尼斯的马可·波罗

年后经过扬州的。有关他的情况,后人知道得很少,但是他也留下了一本游记,叫《东游录》。在这本书里,他也谈到了扬州城:"当我在这条塔剌伊河上旅行时,我经过很多城镇,并且来到一个叫做扬州的城市,我们低级僧侣在那里有所房屋。这里也是聂思脱里派的教堂。这是座雄壮的城市,有实足的四十八到五十八土绵的火户,每土绵为一万。此城内有基督徒赖以生活的各种大量物品。城守仅从盐一项上就获得五百土绵巴里失的岁入;而一个巴里失值一个半佛洛林,这样,一土绵可换五万佛洛林。"此外,他还谈到了扬州人的热情好客,和扬州城里停泊的大量船舶。

明代来华传教的意大利人利玛窦,曾经沿着运河旅游中国南北。他后来著成一部有名的《中国札记》,可惜在书中只提到扬州一笔:"这次旅行沿途经过的主要地点是:南京省的扬州,纬度32度……"也许他乘坐的船,沿着大运河一直航行,没有在扬州城下停泊。

明代万历年间来华传教的葡萄牙人奥伐罗·塞默多,汉名曾德昭,著有《大中国志》一书。关于扬州城的描述,他可谓独具只眼:"小孩生得较匀称,比大人看来有更讨人喜欢的匀称美,南方省分尤其如此。而有的地方在这方面特别有优势,如在南京省扬州城,当地的女人被认为比其他地方的女人更美,犹如过去在葡萄牙,吉马朗城的女人,富人和达官都从那里娶妻妾,天赋资色总因此受到世上大人物的珍视。"

在明清之交,有一位意大利传教士马丁诺·马蒂尼来到中国,先后流寓江南各地。他目击了明清之间的战争,并对扬州城的英勇抵抗表示钦佩。他的《鞑靼战纪》如实记载了他在中国的见闻,书中写到扬州城对于清军的悲壮的保卫战："他们（清军）的攻势像闪电一样，用不了多久就占领它，除非那是一座武装防卫的城市。这些地方中有一座城市英勇地抗拒了鞑靼的反复进攻，那就是扬州城。一个鞑靼王子死于这座城下，一个叫史阁老的忠诚的内阁大臣守卫扬州，他虽然有强大的守卫部队，最后还是失败了。"马丁诺·马蒂尼是第一个把"扬州十日"惨案告诉世界的外国人，值得我们怀念。

清初康熙年间，罗马尼亚人尼古拉·斯帕塔鲁·米列斯库作为俄国使节来华，后来写了一本《中国漫记》。在这本书里，他指出扬州城的兴盛得益于盐："本省第七大城名扬州府。顺大江而上，可以望见一个大洲，从这里有一条大运河直通这座美丽的城市。所以，这座府城是一个重要口岸，可为皇帝征得可观的税收。不过，这个府城的主要财源还在于制盐，这里的居民用海水熬盐，方法和欧洲相同。居民靠这个行业发了财，建造了大批豪华的房屋。"康熙盛世的扬州城，在尼古拉·斯帕塔鲁·米列斯库笔下得到了客观的描绘。

民国初年，日本人宇野哲人写过一本《中国文明记》，其中对扬州城的衰败感到叹息："扬州，在汉曰江都，曰广陵，隋称扬州，在淮左。抑压金陵，为东南之重镇……直至最近，扬州因为运河之冲，船舶辐辏，为货物之一大集散之地，繁荣之极。而太平天国后，中心转移苏州，扬州遂一蹶不振。"他叹息说，昔日著名的"扬州鹤"，不料如今居然飞到苏州了；杜牧的狂名，而今还有后来者吗？他认为扬州城的真正的破落，是在太平天国之后，从此以后中国东南的经济中心就南移了。

差不多同一时期，日本人青木正儿也造访扬州城，并留下了一篇叫做《扬州梦华》的游记。他在扬州寻找康乾时代的繁华，但是现实处处让他失望。他最向往的地方，是清代中叶扬州盐商马氏的小玲珑山馆，但是他好不容易找到那里却什么也没有。他说："小玲珑山馆在靠近扬州新城东北隅、从东关街进去的巷子深处，已成空地，徒留一段荣华之梦。为我引路的古董店主指着地面一块凹处说：'那是园子的正身玲珑石的遗迹。'我不觉一股悲凉袭上心头……"

天下兴，则扬州兴；天下衰，则扬州衰。扬州城，就是中国历史的一扇窗口，一个缩影，一座风向标，一支晴雨表。

二十四桥明月夜

南柯寻梦

『南柯一梦』是一个常用的典故,同『黄粱一梦』一样,表现了浮生若梦的人生观。但人们在使用这个典故时,很少想到『南柯』在什么地方。『南柯』,它还在吗?

走进扬州市汶河北路驼岭巷不远，就会发现一株古老的槐树。古槐高约六七丈，老干虬枝，盘根错节，一看便知是千年以上之物。这里原是槐古道院。道院今已不存，惟有这一株老树，主干虽空，枝叶尚茂，仍在默默地向世人证实着一千年前的那个奇异诡谲的梦。"蚂蚁缘槐夸大国"中的大国，"南柯一梦"中的南柯，据说就是它。

南柯梦的故事见于唐人李公佐的传奇《南柯太守传》。《传》中说，游侠淳于棼住在广陵郡东十里，宅南有大槐。贞元年间，淳于棼因醉酒卧于东庑下，忽梦二紫衣使者相邀，便登车进入槐树之穴。穴中山川一如人世，有城，城门上写着"大槐安国"几个金字。觐见大王时，受到优厚礼遇，娶公主为妻，当上了驸马。继而出任南柯太守，凡二十年，生育五男二女，备享人伦之乐。后来带兵与檀萝国作战，不料败北，公主又死，便渐有谗言流传。大王心生疑虑，仍遣紫衣使者将淳于棼送归。淳于棼酒醒，见夕阳仍有余晖，残杯尚未收拾。后来命仆人发掘槐下洞穴，竟仿佛梦中所经历。又见穴中有无数紫蚁在奔波忙碌，方悟这就是自己享受富贵荣华数十载的"大槐安国"；槐树有南枝，群蚁聚居其上，这就是自己做过太守的"南柯郡"；东邻有大檀树一株，藤萝攀挂枝间，这也就是自己作战失利的

"檀萝国"。淳于棼追想前事，感叹于怀，乃命仆人将槐下蚁穴掩盖如旧。是夕，风雨暴发，蚁尽迁去。

《南柯太守传》的故事自然是虚构的，但所反映的古代扬州的繁盛景况，却真实可信。据路工先生在《〈南柯〉与〈南柯太守传〉》中考证，六朝志怪小说《灵怪集》中已有一篇《南柯》，是唐朝李公佐《南柯太守传》的底本。"大槐安国"的历史可真是够悠久的。

"大槐安国"的故事发生在扬州，不是偶然的。据说李公佐从苏州前往洛阳，途中船泊扬州，遇见淳于棼之子淳于楚，听淳于楚亲口讲述了其父的奇遇。后来李公佐又做过扬州大都督府的录事，他有可能更详尽地了解"南柯太守"的传闻，这才写出了著名的《南柯太守传》。

淳于棼的墓也在扬州。鲁迅先生辑录《唐宋传奇集》时，在《稗边小缀》里说："梦事亦颇流传，宋时，扬州已有南柯太守墓，见《舆地纪胜》(三十七淮南东路)引《广陵行录》。明汤显祖据以作《南柯记》，遂益广传至今。"清代的《重修扬州府志》卷二十七《冢墓》则记载："唐淳于棼墓，相传在蜀冈之北，俗呼为'南柯太守墓'。"清康熙间山阴人何嘉延写过一首词，叫《凤凰台上忆吹箫·题淳于棼墓》，他似乎亲访过淳于棼墓，但词中没有写到墓冢的情况，而只是说：

"江都恨，销沉好梦，莫怨檀萝。"现在淳于棼墓已经毫无踪迹可寻了。

至于淳于棼在扬州的故宅，历来有些扑朔迷离。郭士璟写过一首《淳于棼宅》，只含含糊糊地说"在城北十里"。扬州城北十里有个槐泗乡，有人认为淳于棼就住在那儿。孔尚任有一首《淳于宅》，倒是说得明明白白："在天宁寺西，淳于棼梦南柯处。"今驼岭巷古槐的方位，也是在天宁寺之西，但似乎距离稍远了些。唐建中在《淳于棼宅》中咏道："至今广陵郭，过者长徙倚；沿村觅古槐，为问何株是？"他是老老实实承认，不知道淳于棼的故宅在哪里的！

也许正如晚清时的臧谷在《淳于棼宅》一诗中所说："南柯一梦等烟销，情事荒唐树已凋。为问故居今何在？谱成词曲益无聊。"南柯一梦本来已够荒唐，再去寻找做梦的地方岂不是更加荒唐吗？但是洪亮吉在《北江诗话》卷六曾引《宁国府图经》说："泾县西五里，有淳于棼故居。"并说淳于棼是南齐明帝时的相国，曾舍宅为寺。看来淳于棼的故宅究竟在扬州还是在宁国，淳于棼其人究竟生活在南齐还是在盛唐，淳于棼的宅第后来究竟成为道院还是成为佛寺，都是一笔难以理清的糊涂账。

可是这些并未稍减人们传诵南柯梦的热情。自唐以后，"南柯一梦"成了文人最爱用的掌故之一。苏东坡《九日次定国韵》云："南柯已一世，我眠未转头。"南柯一梦成了漫长人生的象征。关汉卿《鲁斋郎》云："几时能够再得相逢，则除是南柯梦儿里。"南柯一梦又成了无法实现的同义语。明人小说《剪灯余话》云："欲知人世伤心事，浑似南柯梦一场。"南柯一梦可以引起人们对一生经历的反思、伤感与追悔，好像卢梭的

汤显祖的《南柯记》

《忏悔录》一样。而《清朝野史大观》在记叙了一个扬州盐商的短暂而剧变的兴衰史之后写道："观其列驷树戟，距布衣北行，时仅十有一载耳。勃然而兴，奄然以逝，当是槐下淳于重成一梦也！"扬州盐商盛极而衰，是很容易教人想起淳于梦在古槐树下做的南柯一梦的。

然而对于南柯梦故事的传播、演绎、引申，绝不仅仅限于诗词文章的用典。鲁迅先生提到的汤显祖《南柯记》，不过是影响较大的一部作品。实际在汤显祖之前，已有类似的作品。

宋人在《醉翁谈录》中，提到有一种话本叫《大槐王》，很可能是讲南柯梦的故事，可惜未见传本。明万历间上虞人车任远，著有《四梦》杂剧，即《高唐梦》、《邯郸梦》、《蕉鹿梦》与《南柯梦》，但自从汤显祖的《四梦》传奇一出，便没有人知道车任远也写过《南柯梦》了。

汤显祖的《临川四梦》，一称《玉茗堂四梦》，包括《紫钗记》、《还魂记》、《邯郸记》和《南柯记》。因四种传奇中都有描写梦境的情节，故合称《四梦》。《南柯记》写淳于梦梦入槐安国后，与金枝公主成婚，做了南柯太守，因功又拜为左丞相。后来，复因骄奢淫逸，获罪放逐，以致大梦觉醒，看破尘世而坐化。《南柯记》主要情节都和《南柯太守传》相同，只是最后有所增益。剧中最后写淳于梦访问契玄禅师，请他为父亲、公主和大槐安国群蚁祝福升天，并问入梦之由来。禅师告诉他，梦是因情而生的，没有情就不会有梦。淳于梦听了便要斩断情根。此愿一发，天门忽开，淳于梦的亡父和槐安国王等均升上天国。待到公主将升天时，淳于梦情不可遏，要强留住她仍做夫妇。这时契玄禅师以剑分开他们二人，淳于梦气绝昏死，醒而彻悟，最后合掌入定。汤显祖的《南柯记》仍是以扬州作为故事背景的。第二出里主人公自白道："小生东平人氏，复姓淳于，名梦。家去广陵城十里，庭有古槐一株，枝干广长，清阴数亩，小子每与群豪纵饮其下。"他就是从这里进入蚂蚁为王的"大槐安国"的。

《红楼梦》第二十九回写贾府点戏，贾母问第三本戏是什么，贾珍回答是《南柯梦》，"贾母听了，便不言语"。《南柯梦》就是汤显祖的《南柯记》传奇。据说淳于梦在大彻大悟后，认识到了"人间君臣眷属与蝼蚁何殊，一切苦乐兴亡与南柯无二——等是梦境"。所以贾母听说第三本戏是《南柯梦》，"便不言语"。

《南柯记》的创作与汤显祖的生平经历有关。汤显祖政治上失意，决定弃官归隐；老年丧子，对生活悲观失望；又有个达观禅师是其好友，时常宣扬出世思想。这些都使《南柯记》蒙上了一层浓厚

驼岭巷古槐

的"浮生若梦"的颓废色调。但其中也有理想主义的亮光。例如第二十四出《风谣》里写紫衣使者奉蚁后之命去见公主,"才入这南柯郡境,则见青山浓翠,绿水渊环。草树光辉,鸟兽肥润。但有人家所在,园池整洁,檐宇森齐。何止苟美苟完,且是兴仁兴让。街衢平直,男女分行。但是田野相逢,老少交头一揖。曾游几处,近见此邦"。这里集中表现了汤显祖的理想国或乌托邦思想。或许,其中也有明代扬州繁华富庶的影子?

在汤显祖之后,清代瑞安人洪炳文又写过传奇《后南柯》。所谱仍为蚁国之事,意在警世劝俗。

南柯梦在文学上的影响,当不仅仅是几部戏剧。词牌中有〔南柯子〕,应与南柯梦有关。明人《古今说海》中的《蚍蜉传》,清人《谐铎》中的《蟪蛄郡》,恐怕都受了"蚂蚁国"的启示。《聊斋志异》里的《莲花公主》,所写为蜜蜂世界的故事,也是从大槐安国衍化而来。

在扬州驼岭巷的古槐下伫立,我常感到人的渺小。在大槐安国,蚂蚁是人;在人类社会,人亦如蚂蚁。林语堂先生在《人生的盛宴》中说过,他在庐山上看山下的人,就像看到的是蚂蚁一样。其实不用在庐山上往下看,我有一次在扬州蜀冈上往下看,看到的人也像蚂蚁一般小。这印象特别的深,以至事过二三十年之后,想起来仍非常清晰。

许多人只知道南柯梦的典故,却不知道"南柯"在扬州的驼岭巷里,"大槐安国"也在扬州的驼岭巷里。纪晓岚是聪敏人,他写过《京邸杂题六首》,其二是《槐安国》,有云:"安知此树下,不有槐安国?安知此天地,不在槐根侧?"京城里有许多古槐,纪晓岚觉得只要把自己看成是一只蚂蚁,那些古槐下面可能就是"槐安国"。

那样,就不必一定要到驼岭巷去寻找"南柯梦"了。

二十四桥明月夜

二十四桥仍在

J兄：

没想到这次你回信如此之快。一读之后，才知道你现在似乎也害起思乡病来了，以前你不是一反古人说的「长安居，大不易」而夸口说「京城居，大有益」吗？自然，对于做学问的你，北京信息灵通，资料完备，确是首善之区。但对于扬州人的你，在看饱了王府井的喧嚣、紫禁城的威严和北海、景山、颐和园的皇家气派之后，也许不能不想到故乡的小街、小巷和小园林吧？但我没有料到的是，你这一回的主要话题是二十四桥。

二十四桥仍在 一九七七年扬州作 马骐

高翔所绘二十四桥

你在信中说,近来不断有人来问,什么叫二十四桥?是不是有二十四座桥?在城里还是在城外?如此等等。历史与现实的原因,使前几年还很落寞的二十四桥居然走起时来了。小杜和老姜泉下有知,恐怕也会奇怪,因为关心二十四桥的,大都不是文学和桥梁学爱好者。

看了你的信,我依稀记起多年前与你去寻访传说中的廿四桥故址的事。那天我们出扬州西门走了很远,找到一座极普通的砖桥。再三询问附近的农人,都道是"廿四桥"。我们虽然不相信,还是在桥上盘桓了好久。四周尽是瑟瑟作响的茅草和芦荻,桥下却几乎是干涸的。偶尔有一二牧童骑在牛背上懒洋洋地踱过桥去,不用说没有吹箫,手里连短笛也没

有。从扬州开往天长的汽车不断从桥上隆隆驶过,卷起的尘土遮天蔽日,又教人何从想像那皎洁的明月?看不见玉人的遗踪,听不到箫声的余韵,我们都感到无限的惆怅。这样的廿四桥,不但使慕名来访的郁达夫、丰子恺失望,就连扬州人的我们,恐怕也觉得没有它更好。

但现在我要告诉你,扬州已经有了一座非常漂亮的二十四桥。这桥的所在,就在我们当年寻访过的旧廿四桥之东,你所熟悉的五亭桥之西。我和你侄女儿曾坐了汽艇从五亭桥下穿过,特地去看那桥。五亭桥的西边,以前我们是不去的,因为那里河网交错,杂树丛生,用我们先前的眼光看,实无可观之处。但这次坐汽艇去,河中碧绿的水,两岸苍翠的树,以及草丛里倏地飞出的蓝色的水鸟,却使我感受到特别的新鲜。你要说,这是野趣。不错,这确是在城市里见不到的野趣。但更妙的是,当你还沉醉于那水、那树、那鸟的时候,汽艇忽然放慢了速度,你猛一抬头,却无论如何想不到在这芳草萋萋、野渡无人之处,那水上硬是出现了一座洁白晶莹、玲珑剔透的汉白玉石拱桥!桥不长,据说只有二十四米,然而它确实精致。洁白的栏杆上,细细地镂着花纹。半圆的桥洞,与映在水中的倒影正好合成一个十五的月亮。下了汽艇,你侄女直奔桥上而去,我却远远地凝视它,品

赏它，好像走近去就会亵渎它的冰肌玉骨。这桥也太精巧了，精巧得使你生怕它随风飘去，或被水溶化掉。这就是新建的二十四桥。桥的东侧，有亭翼然，那是吹箫亭。西南边的熙春台则是根据清代建筑复建的，碧瓦朱栏，极为富丽堂皇。

在这沙鸥点点、荻港萧萧的地方，你是否觉得只宜架些板桥，搭些草堂，才与环境协调呢？你这样想，我固然不能说你错。如今的二十四桥，其精美，其高贵，与周围的荒野疏阔反差太大。但我想说，和谐是美，对比也是美。

关于二十四桥是一座桥还是二十四座桥的公案，我不想多说。如果你一定要我说，我只能说：二十四桥从来不是实际意义上的桥。如同大观园只能存在于《红楼梦》中一样，二十四桥只能存在于《寄扬州韩绰判官》中：

青山隐隐水迢迢，秋尽江南草未凋。
二十四桥明月夜，玉人何处教吹箫？

二十四桥的全部秘密，其实都藏在这首诗中。比如，二十四桥是一座桥还

新建的二十四桥

是二十四座桥的谜底,也藏在诗中——诗人问道,在这二十四桥月明之夜,玉人究竟在"何处"吹箫呢?这"何处"二字,清楚不过地说明了"二十四桥"绝不是一座桥。如果是一座桥,还用得着问"何处"吗?当然,也不一定恰好是二十四座桥。在古人笔下,二十四、三十六、七十二、一百零八、三百六十等等,都不过是些虚拟之数,形容数量众多罢了。杜牧本来是被人讥为"算博士"的,他的诗中好用虚数,如"十二层楼敞画檐"、"三十六宫秋夜深"、"南朝四百八十寺"等等。"二十四桥明月夜"也是这样的用法,形容唐代扬州的桥梁众多罢了。

但到了后来,二十四桥的文化内涵确实发生了很大的变化。而这些后来的变化,正如你所知道的,杜牧却是管不了啦!

第一个变化,是二十四桥不再指

唐代二十四桥之一的下马桥遗址

桥,却从假借的意义上成了"扬州"的同义语、代名词。这方面的例子太多了。比如宋朝的欧阳修,他本是扬州的文章太守,后来移守汝阴,写了一首《西湖戏作示同游者》。诗中有两句是:"都将二十四桥月,换得西湖十顷秋。"请注意,这里的"西湖"不是指杭州西湖而是指汝阴西湖,这里的"二十四桥"也不是指扬州的桥而是指整个扬州城!事有凑巧,后来苏轼从颍州太守移守扬州,又写过一首诗,题目很长,是《轼在颍州,与赵德麟同治西湖,未成,改扬州。三月十六日,湖成,德麟有诗见怀,次其韵》。诗中也有这样两句:"二十四桥亦何有?换此十顷玻璃风。"东坡在这里用的是欧阳公句意。当然,他在这里无意讨论扬州有多少座桥,他只不过是同欧阳公一样,用"二十四桥"这个现成的字眼来指代扬州而已。

第二个变化,是二十四桥不再单单指代扬州这个地方,而是更进一步地象征扬州的歌吹、风月与繁华。这方面的例子同样很多。比如明朝的王世贞,写过一首《广陵访周公瑕不遇》,其中两句是:"二十四桥歌吹遍,不知何处觅周郎?"此后,二十四桥常常就象征着"扬州歌吹",在急管繁弦中体现出扬州的逍遥与快乐。明末的张岱更把二十四桥同"扬州风月"联系在一起,他在《陶庵梦忆》中不厌其繁地写了整整一节扬州钞关一带秦楼楚馆、酒肆茶坊的繁华夜景。而他用的题目，是"二十四桥风月"。那么，你可以发现，二十四桥在这里和桥几乎是毫无关系的。桥自是桥，二十四桥自是二十四桥。从某种意义上说，二十四桥并不是架在河上供人通行的那种建筑物，而是通过音乐、茶酒乃至美女使人达到感官的极乐彼岸的那种特殊的通道。清初扬州人石天基写过一部《快乐天机》的书，属于《传家宝全集》中的一种。他在《快乐天机》中列举了种种可以使人得到"快乐"的方法，如"快乐图"、"快乐铭"、"快乐吟"等等。其中在"快乐印"里收有一方闲章，文曰"消受扬州廿四桥"。你想想，若是木石之桥，如何去消受？可见他要消受的并非物质的桥，而是精神的桥。

第三个变化，就更具体了，所谓二十四桥既不是借指扬州，也不是泛指扬州繁华，而是专指扬州美人。二十四桥一开始就同美人联系在一起。"二十四桥明月夜，玉人何处教吹箫"，"玉人"即是美人。二十四桥又称"二十四美人桥"或"二十四美人吹箫桥"。相传在月明之夜，有二十四个美人吹箫桥头，故名。细玩前人诗文，凡歌咏扬州二十四桥的，或明或暗莫不与女性有关。总而言之，"二十四桥美人"是历史上被诗化了的扬州女性的最高象征。我们可以找到无数的例子，来证明这一点。明代有一位扬州美人叫柳依依，能歌擅舞，才貌双全，《留青日札》有柳依依的传，说她"字倚玉，扬州二十四桥人也"。清代有一位扬州美人叫葛九，与程姓书生甚善，《谐铎》载程生赠葛九的词，开头一句就是"廿四桥头步，怪东风等闲吹过，良宵十五"。在许多文学作品中，扬州二十四桥都是那些香艳故事的地理背景。《二刻醒世恒言》写到一个扬州美人阿丽，说是"扬州府江都县有个二十四桥，桥西出个美人"。《广陵潮》是一部鸳鸯蝴蝶派的代表作，这部长篇小说的开头却是"扬州廿四桥圮废已久，渐成一个小小村落"。这些还不能说明二十四桥到底代表着、象征着、意味着什么吗？

但是不管怎么说，所有的意义我们都不妨看成是别人附加给二十四桥的，这与桥本身并没有什么必然的联系。二十四桥就是二十四桥，你可以附加给它很多很多的意义，它还是它。

从前的二十四桥只存在于诗中，现在我们毕竟有了一座真正的桥，而且还是一座美丽的桥。凭藉它，我们尽可以重温杜牧之的扬州旧梦，高唱姜白石的绝妙好词，而不至于空手而归了。

所以，请对朋友们说一声：二十四桥仍在！

二十四桥明月夜

重访梅花岭

新春是赏梅的时节。从前扬州蜀冈有名胜『小香雪』，是模仿苏州邓尉梅花山香海的胜景，梅花开时，满山满谷，沁心沁肺。不知道什么时候，蜀冈的『小香雪』不复旧观，扬州的赏梅佳处只剩下了史公祠。

年前,本来打算约友人一起去史公祠看梅花,却不料阴差阳错,未能成行。独自来到祠中,便见寒风中疏影横斜,好似忠臣的傲骨。忽然又依稀听见有人度曲,便觉得应该是《桃花扇》里的《沉江》。

史公祠的梅花,号称是"数点梅花亡国泪"。亡国,大而言之,是指明朝的覆没;小而言之,是指扬州的屠城。"数点梅花亡国泪;二分明月故臣心。"这是扬州史公祠里的一副著名的对联。梅花、明月、亡国、故臣,这些苍凉悲切的辞藻,使人油然想起三百多年前以身殉国的那位民族英雄。

史公祠在扬州城北,亦称梅花岭。据说史可法殉难前留下遗言:"我死当葬于梅花岭上。"后来史可法殉节扬州,嗣子史德威遍寻遗骸不得,乃具衣冠葬于梅花岭下。

史公祠坐北朝南,祠中有飨堂、祠堂和史可法衣冠冢。飨堂前悬挂的楹联,除了"数点梅花亡国泪;二分明月故臣心",还有"公去社已屋;我来梅正花","时局类残棋,杨柳城边悬落日;衣冠复古处,梅花冷艳伴孤忠"等,皆词意深远,令人生思古之幽情。飨堂中有史可法塑像,正襟危坐,气壮山河。飨堂西边是祠堂,有神龛供奉史公神主和遗像,红袍乌纱,栩栩如生。衣冠冢在飨堂后面,墓

梅花岭

碑上镌刻着"明督师兵部尚书兼东阁大学士史公可法之墓"字样。墓边有草,终年常绿,经冬不凋,人称"忠臣草"。

史可法,字宪之,号道邻,明代河南祥符人。在他出生之际,正是大明国运日下的时候。明神宗是个荒淫无道的皇帝,宠幸宦官,搜括财货,迷恋神仙,沉湎酒色,在位四十八年倒有二十多年不与臣下共议朝政。大明江山,内忧外患,危机日重,正是一个呼唤英雄的时代。传说史可法母亲生养时,梦见文天祥走进他家,

然后就生下了史可法。而史可法后来果然成了文天祥式的人物。

青年时代的史可法受到东林党人左光斗的关怀与教诲。左光斗曾经和史可法纵论古今,抨击时政,两人都表示为挽救危局,不惜身家性命。左光斗为阉党所害后,史可法的报国之心愈加热切。

史可法于天启七年(1627)中举,崇祯元年(1628)中进士。他先后担任过西安府推官、户部主事及员外郎、户部都给事中、右参议,和安庆、庐州、池州、太平四府巡抚等官职。明代末年,内有农民起义,外有满族入侵,史可法面对着这种复杂险恶的形势,惟有强撑危局,力挽狂澜。他一面调兵遣将打击农民军,一面依法严惩各种贪官污吏,这都是符合他忠心报国的理想的。由于史可法的忠诚与才干,他于崇祯十六年(1643)被朝廷任命为南京兵部尚书,然而一切都太迟了。没有等他施展抱负,李自成率领农民军攻破北京,崇祯帝在煤山上吊自尽,一时天下形势大变。

史可法最后的日子,也是他一生中最壮烈的日子,是在扬州度过的。他在南明小朝廷做了不到半个月时间的首相,就被排挤到了江北前线。在极为困难的条件下,他一边调停南明内部的矛盾冲突,一边抵御来自满洲贵族的威逼利诱。在一切努力都失败之后,史可法只好用一死来表明自己的忠诚。清兵攻破扬州城后,史可法面对强敌,毫无惧色,大声喝道:"史可法在此!"他殉节的时候,年仅四十四岁。

算起来,史可法殉节距今整整三百六十年了。那是明朝弘光元年,清朝顺治二年,干支纪年乙酉,公元1645年。这一年的农历四月二十五日,清军从西北方向攻破南明的江北重镇扬州城,守卫扬州的南明督师史可法以死明志,史称"乙酉之变"。扬州战局的这种突变,从明朝的角度来看是失守或者沦陷,从清朝的角度来看是光复或者解放。但无论如何,史可法其人的忠诚却得到了明朝和清朝以及后人的公认与景仰。

当今天我们纪念史可法的时候,感到稍许遗憾的是,梅花岭下埋葬的只是史可法的衣冠,而非他真正的遗骸。在扬州城破之际,史可法究竟是怎样死的呢?在当时,洪承畴就曾发问:"果死耶?抑未死耶?"计六奇也叹惜道:"史公死节,其说不一。"此后,正史和野史中关于史可法下落与去向的记载传说互相矛盾,甚为纷繁,"史可法之死"遂成为一个迄今难解的历史之谜。

关于史可法之死,到底有多少种说法呢?

一说扬州城破时,史可法毅然自刎而死。如计六奇《明季南略》记载:"廿

史可法绝笔

五日丁丑,可法开门出战,清兵破城入,屠杀甚惨,可法拔剑自刎。"同时自刎的还有很多人,如原兵部尚书张伯鲸被清兵所俘,不肯投降,身上多处负伤,也自刎而死,其妻子杨氏、媳妇郝氏也都一起自刎。史可法早有自杀之意,故自刎当有可能。

二说史可法在城破后,自投清营而死。据王士禛《池北偶谈》所述,康熙二十年(1681),有吴某从东北回京,驻防老将安某对他说:你回去后,可以告诉那些史臣,当年王师攻破扬州时,我在军中,"亲见城破时,一官人戴巾衣氅,骑一驴诣军营,自云:'我史阁部也。'亲王引与坐,劝之降,以洪承畴为比。史但摇头云:'我来此只办一死,但虑死不明白耳。'王百方劝谕,终不从,乃就死。"史可法自投清营而死,显然是为了自己的名节不被埋没,也合乎情理。

三说史可法死于乱兵之中。如《明季南略》引他书说,清兵伪装成明军骗取史可法打开西门,入城后大肆屠城,史可法在无奈之下,"引四骑出北门南走,没于乱军"。《清实录》的记载是:"攻克扬州城,获其阁部史可法,斩于军前。"也与此说相似。

四说史可法自刎不成,死于小东门清兵之手。如《明史》记载,因为扬州城西门地势险要，所以由史可法亲自把守。"大清兵薄城下，炮击城西北隅，城遂破。可法自刎不殊，一参将拥可法出小东门，遂被执。可法大呼曰：'我史督师也！'遂杀之。"古藏室史臣《弘光实录钞》也持此说："参将张友福拥可法出小东门，北兵至，可法大呼：'史可法在此！'……遂遇害。"正史所载，当然不会是无中生有。

五说史可法被清兵杀死于南门。如罗振常《史可法别传》记载，当扬州城破时，史可法见大势已去，与部将史德威等诀别。此前，史可法已经和部将庄子固相约，一旦城破，就请庄子固用刀杀死他。城破后，史可法引颈让庄子固动手，但是庄子固不忍举刀。情急之下，"公亟拔刀自刎"，庄子固等人一起抱住史可法，使得他血溅衣衫而气未断绝。这时史可法"命令史德威加刃"，但史德威只是哭泣，不愿动手。接着众人拥史可法下城，来到小东门，不料东门已被清兵所破，只好"折而走南门"。结果被一个名叫张鹰的人"执赴南楼城上见王"，把史可法送交给清豫王多铎。多铎劝降，史公不屈，"遂慨然授命"，在南门被杀。全祖望《梅花岭记》所记的是："被执至南门，和硕豫亲王以先生称之，劝之降，忠烈大骂而死。"也认为史可法被杀死在南门。

六说为多铎将史可法尸裂于新城。如戴名世《扬州城守纪略》说，扬州城破后，史可法自杀不成，被部将拥至小东门，正好遇到清兵。"时大兵不知为史公，公大呼曰：'吾史可法也！'大兵惊喜，执赴新城楼见豫王。"因为史可法不肯投降，豫王就悍然"使左右兵之，尸裂而死"。

七说城破后，史可法缒城逃亡。如《明季南略》引《甲乙史》说，清军渡过淮河之后，当天晚上就大破扬州新城，肆意屠杀。此时史可法守卫在扬州旧城，收到清兵劝降书，不为所动。清军故意传出假消息，说有明军来援，史可法误以为真。因为清军已经占领东门，史可法就打开西门迎接，不料进城的却是伪装成明军的清军，一进城就大开杀戒。"可法立城上见之，即拔剑自刎，左右持救，乃同总兵刘肇基缒城潜舟去。"谈迁亦持此说。张岱《石匮书后集》并且说，史可法逃出城后，曾经"过钞关"、"走安庆"。但另一说以为刘肇基在扬州城陷前已中流矢而亡，所以不可能与史可法一同"缒城潜舟去"。

八说城破后，史可法骑白骡从南门逃生。乾隆《江都县志》记载："扬之故老曾有言，可法于城陷时，跨白骡出南门，复不知其死。"康熙初年，有扬州人贩茶过安徽桐城，夜宿村中，遇见一位老者非常魁梧，对于史可法的下落知之甚详。据云史可法在城破之前，曾经袒背让人用浓墨书写上他的名字,"恐或中途歼于乱军,此所以志也"。城破后,史可法乘坐骑从南门逃出,不到十里路,被游兵散勇所伤,后即不知所终。许旭就此赋《梅花岭》诗云:"相公誓死犹饮泣,百二十骑城头立。瞬息城摧铁骑奔,青骡一去无踪迹。"

九说史可法逃亡后,沉水而死。据说史可法出城后,骑马渡河,因马蹶落水溺死;或说他出东门遇清兵堵截,自觉无望,即赴水自尽。孔尚任《桃花扇》第三十八出《沉江》,写扬州城破之后,史可法逃至江边,自言道:"俺史可法率三千子弟,死守扬州,那知力尽粮绝,外援不至。北兵今夜攻破北城,俺已满拼自尽。忽然想起明朝三百年社稷,只靠俺一身撑持,岂可效无益之死,舍孤立之君?故此缒下南城,直奔仪真,幸好遇一只报船,渡江过来。那城阙隐隐,便是南京了。"此时忽然得知,南京也已沦陷,"皇帝老子逃去两三日了",于是史可法"跳下江去"。

十说史可法在城破后突破重围,与清兵决战而死,所以后来江湖上起兵反清的力量多以史可法的名义相号召。张岱《石匮书后集》说,史可法自杀未遂后,率残部据守在城外的宝城寺,"清兵迹之,急决战,不胜,一时尽败没"。此后民间多传史可法未死,仍在民间组织抗清。《明史》中说:"其后四方弄兵者,多假其名号以行,故时谓可法不死云。"《扬州城守纪略》也说:"岁戊子,盐城人某,伪称史公,号召愚民,掠庙湾,入淮浦。"

以上十种说法,都不无根据,难辨真伪。现在通常的说法,是采用史可法嗣子史德威《淮扬殉节纪略》中的记述,说扬州城陷时,史可法自刎未遂,为清军捕获。多铎对史可法"相待如宾,口呼先生",并劝降说:"为我收拾江南,当不惜重任也。"史可法答曰:"我为天朝重臣,岂肯苟且偷生,作万世罪人哉!我头可断,身不可屈……城亡与亡,我意已决,即劈尸万段,甘之如饴!"于是被杀。但是因为史可法之死,有那么多异闻,此说也就难成最后的定论。

史可法本人在围城之前,早就做好了必死的准备,他在几份遗书中一再表达了"今以死殉城,不足赎罪"、"一死以报朝廷,亦复何恨"、"如此世界,生亦无益,不如早早决断也"的决心。因此,他的忠贞报国、杀身成仁之心是没有疑义的。问题是史公到底是怎样死的?他生命的最后时刻究竟是如何度过的?这个牵动人心的问题,在他死后三百六十年似乎仍是一个难解的谜。

而今重访梅花岭,只觉得一股忠烈和悲壮之气,依旧扑面而来。

二十四桥明月夜

白塔传说

小时候，听祖父讲过一个故事：

从前，有一个至高无上的皇帝。有一天，皇帝来到一个美丽的地方游玩。他觉得这里很像京城中的花园，只是少了一座塔。这句话让一个大商人知道了，他就找人连夜建了一座塔。第二天，皇帝又来游玩，发现这里多了一座塔，十分惊讶。有人告诉他，这塔是假的。皇帝不信，走近塔仔细观望，才知道这座塔是用盐堆成的。即使用盐堆成的，也很不简单呀，皇帝就重赏了那个商人。但是不久，盐融化了，塔轰然倒塌。皇帝以欺君之罪，赐死商人。

这个故事让我产生的感受十分复杂。我为皇帝掌握着生死予夺之权力，感到可畏。我又为商人巴结皇帝而落得赐死之下场，感到可悲。

后来知道，那个皇帝是乾隆皇帝，那个商人是扬州盐商，那座塔就是瘦西湖畔的白塔。

白塔一称喇嘛塔，位于莲性寺内。白塔的建造时间，历史上缺少明确的记载。但在乾隆年间盛传的"扬州二十四景"中，已有"白塔晴云"一景。

白塔是扬州园林风光中的杰作。它的模样，模仿北京北海的喇嘛塔形制，但体态变得非常苗条和轻盈。白塔体现了扬州园林善于模仿又善于变化的特点。人们常说扬州地处南北之间，兼有北方之雄和南方之秀，白塔的端庄和窈窕正是雄与秀的完美结合。

关于白塔的记述，李斗在《扬州画舫录》卷十三只有一些简单的文字："莲性寺在关帝庙旁，本名法海寺……后建白塔，仿京师万岁山塔式。""塔身中空，供白衣大士像。其外层级而上，加青铜缨络，鎏金塔铃，最上簇鎏金顶。"似乎在李斗的时代，白塔还只是一座装饰华美的塔，并没有什么奇妙的故事流传。

但是稍后的沈复在《浮生六记》卷四中，对白塔的评价极高："桥南有莲心（性）寺，寺中突起喇嘛白塔，金顶缨络，高矗云霄，殿角红墙松柏掩映，钟磬时闻——此天下园亭所未有者！"在沈复的眼中，白色的塔、红色的墙、苍翠的松柏，再配上悠长的古刹钟声，这一切造成的极美的境界，是他在别处没有遇到过的。但沈复也没有提到什么神奇的传说。

到了近代，朱自清先生在《扬州的夏日》一文中却提到了一夜造成白塔的传奇故事："法海寺有一个塔，和北海的一样，据说是乾隆皇帝下江南，盐商们连夜督促匠人造成的。法海寺著名的自然是这个塔……"在朱自清先生的时代，一夜造塔的传说已流传很广，所以他只轻描淡写地提了这么一下，大概觉得没有什么必要细说了。

关于白塔的传说，不知道开始流传于何时。至少在晚清时候，白塔的传说已多次见诸文字。例如《清朝野史大观》卷十一有"一夜造成之塔"条，《清稗类钞》园林类有"大虹园之塔"条，《南巡秘纪》有"一夜喇嘛塔"条，都是各种版本的白塔传说的记录。

《清稗类钞》中的"大虹园之塔"条，是写得最简略的：

高宗巡幸至扬州，时江某为盐商纲总，承办一切供应。某日，高宗幸大虹园，至一处，顾左右曰："此处颇似南海之琼岛春阴，惜无塔耳。"江闻之，亟以万金贿近侍，图塔状。既得图，乃鸠工庀材，一夜而成。次日，高宗又幸园，见塔巍然，大异之，以为伪也。即之，果砖石所成，询知其故，叹曰："盐商之财力伟哉！"

文字虽简略，却包含了白塔传说的基本情节。其意旨，在于显示扬州盐商的富可敌国，即清高宗所惊叹的："盐商之财力伟哉！"

《清朝野史大观》中的"一夜造成之塔"条，文字大体与此相同。只不过最后多出一句话："园遭粤寇之乱，已成瓦砾，而此塔至今尚存。"似乎其意旨不仅在炫耀扬州盐商之豪富，同时也是在感叹扬州白塔经历兵燹而幸存于世。

《南巡秘纪》中的"一夜喇玛塔"条，是白塔传说中最曲折、最详细的一个版本。作者许指严是位小说家，他在记录这个故事时大大丰富了原来的情节。其中最值得注意的，是对皇帝身边的总管的刻画。"一夜喇玛塔"里写到总管的有两处。第一处，扬州盐商得知皇帝说过"惜少一喇玛塔点缀其上"之后，决心连夜赶造，但苦于一时找不到北京白塔的图纸。后来知道白塔图随驾携来，以备随时观赏，但图由总管保管着。盐商急于造塔，便向总管求图，总管说："子倘欲一观之，纳费数百金可耳。"盐商连说好好好，立马贿赂总管五百金，方才见到图。第二处，白塔一夜建成之后，扬州盐商希望皇帝早些去看，否则彻夜的辛劳尽付东流，这只有请求总管在皇帝面前进言。盐商再次找到总管，请他想法让皇帝在第二天早上就去看塔，并当面表示："成则万金，不成须致开口金百金。"总管一口答应，便去说动皇帝。果然不一会儿，皇帝就传旨去看塔了。这两处细节，刻画出皇帝身边的总管对金钱的贪心和对权力的滥用。正如扬州盐商江某所惊叹的："总管之权力可畏哉！"

在《扬州民间传说》一书里，又有一篇《真假白塔》，塑造了一个擅长敲诈的太监。据说扬州盐商在一夜之间造成白塔后，使得龙颜大悦，受到了皇帝的嘉奖。但是有一个狡猾的太监心中纳闷：就算扬州盐商银子多，怎能一夜就建成一座白塔？在皇帝离开扬州继续南巡之际，他找个借口，晚走了一步，来到白塔近旁要看个究竟。经过仔细观看，才发现这座白塔是假的，塔身是用盐堆起来的，远看简直和真的一样。太监当即传见盐商，板着面孔喝问："是谁出的好主意，造一座假白塔？这欺君之罪，究竟哪个承担？"几句话把盐商们吓得面无人色，磕头如同鸡啄米，苦苦哀求太监成全。在一番装模作样之后，太监终于敲诈了五千两白银满意而去。而扬州盐商，就在假白塔的原址，开工兴建了一座真白塔。

稍稍清理一下白塔传说的脉络，会

发现它所表达的意旨,在流传的过程中产生了一些耐人寻味的嬗变。白塔传说最初的意思,是炫耀扬州盐商之富,所谓"盐商之财力伟哉";到了后来,白塔传说渐渐把炫耀扬州盐商之富变成了讥刺皇帝近臣之奸,所谓"总管之权力可畏哉"。民间传说在流传过程中总是会发生种种变异的,白塔传说的嬗变意味着什么呢?

在经济上腰缠万贯的扬州盐商,在政治上却是软弱无力的。扬州盐商虽然在一定程度上掌握着朝廷的经济命脉,但他们在政治上毫无发言权。扬州盐商拥有大量资产,但他们不是一个阶级,而是皇帝的御用商人。他们不像西方的商人那样依靠市场竞争获得财富,而是仰

白塔和五亭桥

赖皇帝赐予的特权攫取暴利。这样，看起来殷实强大的扬州盐商，其实一个个都患着软骨病。因此，当西方资产阶级在致力于改良蒸汽机以便扩大生产力时，东方的扬州盐商却在靠大建园林向南巡的皇帝讨好献媚。"一夜造塔"的故事，固然是表现扬州盐商的财大气粗和无所不能，同时也表现了他们的软弱与无奈。等到清朝中后期，形势一变，扬州盐商便从财富的巅峰跌落下来，他们成了皇家利益的牺牲品。在民间，人们从羡慕盐商转而同情盐商。对于导致扬州盐商走向破产的至尊的皇帝，人们不敢有些许微言，而对于皇帝身边的近侍、总管、太监之流，是不妨骂上几句的。这些弄臣的贪婪、狡猾、卑劣，也正是封建末世吏治腐败的一个缩影。

从"盐商之财力伟哉"到"总管之权力可畏哉"，白塔传说的后面隐藏着一部扬州盐商的兴衰史。

白塔传说中的扬州盐商江某，应该就是著名的大盐商江春。乾隆皇帝南巡时，江春是出了不少气力张罗接待的。皇帝也很赏识江春办事的才干，曾亲自接见他，赏给他官衔，还借给他做盐生意的本钱。当时民间传颂江春是"以布衣上交天子"。然而后来，因两淮盐引案的牵连，江春遭到了革衔与赔款的处罚。

关于祖父讲述的白塔传说，我至今没有找到文字的根据。传说就是传说，寻找文字依据本来是毫无必要的。在祖父讲述的传说中，那个商人最后是被皇帝赐死了。我觉得这个结局比其他的任何结局都更为深刻。其他的结局都没有敢触动皇帝，祖父的传说却使我看到了皇帝的喜怒无常和凶残暴戾。

到扬州瘦西湖去游览时，白塔是不能不看的。想想它有这么多的传说，也应该去看一看。

专咏白塔的诗不多。偶见清人林苏门《邗江三百吟》卷一有《法海寺白塔》一首，爰将小序与诗抄录于下：

塔在城外，仿京都瀛台白塔建之。

浮屠千仞上，四角碍红日。
绝无梯可攀，登高恐坠失。
飞鸟畏铃声，盘旋不敢即。
慈云腾法海，佛火照弥勒。
影落平湖心，游鱼皆潜匿。
顶似僧伽笠，创造本西域。
月明最宜看，撑空一塔白。

白塔还在，白塔的传说也仍会流传下去。到将来，白塔传说也许还会产生新的变异吧？

二十四桥明月夜

小秦淮风情

若从扬州绿杨邨酒家的西侧拾级而下,便能在喧嚣的市廛里寻觅到一个幽静的所在。那是一条古老的河,狭长的河,它最阔的地方恐怕也不过两三丈。然而在现在的城市中心能够保留着这样一条河,实在是不容易的。

夹河两岸都是树，一株桃树一株柳树，到了春天特别的好看。即使不是春天，这里也仍是一道迷人的风景。桃树和柳树的影子倒映在河水中，使得河上总是弥漫着一种幽深静谧的气氛，教人忘忧，教人遐思，也教人怀旧。

河的名字很美，叫小秦淮。不知道这和明人林章的名句"不知今夜秦淮水，送到扬州第几桥"有没有关系？扬州小秦淮的水当然不必、也不会从南京秦淮河而来，但小秦淮的名字却一定源于南京秦淮河。清人胡善麟有一篇《小秦淮赋》，说："扬州城西而北有虹桥焉，天下艳称之，其水号'小秦淮'，盖与金陵相较而逊焉者也。"因为与南京秦淮河风光相似而规模较小，所以名为"小秦淮"。这种命名的方法，也恰如瘦西湖之于杭州的西湖、小金山之于镇江的金山一样，体现了扬州人善于模仿和善于借鉴的性格，以及扬州山水袖珍精致的风格。

小秦淮两岸原有许多石砌的码头，从高高的堤岸上蜿蜒而下，直到水边。那是从前沿河人家汲水用的。河边的人家在早先全是青砖青瓦的房子，那深黛色的轮廓倒在水中，与绿树的影子相掩映，看起来别有一番幽趣。只是这景致今天不易见到了，因为河边新砌了不少红色或灰色的房子。而且又因为河面上经常不那么干净，所谓倒影也就不免有些斑驳模糊。

历史上的小秦淮，曾经是一个遗世独立的桃花源，又是一个人欲横流的销金窟。大大小小的画舫在水上悠哉游哉地飘荡，不时随风传来丝竹之声，高雅得很。而画舫上却多是些吆五喝六、倚红拥翠的盐商木贾、纨袴子弟，又庸俗得很。岸边时有三五间茶坊酒肆凌空架在河上，称为河房或者

扬州小秦淮

水榭，别致得很。而河房里时不时有嘶嚘的喉咙高喊着"里面请"、"来了哇"，又粗鄙得很。

小秦淮两岸曾有百十条深巷，每个巷口都有浓妆艳抹的妇人在倚门卖笑。不用说，这些深深的巷陌里到处都是别宅曲院，它们是金屋藏娇和巫山云雨的去处，也是钱肉交易和人口买卖的所在。那些可怜的妇人，正以自己的青春与笑靥为"十年一觉扬州梦"、"千家有女先教曲"等绮词丽句书写真实而悲怆的注脚。王士禛《小秦淮》诗云："荡舟齐出小秦淮，夹岸朱栏覆水涯。可怜波上鸦头袜，遮莫花前龙角钗。"写的就是小秦淮当年的这段风情。

小秦淮风情不知始于何时。《扬州画舫录》卷九说："小秦淮之名，不载志乘。"从古人留下的诗文来看，明代以前未见有"小秦淮"之说。但是在明清之交，小秦淮却一时声名鹊起。例如，"明末四公子"之一的冒辟疆，就一口气写下了十首《小秦淮曲》。在他的笔下，我们知道清初的小秦淮有精美的画楼："复道回廊画槛多，菱花窗子贴香罗。朱楼傍晚开三面，五色琉璃射绿波。"有游弋的画舫："艇子银灯唱入城，船中楼上光纵横。湘帘不卷人斜对，中有鹦鹉话未成。"曾经在南京秦淮河享有盛誉的说书人柳麻子，也同样在扬州小秦淮献技：

"游侠髯麻柳敬亭，诙谐笑骂不曾停。重逢快说隋家事，又向河亭一日听。"他仍旧说他拿手的《隋唐》。

扬州小秦淮两岸，到处可见风流的公子和招摇的美人，到处可闻说古的书词和娇媚的歌喉。这一切,同南京的秦淮河几乎没有什么两样！

从某种意义上看，扬州小秦淮正是南京秦淮河风情在扬州的复制品。有"江左凤凰"之称的清初词人陈其年，曾在《小秦淮曲十首》中说："秦淮大小君休问，呜咽千春总一般！"他觉得"大秦淮"、"小秦淮"根本没有什么不同的地方。在经过了康乾盛世之后，由于扬州盐商的财力和喜好，作为冶游胜地的小秦淮在某些方面甚至超过了大秦淮。做过翰林院编修的吴清鹏在游历了扬州小秦淮后，曾在《小秦淮二首》中将大小秦淮作了一番比较，结果感叹道："未必渡江能胜此，秣陵应号小扬州！"他以为小秦淮的繁华更胜于大秦淮，倒是整个南京城应该称为"小扬州"的。

康乾盛世时的小秦淮风情，详细地记载在《扬州画舫录》一书中。该书的卷九，作者就题作《小秦淮录》。翻翻《小秦淮录》，我们有时为数百年前扬州的市井生活感到惊讶与神往。

比如，小秦淮附近有许多著名的商业街。在缎子街上，两边全是缎铺。扬州人穿衣喜欢时髦，单是颜色，在十几年间就相继流行蓝色、砗色、墨色、灰色、金色，后来又时尚膏粱红、樱桃红。在这不断更新换代的过程中，缎子街的生意怎能不兴旺？

又有钞关街，贯穿扬州城南北。街两旁多为名店，例如杨法题写匾额的"伍少西家"毡铺，董其昌题写招牌的"戴春林家"香铺，都集中于此。难怪南北旅人都到这里来购物。

又有翠花街，沿街店铺全部经营珠翠首饰。当时扬州人流行用"义髻"（即假发套），在翠花街上能买到蝴蝶、望月、花篮、折项、罗汉鬏、懒梳头、双飞燕、到枕松、八面观音等各种名目的义髻。如此规模的专业店，说明了当时扬州商人有强烈的商业意识。

更多的是食肆和茶馆。食肆中出售各种美食，荤的如炒田鸡、酒醋蹄、红白油鸡鸭、炸虾、板鸭、五香野鸭、鸡鸭杂、火腿片等等，素的如燕笋、牙笋、香椿、早韭、雷菌、莴苣、毛豆、芹菜、菱瓜等等。小东门码头边的熟羊肉店，必须鸡鸣即起，冒霜前往，并且以小费贿赂厨师，方能得食，贪眠者无缘尝此美味。

茶馆往往称为"某某园"，不但饮食精美，而且设施也雅洁。例如小秦淮河边的合欣园，本是利用亢家花园改建而成的茶馆，以酥儿烧饼见称于市。一进门，地下铺着带花纹的方砖，有红栏屈曲，引导客人沿石阶而下。进入二门，有厅事三楹，题作"秋阴书屋"。厅后有房屋十余间，每间分为前后两部分，前面是客座，后面是卧室。或近水面，或依城墙，游人无不适意。

除此之外，自然还有数不清的冶游场所。

例如有歌馆，大量色艺俱佳的艺妓云集于此。有一位杨小宝，原是孤女，擅长音律，仪容绝美，被当时文人誉为"女状元"。又有苏高三，性格豪爽，雅爱诗文，室中有对联云："愧他巾帼男司马；饷我盘餐女孟尝。"据说这些沦落风尘的薄命红颜，每每结伴乘舟游湖，岸边观者皆疑为仙女下凡。

又有戏院和书场，供闲人流连。清代优伶多为男性，偏偏在小秦淮畔有一个由妙龄少女组成的戏班，能演《西厢记》、《牡丹亭》诸剧。每当她们粉墨登场、娇声初放之际，不知倾倒了多少须眉浊物。扬州说书自古出名，但最奇特的还是他们演讲的一些书目，是别的地方不曾有过的。如《清风闸》，说一个市井无赖皮五辣子的故事，乃是扬州艺人浦琳根据自己的亲身经历编创。又如《飞跎传》，将当时扬州市井间流行的俗语编纂成书，乃是另一个扬州艺人邹必显的创作。凡此种种，均可见小秦淮征歌逐色、追新求异的风情之一斑。

难怪前人对于小秦淮的风情，高度概括成两个字：销魂。江昱《小秦淮泛舟曲》云："粉郭朱桥绿杨里，广陵一曲销魂水。"宫国苞《小秦淮曲》云："一带城阴春似海，销魂人住小秦淮。"陈文述《小秦淮》云："杨柳如腰瘦，芙蓉对脸生。销魂人绝代，愁煞石头城！"小秦淮的水销魂，树销魂，人更销魂。

实际上，历史上的"小秦淮"究竟指扬州的哪一段河流，是有不同意见的。《虹桥游记》中说，从北门到虹桥的那段河是小秦淮，在这段河的两岸，有许多美丽的园林和郊外的野趣。而《平山堂图志》里说，小东门前的夹河才是小秦淮，在这段河的两岸，更多的是街市与店铺、歌馆与茶楼——这也正是大多数人心目中的小秦淮。至于《扬州风土记略》，却几乎把平山堂下的瘦西湖都看成小秦淮了，书中写道：

> 平山一带，四时游人络绎不绝，而夏时为盛。每至夕阳西下，人多乘小舫徜徉其间，衣香鬓影，舞扇歌衫，掩映斜阳，宛如画境。秦淮风景，无以过之，故又有"小秦淮"之目。

"小秦淮"本是一个富于文学意味的比拟，在理解上也许不必过于拘泥执着。何况小东门、大虹桥、平山堂下的河水原是相通的，在风情上具有相同的格调。用"衣香鬓影，舞扇歌衫"八个字来描画小秦淮的风情，倒是传神之笔。

小秦淮的昨天，已经成了历史。在今天看来，它的价值就在于，它是都市里的一条从古代流淌过来的河。在现代人眼中，它的美不但是它两岸扶疏的花木，整洁的栏干，以及架设在河上的一座座古老的拱形桥，最重要的是它本身——一条鲜活的河。一切其他的东西，包括它的风情万种，都不过是依赖这条河才存在的附属物。我相信，在一座城市中，惟有流淌着的河才能使人们不至于远离自然。

小秦淮的河水，历来为诗人所称颂着。韩日华《扬州画舫词》："杏园西望景偏佳，云影波光净若揩。春色满城留不得，落花飘出小秦淮。"黄惺庵《望江南百调》："扬州好，河号小秦淮。几道画桥萍影聚，沿堤深巷柳荫排。绿水净于揩！"诗人们用"净若揩"、"净于揩"来形容小秦淮的水，是极言河水之清澈明净。惟其有了清澈明净的水，才有树、房、云、桥的可爱的倒影，才给沿河人家以饮用洗涤之便，给游客旅人以悦目赏心之娱。然后，也才会产生风情、意境与文化来。

小秦淮上的风情可以变幻，惟有河中的流水才是永恒的。在人与自然的关系变得越来越恶化的今天，我希望每一座城市里至少有一条流淌的河。

二十四桥明月夜

苏唱街漫步

苏唱街是扬州的一条老街。

苏唱街是因为住过很多姑苏戏子而得名的。现在这里不再有来自姑苏的戏子，但苏唱街的地名仍被扬州人叫着。

在苏唱街漫步，常教人想起扬州文化与苏州文化在历史上的交融，特别是苏州风气在扬州的遗响。

扬州阿大髭鬓蟠烂熟莲花慣教歌收得状元迪弟好榜名叫做郑元和　阿大　亢和筑

扬州和苏州都是历史文化名城。但因为一江之隔，两地文化各自成派，在实力与影响两方面都可谓势均力敌。在许多时候，人们总是把苏扬两州相提并论。例如郑逸梅先生《艺林散叶》说："裱工分苏、扬二派。"严芙孙先生《民国旧派小说名家小史》说："民初写小说的，分苏、扬两派。"陈从周先生《说园》说："从前叠山，有苏帮、扬帮。"凡此种种，都使比较文化研究者感到莫大的兴趣。

扬州文化和苏州文化虽然各有标格，但在历史上一直又是互相影响和渗透的。这在历史文献中时见记载。

例如佚名《广陵古竹枝词》咏道："杏放娇红柳放黄，谁家女子学吴妆？乌绫三寸齐眉勒，阔袖迎风几许长。"说明当日扬州女子有仿效苏州女子装扮的时尚。关于这一点，扬州八怪之一的黄慎在《维扬竹枝词》里也说过："闲倚镜奁临水面，拟将时样学苏州。"苏式打扮，被认为是一种"时样"，也即时髦的式样。至清末民初，扬州文士臧谷也还在《续扬州竹枝词》中写道："茉莉花浓插满头，苏妆新样黑于油。"在乌黑的头发上插满散发浓香的茉莉花，这在当时的扬州妇女来说是一种"新样"，而这也来自苏州，即所谓"苏妆"。

扬州女子并不是没有自己的梳妆传统。汤显祖在《牡丹亭》里提到明代女子有一种发式，名叫"扬州纂"，就是扬式梳妆。民初胡国甫在《悼蔡会竹枝词》里写了这样两句话："中有良家最上流，苏州脚与扬州头。"这是写的成都。民初的成都女子是以学扬州女子的发式为一种时尚的。

但就清代而言，女子的打扮效法苏州，似乎更为普遍。宣鼎《夜雨秋灯录》卷七有《郭秋卿》一篇故事，说一女郎"梳背苏州髻"，为男子所惊艳。"背苏州"就是清代苏州女子的一种发型。梁绍壬《两般秋雨庵随笔》卷三有"背苏州"条云：

> 杭俗仕女向梳高髻，近则低鬟，盖苏式也。时谓之"背苏州"，颇雅而谑。余戏作《背苏州歌》云："吴鬟且莫唱，越髻且莫讴。四座静勿哗，我歌背苏州。苏州肌理嫩如水，苏州颜色烘如莓。相君之背亦风流，时样妆梳斗娇美。灵蛇新式到杭州，日日凝妆上翠楼。明月圆时休正面，懒云堆处莫回头。……"

由此可见不仅扬州女子爱学"吴妆"，杭州女子也以"苏式"为时样。欧阳兆熊、金安清所著《水窗春呓》卷下有"苏州头"条，也写道：

> 妇人妆饰皆效法苏州，苏州则又以青楼中开风气之先，仕宦者反从而效之，其故不可解。道光初年皆元宝头，而后施燕尾；中年后皆改为平三套，较为淡雅，

燕尾皆无之,蟠蟒如雪,只遗发丛丛耳。甲午、乙未间,忽改为纯素衣衫,有用白线绾髻者,询之并无亲丧也。……

苏州文物昌盛,佳丽如云,故在妇女的装扮上能够领导时代之潮流。

把"吴妆"作为一种文化推向各地的,当然是女性。当苏州的官员、商人、文士携带着他们的夫人、婢妾、女眷云游四方时,也把她们的发型和服饰推广到了各地。但是贵妇们常常躲在深闺之中,一般人很难见到。实际上起示范作用的,还是来自姑苏的妓女和戏子。

苏州娼妓称为"苏帮",在扬州是很有势力的。无名氏《邗江竹枝词》云:"扬帮难得及苏帮,水色原来下路强。"表明在扬州,苏帮的地位甚至超过扬帮。张维桢《湖上竹枝词》云:"多少游船停桨望,堂名认识是苏帮。"那么苏帮的活动范围不仅在扬州城里,而且在城外的瘦西湖上。金长福《海陵竹枝词》云:"扬帮不比苏帮好,误煞良家美少年。"连扬州府属邑的泰州城,也能见到苏帮的踪迹。

苏帮在扬州一称"苏浜",大概因为她们经常随船飘移的缘故。李斗在《扬州画舫录》卷九中说:

官妓既革,土娼潜出,如私窠子、半开门之属,有司禁之。泰州有渔网船,如广东高桅艇之例,郡城呼之为"网船浜"。遂相沿呼苏妓为"苏浜",土娼为"扬浜"。一逢禁令,辄生死逃亡不知所之。

这就是"苏浜"的来历。她们虽然身处社会的最底层,为了谋生不得不四处流浪,在客观上却起到了苏扬两地文化交流的作用。

苏帮中不乏能歌善舞之辈。正是她们,把那些被称为"吴腔"、"吴歈"、"苏腔"、"苏唱"的东西传到了扬州,使扬州人扩大了见闻,使扬州文化在竞争和借鉴中得到长足的发展,并使扬州城有了一条"苏唱街"。

漫步在苏唱街,会想到苏州的戏曲曾在扬州风行一时,而扬州人以宽阔的胸怀接纳着来自苏州的文化。有一首《邗江竹枝词》形容清代扬州的情形是:"发挽乌云元宝样,声声唱的是吴腔。"对于来自姑苏的歌女与伶人,扬州人把她们比作古代著名的音乐家秦青、李暮。有一首《广陵竹枝词》就这样写道:"新腔点板按吴歈,半是秦青半李暮。"在清代,有很多的扬州子弟醉心于苏州戏曲。有一首《邗江竹枝词》为证:"年轻无业学滩簧,憨得苏腔不落堂。"那些风流年少的扬州子弟,听"吴歈"而乐不思蜀,学"苏腔"而乐此不疲,竟好似当今的"发烧友"和"追星族"。

漫步在苏唱街,会想到清代扬州剧坛的繁荣是绝对离不开姑苏戏子的。

今日苏唱街

《扬州画舫录》卷五说,乾隆年间在扬州的苏州戏曲艺人,多达"百数十人":

　　苏州脚色优劣,以戏钱多寡为差,有七两三钱、六两四钱、五两二钱、四两八钱、三两六钱之分,内班脚色皆七两三钱。人数之多,至百数十人,此一时之胜也!

　　因为苏州伶人在扬州太多,以至于扬州梨园总局的所在,被称为"苏唱街",这地名一直沿呼至今。其中有些苏州人,已经成为扬州文化史中的人物,例如王炳文就是一个。王炳文是昆班中唱大面的,但他又能演唱扬州弦词。林苏门《续扬州竹枝词》云:"苏班名戏维扬聚,副净当场在莽仓。王炳文真无敌手,单刀送子走刘唐。"这是说王炳文善于演昆曲。李斗《扬州画舫录》卷十一又云:"苏州大喉咙之在扬州者,则有二面邹在科,次之王炳文。炳文小名天麻子,兼工弦词,善相法。"则是说王炳文能唱弦词。扬州弦词与苏州弹词形式相似,唱腔是完全不同的。清代著名诗人赵云崧有七言古诗《康山席上赠歌者王炳文沈东标》,就是在扬州写给王炳文的。

　　苏州戏班在扬州最特别的,是双清班,这个戏班全由女子组成。《扬州画舫录》卷九说:"顾阿夷,吴门人,征女子为昆腔,名双清班,延师教之。初寓小秦淮客寓,后迁芍药巷。"在佚名小说《扬州梦》里,写扬州八怪之一的郑板桥非常欣赏双清班的表演。

漫步在苏唱街,还会想到苏州的饮食在扬州的影响。也许正是因为在扬州的苏州人太多,所以他们也把苏州的饮食文化带到了扬州。《邗江竹枝词》中说:"老班茶社翻苏馆,旧店重开诱哄人。""邗江遍处是茶坊,扬款焉如苏式昂。"扬州人是特别讲究喝茶的,旧时有"渴相如"的雅号。喝惯了本地茶、吃腻了本地点心的扬州人,再领略一下苏州茶、苏州点心的味道,一定觉得很新鲜。因此,在"苏馆"、"苏式"面前,扬州人不能不慷慨解囊了。

苏式茶馆以清洁雅致的风格赢得了扬州人的青睐。《扬州画舫录》卷十五有一段记载说:

苏式小饮食肆在炮石桥路南,门面三楹。中藏小屋三楹,于梅花中开向南窗,以看隔江山色。旁有子舍十余间,清洁有致。

像这样的"苏式小饮食肆",不仅郡城扬州有,在邑属泰州也有。金长福《海陵竹枝词》中说:"茶社之名,两轩最古,近有南京馆、京江馆、苏馆、扬馆、泰馆之分。"各种风味的茶馆荟萃于一城,是经济和交通发展的必然结果,也是各地文化相互交流的象征。

现在我们从扬州的文化中仍然可以找到苏州文化的痕迹。任何地方的文化都不会是纯而又纯的。今天的扬州文化,正是在吸收包括苏州在内的外地文化因素的过程中,才逐步形成的。

在苏唱街漫步,我祈祷将来有更多的不同文化的交流,同时祈祷一种文化在大度地吸纳另一种文化的时候永远保持自己的品格。

二十四桥明月夜

寂寞丛书楼

清代学者家传 第一集 馬曰琯

在扬州个园的东南角,有一个人迹罕至的小院。小院的北面,是一座貌不惊人的小楼,上下两层,左右三间,正面朝阳,背倚山石。站在小院里看此楼,只见上下都是木雕的窗扇和栏杆,古朴而冷清。这种安排,倒是完全符合明代造园家计成《园冶》关于书斋的选址原则的:"书房之基,立于园林者,无拘内外,择偏僻处,随便通园,令游人莫知有此。"这座看起来并不显眼的小楼,其实在中国古代私人藏书史上,曾经有过它的辉煌。

丛书楼

楼正面悬挂一匾，上写三个擘窠大字："丛书楼"。凡是略微涉猎过清代文化史的人，也许都对这个名字不感到陌生，并对它当年丰富的藏书、养士的风气和在全国文人中的巨大而深刻的影响肃然起敬。

楼两边的柱子上，有一副楹联：
清气若兰，虚怀当竹；
乐情在水，静趣同山。

楹联把丛书楼里散发出来的清香，和个园中虚心的翠竹、喜人的池水、静默的假山联系在一起，也算是一副佳联。

丛书楼的主人是清代扬州马氏兄弟，即马曰琯、马曰璐。马氏原籍安徽祁门，后因经营盐业，居住扬州，成为举世闻名的儒商。马曰琯（1688—1755），字秋玉，号嶰谷，著作有《沙河逸老小稿》。马曰璐（1697—1766），字佩兮，号半槎，著作有《南斋集》。兄弟俩勤敏好学，擅长诗词，广交朋友，爱好园林，时称"扬州二马"。马家园林的名称，本来叫做"街南书屋"，后以园中的小玲珑山馆闻名于世，大名鼎鼎的丛书楼就在其中。

关于马氏街南书屋和小玲珑山馆，历来多有记载。如李斗《扬州画舫录》卷四写道：

> 马主政曰琯，字秋玉，号嶰谷，祁门诸生，居扬州新城东关街……于所居对门，筑别墅，曰"街南书屋"，又曰"小玲珑山馆"。有看山楼、红药阶、透风透月两明轩、七峰草堂、清响阁、藤花书屋、丛书楼、觅句廊、浇药井、梅寮诸胜。玲珑山馆后丛书前后二楼，藏书百橱。

但关于马氏住宅区和小玲珑山馆的具体位置，历来的记述一直相互牴牾。钱泳《履园丛话》说马氏"所居曰小玲珑山馆"，似乎住宅与园林都在一处。全祖望《鲒埼亭集》说马氏"其居之南有小玲珑山馆，园亭明瑟，而岿然高出者丛书楼也"，则以住宅为北而以园林为南，丛书楼就在园中。梁章钜《浪迹丛谈》说"然丛书楼转不在园，园之胜处为街南书屋"，好像丛书楼又不在园中而在他处。王振世《扬州览胜录》说"小玲珑山馆故址在东关街薛家巷西，即今尹氏宅厅门内也"，但区区尹氏宅厅门内又怎能容纳得下"街南书屋十二景"？徐珂《清稗类钞》又说马氏"营屋天宁门街，土木丹青，备极美奂，世所谓小玲珑山馆是也"，竟连天宁门街和东关大街也分辨不清！

马家的住宅、园林究竟位于何处呢？从最早的《扬州画舫录》可以得知，"街南书屋"位于扬州东关街南侧，并在马家"所居对门"。依此看来，马家的住宅自然是在扬州东关街北侧。换言之，扬州东关街南北两侧都应当有马氏的家园。马氏兄弟既然在"所居对门"建筑别墅，名为"街南书屋"，可见马家的主要宅第还在东关街北面，也即今个园所在地。

钱泳《履园丛话》卷二十写道：

扬州马主政，名曰琯，字秋玉，住东关街。好古博雅，考校文艺，评骘史传，旁及金石、书画、鼎彝、古玉、玩器诸物，与其弟曰璐俱能诗，好客，为东南坛坫。所居曰小玲珑山馆，有看山楼、红药阶、七峰草堂、清响阁、藤花书屋、丛书楼、觅句廊、浇药井、梅寮诸胜。今亭榭依然，惜非旧主人矣。

由《履园丛话》可以得知，到《履园丛话》成书的道光年间，小玲珑山馆虽然"亭榭依然，惜非旧主人矣"。那么，在

小玲珑山馆残石

街南书屋旧址

小玲珑山馆到个园之间，它的主人和景观都发生过哪些变化呢？

我们从梁章钜《浪迹丛谈》卷二中得到了重要的信息：

邗上旧迹，以小玲珑山馆为最著，余曾两度往探其胜，寻所谓玲珑石者，皆所见不逮所闻。地先属马氏，今归黄氏，即黄右原家，右原之兄绍园太守主之。余曾检扬州《郡志》及《画舫录》，皆不得其详，遂固向右原索颠末，右原为录示梗概云："……小玲珑山馆，因吴门先有玲珑馆，故此以'小'名。玲珑石即太湖石，不加追琢，备透、皱、瘦三字之奇。……园之胜处

为街南书屋、觅句廊、透风漏月两明轩、藤花庵诸题额。……辗转十数年，园归汪氏雪礓。汪氏为康山门客，能诗善画，今园门石碣题'诗人旧径'者，雪礓笔也。……汪氏后人又不能守，归蒋氏，亦运司房科，又从而扩充之，朱栏碧甃，烂漫极矣，而转失其本色，且将马氏旧额悉易新名。今归黄氏，始渐复其旧云。"

通过《浪迹丛谈》的记载，我们明白，小玲珑山馆从马氏手中卖出去以后，先为汪氏所有，不久为蒋氏所得，后来卖到黄氏手中。黄氏，也即个园的主人。

马氏兄弟时期的小玲珑山馆，景物之美，文风之盛，闻名于天下。许多名士来往于小玲珑山馆，得益于丛书楼的丰富藏书，而成一家之言。例如文人厉鹗，在小玲珑山馆中居住多年，博览群书，专心著作，因而成名。《清史稿·文苑传》写道：

扬州马曰琯小玲珑山馆富藏书，鹗久客其所，多见宋人集，为《宋诗纪事》一百卷，又《南宋画苑录》、《辽史拾遗》、《东城杂记》诸书，皆博洽详瞻。

马氏兄弟时期的小玲珑山馆，是扬州八怪经常聚会的沙龙。例如八怪之一的金冬心，有一首诗，题为《乾隆癸亥暮春之初，马氏昆季宴友人于玲珑山馆……》，说：

修禊玲珑馆七人，主人昆季宴嘉宾。

豪吟董浦须拈手，觅句句山笔点唇。
樊榭抚琴神入定，板桥画竹目生瞋。
他年此会仍如许，快杀稽山一老民。

诗中的董浦、句山、樊榭、板桥与稽山老民，分别指杭世骏、陈兆崙、厉鹗、郑燮和金农自己。其中，郑燮和金农都是扬州八怪。八怪之一的汪士慎，也有一首诗，题为《试灯前一日，集小玲珑山馆，听高西唐诵〈雨中集字怀人〉诗》，说：

细听子吟诵，浪浪山馆清。
所怀多旧识，入耳是新声。
春雨得奇句，东风寄远情。
今宵作良会，花径已灯明。

诗的作者汪士慎，和诗中写到的高西唐——高翔，同样也都是扬州八怪。徐珂《清稗类钞·师友类》也说：

祁门马秋玉刺史曰琯，与弟佩兮上舍曰璐同居，皆好客……有园曰小玲珑山馆，全谢山祖望、符幼鲁曾、厉樊榭鹗、金寿门农、陶篁村沿藻、陈楞山撰诸名士，悉主其家。

文中的金农、陈撰，都属于扬州八怪。可见，小玲珑山馆是扬州八怪常常聚会的地方。

小玲珑山馆的得名，是因为园中本来有一块玲珑剔透的太湖石。在马氏做小玲珑山馆主人时，因园中的玲珑石高于屋檐，邻居受到风水先生的蛊惑而以为不吉利，但碍于马氏兄弟的盛名不敢提出异议。马氏兄弟一旦去世，邻居便以风水先生的说法为由，向马氏后人交涉，马氏后人无奈，遂将玲珑石埋入地下。后来汪氏得到此园，因原来的玲珑石已无迹可寻，只好用另外的太湖石代之。一日有友人金氏来园中，偶然从老园丁那里获知埋藏玲珑石的地址，汪氏就招集百馀工人从地下挖出原石，意在恢复旧观。不料工人在剔除石孔中的泥土时，将数丈高的玲珑石折断，从此以后玲珑石便永远不再能够重现当年风光。汪氏没落，小玲珑山馆归于蒋氏。蒋氏原来在两淮盐运司供职，他从汪氏手中得到小玲珑山馆以后，在原有基础上加以扩建，并且一改原先园林的素雅风格，把梁柱栏杆、墙壁屋顶都施以彩绘，还把园中原有的景观都更换了名称。一时间，名闻海内的小玲珑山馆，竟被这个凡夫俗夫糟蹋得面目全非。待到园归黄氏，才又稍稍恢复文气，黄氏之子黄奭以藏书、辑书、刻书名于世，与马国翰并称"清代辑佚两大家"。

小玲珑山馆从马氏后人易手给汪氏、蒋氏、黄氏，从一个侧面反映了盐商的没落，扬州的没落，甚至大清帝国的没落。在某种意义上说，马氏小玲珑山馆的衰败，是扬州城从顶峰走向低谷的象征，也是清王朝从顶峰走向低谷的象征。

康熙、乾隆年间，以扬州为中心的两

淮盐商如日中天，以马氏兄弟为代表的两淮盐商不但是清朝政府的重要经济支柱，也是康乾盛世文化繁荣的标志。马氏丛书楼，曾以藏书十万卷极负美名。《四库全书》编纂时，朝廷征求海内秘本，马曰璐之子马裕进献而被采用的书籍达七八百种之多！小玲珑山馆除了藏书，又以刻书出名，世称"马版"。谢国桢在《明清史谈丛》中感叹说："我曾得到过清雍正己酉（1729）扬州马氏小玲珑山馆仿宋雕刻的《韩柳年谱》，是一部雕刻精美的书籍。"这就是当代学者对"马版"的定评。同时，小玲珑山馆又是四方名流读书著书的地方，像全祖望、杭世骏和厉鹗等著名文人，都曾经馆于其中。而就是这座在清代经济史、文化史上都留下浓墨重彩的马氏小玲珑山馆，到后来却不得不转卖给他姓，充分说明了清代中叶的辉煌已经接近尾声。

小玲珑山馆的园林建筑，素有"街南书屋十二景"之称。这"十二景"，即：小玲珑山馆、看山楼、红药阶、透风透月两明轩、石屋、清响阁、藤花庵、丛书楼、觅句廊、浇药井、七峰草堂、梅寮诸胜，马氏兄弟分别有诗咏之。两百年之后，我们在个园里还可以找到大部分小玲珑山馆遗迹，让我们藉以神游那个消逝了的封建盛世。

丛书楼的主人马氏兄弟，虽然是清代中叶的扬州盐商，偏偏对书情有独钟。在扬州这样的商业城市中，追求享乐和讲究浮华早已成为一种时尚，但马氏兄弟偏偏在这种恶浊的风气里，孜孜不倦地致力于藏书、校书，乐于同天下文士广交朋友，实在难能可贵。清代名士沈德潜在为丛书楼主人所作的《沙河逸老小稿序》里说，古人有各种各样的癖好，有的爱钱，有的爱马，有的好屐，有的好石，都是因为爱好太深而成为癖好。但是癖好是有雅俗之分的，马氏兄弟"独以古书、朋友、山水为癖"，无疑属于大雅之癖。

马氏兄弟藏书的数量之多，校书的用功之勤，同唐宋以来的名家相比毫不逊色。这一点，几乎是世人公认的。如姚世钰在《丛书楼铭》里说，将丛书楼与明清藏书名家相比，"若近代所称天一阁、旷园、绛云楼、千顷斋，以暨倦圃、传是楼、曝书亭，正恐不及也"。又如全祖望在《丛书楼记》里说，"百年以来，海内聚书之有名者，昆山徐氏、新城王氏、秀水朱氏其尤也，今以马氏昆弟所有，几几过之"。可见当时文人对扬州的丛书楼是非常推崇的。

如今个园中的丛书楼，究竟是不是当年马氏的丛书楼呢？时光流转，人事变迁，可以揣度，丛书楼的位置和规模都可能非复当年。但是这已经并不重要,对于文化的传承而言,或许应该更注重于精神而不在于一砖一石。从丛书楼所在的基本地理环境来看,从丛书楼所蕴涵的扬州盐商文化来看,我们应当说,如今的丛书楼就是当年丛书楼的合理延续。

丛书楼藏书的数量,据李斗《扬州画舫录》说是"前后二楼,藏书百橱"。据全祖望《丛书楼记》说是"丛书楼也,迭叠十万馀卷"。这个数量是十分巨大的。难怪《丛书楼记》中说,凡有友人来访,马氏兄弟在寒暄之后必定要问:"近来见到什么罕见的书了?""有没有听说过什么新书?"凡是友人提供的消息,马氏兄弟都认真记下书目,或者想办法买,或者想办法抄,总之是不遗馀力。

丛书楼的藏书,除了数量多之外,还有几个特点:

一是主人喜欢用各种不同的版本来校勘,以求得一字不错。马氏曾在丛书楼上两头,各放一张书桌,桌上放着红黑毛笔,专门用来在书上作记。扬州是座不夜城,往往到半夜时分还听到舞女吹弹和戏子歌唱的声音,但这时候马氏仍在丛书楼上辛辛苦苦地校书,窗户里的灯光彻夜不灭。此情此景,甚至连家人从楼下经过时,都不免取笑他们太痴。也正由于如此,丛书楼才在历史上以没有"伪本"而著称于世。

马氏故里—徽州

二是主人喜欢用藏书来广为交友,从不藏之深阁,秘不示人。过去的藏书家,极少向外人出示藏书,惟独马氏例外。袁枚在《随园诗话》里说:"马氏玲珑山馆,一时名士如厉太鸿、陈授衣、汪玉枢、闵莲峰诸人,争为诗会。"这确是当时实况。当年许多文人如厉鹗之辈,都因借助于马家丛书楼的藏书,才得以完成他们的著述,丛书楼就这样成了文人的家园。厉鹗死后,马氏十分悲伤,马曰璘有《哭樊榭》诗云："史收辽散佚,诗纪宋英灵;寂寞丛书畔,高楼剩坠萤。"诗中提到的,就是厉鹗在丛书楼里编纂《辽史补遗》、《宋诗纪事》的往事。

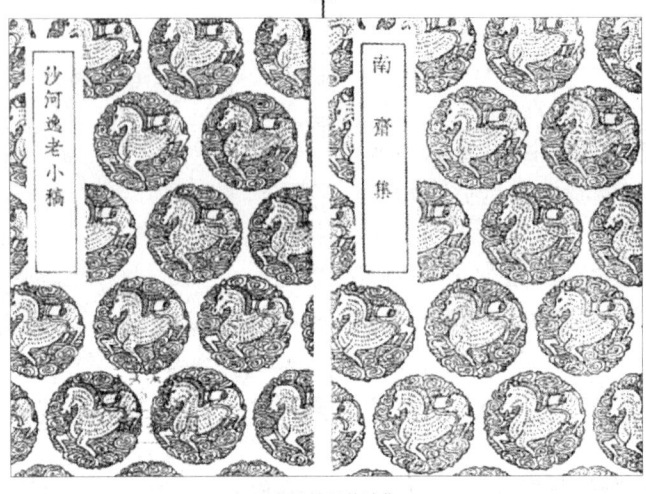

马氏兄弟所著诗集

三是主人不但喜欢藏书,还喜欢刻书,世称"马版"。马氏所刻之书,字体娟秀,首尾如一,版框整饬,墨色均匀,雕刻精美,装订考究。《扬州画舫录》中记载说,马氏"刻许氏《说文》、《玉篇》、《广韵》、《字鉴》等书,谓之'马版'"。《清稗类钞·鉴赏类》引前人评论说:"小玲珑馆马氏重刻五经文字、九经字样,气动墨中,精光四射,视西安原本,几几青出于蓝。"以一私家刻本而获此殊荣,也是丛书楼的一大光彩。

丛书楼最辉煌的一页,是在清代朝廷编纂《四库全书》时,成为南方藏书家中献书最多的一家。乾隆皇帝有一篇《上谕》特别提到扬州马家,说:

今阅进到各家书目,其最多者,如浙江之鲍士恭、范懋柱、汪启淑,两淮之马裕四家,为数至五六七百种,皆其累世弆藏,子孙克守其业,甚可嘉尚。

《上谕》中的马裕,是马曰琯的儿子。根据乾隆皇帝的圣旨,在《四库全书总目》中,凡马家进献之书,书题下面都注明"两淮马裕家藏本"字样,以示表彰。

丛书楼是小玲珑山馆十二景之一,也是其灵魂所在。马曰琯《丛书楼》诗云:

下规百弓地,上蓄千载文。
他年亲散帙,惆怅岂无人。

他生前似乎预见到,丛书楼中的藏书,总有一天会面临风流云散的厄运,果然他去世后不久丛书楼便书去楼空了。

马曰璐《丛书楼》诗云:

卷帙不厌多,所重先皇坟。
惜哉饱白蟫,抚弄长欣欣。

他不担心书的散失,倒是在对被虫蛀过的古书的爱抚中,得到了无穷的乐趣。

马氏兄弟去世后，许多文人怀念他们，怀念丛书楼中浓郁的文化气氛。袁枚有一首《扬州游马氏玲珑山馆，感吊秋玉主人》诗，深情地说：

山馆玲珑水石清，邗江此处最知名！
横陈图史常千架，供养文人过一生。
客散兰亭碑尚在，草荒金谷鸟空鸣。
我来难忍风前泪，曾识当年顾阿瑛！

顾阿瑛是元代昆山豪富，一生轻财结客，筑园纳士，颇受历代文人佳评。所以袁枚用他来比喻丛书楼主人马氏兄弟，非常恰当。

丛书楼里的藏书早已散失，如今是一本也不存了，这仿佛是古今藏书家无法逃避的宿命。阮元曾在《邗上集序》中叹道："近年马氏玲珑山馆，材力非甚饶健也，徒以聚书好客，扶助风雅，迄今家贫书散，而故宅玲珑一石犹得歌于松岚观察诗集中，馀可知矣！"吴翌凤《逊志堂杂钞》也叹道："玲珑山馆中四部略备，与天一阁、传是楼相埒，不四五十年，散如云烟，诸词人零落已尽，而商人亦无有知风雅及好事者矣！"丛书楼的颓败，教后人油然而生悲怆之情。尽管谢国桢在《瓜蒂庵文集》里向往"马氏玲珑山馆的邗江雅集"，黄裳在《榆下杂说》里称赞"扬州的马曰璐兄弟、天津的水西庄查氏都是有名的文化名人"，但丛书楼的风流已经永远成为历史。

如今的丛书楼，楼下是小卖部，楼上是接待室，当年的藏书无影无踪。从个园秋山长满藓苔的石径，蜿蜒拾级而上，可登上丛书楼后楼。轻轻地踩在因年代久远而变得特别干燥的楼板上，我们听见的是自己脚步的空洞回声。静谧得像要凝固的氛围使人产生幻觉，仿佛当年的主人还在一个角落里伏案用功。举目环视，"百橱"和"万卷"都已不见，惟有绵绵不绝的书香从岁月的深处飘逸而来，沁人心脾，又让人惆怅。

二十四桥明月夜

沧桑测海楼

差不多有大半年时间，我一直想写一篇关于扬州测海楼的文章，然而却一直不能安心来做。测海楼的故事使我沉痛，教我悲怆，让我的心灵久久不能安宁。

扬州吴氏测海楼藏书目录卷一

钦定日讲易经解义十八卷	康熙朝	十八本一函
御纂周易折中二十二卷	康熙朝桃花纸原刊本	十本一函
御纂周易述义十卷	乾隆朝	
御纂周易折中二十二卷	湖北书局重刊本	
钦定书经传说汇纂二十一卷序二卷	康熙朝刊本同上	
钦定诗经传说汇纂二十一卷序二卷	康熙朝刊本同上	
钦定春秋传说汇纂三十七卷附录经传一卷	康熙朝刊本同上	
钦定周官义疏四十八卷	乾隆朝刊本同上	
钦定仪礼义疏四十八卷	乾隆朝刊本同上	
钦定礼记义疏八十二卷	乾隆朝刊本同上	二部四本一函 一百七十本八函

近百年来，作为文化古城的扬州在中国文化史上虽然没有太多惊人之笔，但有两件事是震动了全国文化界的。巧得很，这两件事都和书有关。其中的一件，是很多人都知道的《闲话扬州》风波。此事的影响之烈，使得鲁迅先生都援引它作为实例，证明"中国人几乎都是爱护家乡，奚落别处的大英雄，阿Q也很有这脾气"（《答〈戏〉周刊编者信》）。另外一件则是扬州测海楼出卖藏书的事件。这一事件在当时虽然闹得沸沸扬扬，以至于要惊动蔡元培、陈乃乾先生这样的名流亲自出来调停方得收场，但在事过大半个世纪之后，人们似乎早已将这件事忘得干干净净。

重提这件伤心的往事，是因为在一个春雨绵绵的上午，有一行南京的爱书朋友专程驱车来扬州，命我陪他们去凭吊测海楼。当我们在风雨中徘徊于这座经历了一个世纪的惊涛骇浪，却依旧巍然屹立的清代著名藏书楼前的时候，我不禁想起了它昨天的故事。

扬州吴氏测海楼原来的主人是吴引孙、吴筠孙兄弟。关于他们的生平，《民国江都县新志》卷八、卷十一分别有传。吴家先世本是安徽歙县人，自高祖始迁扬州，居扬州城而籍仪征。明清两代徽商多寓扬州，但寄籍仪征。正如著名学者阮元家住扬州而自称仪征人一样，吴家的寄籍仪征大概也是为了科举考试的方便吧？有一点可以表明吴氏先人就有读书的浓厚兴趣，这便是测海楼藏书往往都钤有"真州吴氏有福读书堂藏书"的印记。"有福读书堂"原是吴家先人的室名。到了吴引孙、吴筠孙这一代，累世的苦读终成正果，兄弟二人不但先后中举，并且双双做了道台。引孙字福茨，于光绪五年（1879）中举，后官浙江宁绍台道。筠孙字竹楼，于光绪十四年（1888）中举，又于光绪二十年（1894）成为进士，后官湖北荆宜道。因为兄弟二人都是道台，所以包括测海楼在内的这组宏大的住宅群被扬州人称为"吴道台宅第"。

吴道台宅第是吴引孙在浙江做宁绍台道台时，延请浙江的技师和工匠来扬州营建的。地址在扬州城东，古运河西。整个建筑气魄雄伟，结构精巧，以浙江建造法为基础，又糅合了扬州传统建筑的风格。梁思成先生参观时，对其布局、规模极为称赏。

吴道台宅第于光绪三十年（1904）落成，建筑规模为九十九间半。后来吴引孙举家迁沪，由吴筠孙一家居此。也许是它的精美引起了造物主的忌妒，自它建成后便一直灾难不断。抗日战争时期扬州沦陷，宅第为日伪一个姓孙的师长强占。因为在这里开设烟厂，一场大火竟然烧毁了宅第的大半，灾后所剩面积不足原最值得一谈的当然还是测海楼。在这座六楹五间的两层藏书楼里，曾以收藏了丰富的典籍而名显一时。仅仅关于它的藏书目录，全国各图书馆里就发现了四种：《仪征吴氏有福读书堂藏书简明总册》，不分卷，吴引孙抄；《扬州吴氏测海楼藏书目录》十二卷，吴引孙编；《扬州吴氏测海楼藏书目录》七卷，王富晋编；《测海楼旧本书目》四卷，陈乃乾校录。根据这些目录，得知测海楼的藏书多达万部。其中不仅有《春秋经传集解》、《大乐律吕元声》等珍本，还有《八闽通志》、《延安府志》等从宁波天一阁散出的海内孤本。吴氏藏书在咸丰年间曾毁

来的五分之二。到"文革"时期，又拆毁了大门厅和西部内宅数进，以及东部的假山园林。所幸的是，曾藏书万卷的测海楼躲过了这种种天灾人祸，保存至今。

仅仅是现存的不足原来面积五分之二的这些饱经沧桑的建筑，其精美考究的程度也仍使人吃惊。东部的二门厅、朱雀厅、凉厅、金鱼池和藏书楼，西部的三大进住宅，尽管因为住进了七十二家房客而显得满目疮痍，但门厅里那对完美的石鼓、廊檐下那些雕花的梁枋，以及测海楼前那方围以铁栏的水池，无不在向我们默默地诉说着主人当年的文化素养与精神世界。

测海楼书目之二

于一旦。其后吴引孙立志重新搜罗,其中甘苦,都写在他的《扬州吴氏测海楼藏书目录·自序》中:

> 咸丰癸丑(1853),余家遭兵燹,先世书籍,荡然无存。幼时避难乡曲,孤陋寡闻,迨成童返郡,稍解涉猎,惜无力购书,即辗转借观,亦不易易。因思寒畯之士,有志读书,恒苦于无书可读;而富厚之家,又往往不能尽捐狗马声色、字画奇器之好。以故,其好书也,必不专;好之不专,亦无由知书之有易得、有不易得也。若是,读书难,藏书尤难!余不敏,窃谓古书自赭寇乱后,散佚几尽。宋元以前奇编异帙为希世宝,悬价购求,所遇辄鲜。即明以后精刊旧椠,暨国朝殿版各书,亦复昂值居奇,艰于购致。余惟视力量所及,耳目所周,不拘一格,凡元明刊本、旧家善本、寻常坊本、殿刻局刊各本,随时购觅。意在取其完备,不必精益求精。自宦游浙粤十余年来,节省廉俸,广购储藏,得八千零二十种,计二十四万七千七百五十九卷。……若欲以前明之天一阁、近人之皕宋楼期之,则吾岂敢。

在这篇短短的《自序》中,最意味深长的一句话当是"读书难,藏书尤难"。两个"难"字,概括了爱书人的多少感慨!

吴引孙的《藏书目录》编于光绪三十年(1904)。仅仅过了二十九年,到了民国二十年(1931),测海楼的藏书就遭受了一场致命的变故。这也是测海楼里发生的最令人心酸的故事。

这时候的扬州,风光的岁月已经彻底逝去,到处可见倾圮的园亭和剥蚀的朱门。强盗和兵痞不断偷盗测海楼中的藏书,生活拮据的吴氏后人不再有安心读书的福气。吴引孙费尽心血收罗来的数十万卷藏书,不过在测海楼中安放了二十几年光景,就拱手让人了。关于测海楼藏书之变故,陈乃乾先生在1943年所写的《上海书林梦忆录》中写道:

> 民国二十年(1931),扬州吴氏测海楼藏书出售。初由当地人黄锡生介绍于北京直隶书局主人宋星五,拟价未谐,忽为北京富晋书社主人王君购成。王君已将书价付清,而书则尚待装运。锡生欲向其分利,不遂,因扬言于众,谓富晋实代某国人经手,书将流出外洋。于是,县长及(国民党)党部出而阻止,禁其装运,惟对于善后处置则绝不提及。当时吴氏已收之书价既不肯付还,而地方上亦无力筹款以图保存,事成僵局。后经余及蔡子民先生分向民、教两厅解释,保证决不装运出国,乃由两厅令江都县长放行。

据说,富晋书社得到测海楼藏书后,便在上海汉口路开了分店,又在北京琉璃厂建了新楼。测海楼里的萧瑟秋意,换来了富晋书社的得意春风。

吴氏测海楼售出的书,共589箱、

今日测海楼

8020种。当我们踯躅在吴道台宅第中用青石板铺成的幽深火巷里的时候,仿佛听见了当年力侠们把一只只沉甸甸的书箱从这里抬出去的沉重的脚步声。就在二十多年前,这一只只沉甸甸的书箱曾被力侠们从外面抬进来。而今它们被抬出去时,将永远不再回来。

这些运出去的书,后来一部分流向台湾,一部分流向美国。美国国会图书馆所藏的《苏长公密语》、《大乐律吕元声》等珍本,原来都是扬州测海楼旧藏。

还有一些藏书陆续为我国学者所获并引起注意,如文学研究家阿英先生在《小说新谈》里说:"我所得到的本子,题《画图缘平夷传》,约系嘉庆翻刻,原系扬州测海楼藏本,亦四卷。"

由此联想到郑振铎先生在《清代文集目录序》中所说:"后扬州何氏、无锡丁氏诸家藏书散出,予皆有所得。"这使人觉得,近代的文化厄运不仅独钟于测海楼,独钟于扬州城,也遍及有藏书传统的整个江南。

测海楼藏书之厄，对于吴氏子孙也是一次惨痛的经历。吴筠孙之长孙吴征铸曾目睹家中这一变故，当时写下了《鹥书》一诗以纪其悲愤与无奈的心情。他在序中说，"先伯祖福茨公毕生好书而不佞宋，……二十年间共得八千余种，构有福读书堂藏之。去冬，有军官强住余家月余，盗善本数百册去。诸父惧其再来，乃以贱值悉售之于北贾王富晋"。诗云：

伯祖踪天一，勤求二十霜。
官来偷百种，贾笑捆千箱。
老树乌啼早，空楼日影长。
诸孙思卓荦，无福坐书堂。

测海楼原称"有福读书堂"，到了儿孙辈却哀叹"无福坐书堂"了，真教人欲哭无泪。"官来"、"贾笑"数字，简洁而深刻地挑明了在一个动荡的时代里，读书人所面临的进退失据的困窘。

关于"贾笑"，我后来从王富晋所编的《扬州吴氏测海楼藏书目录》里找出了注脚。富晋书社在颇费了一番周折之后，终于如愿以偿，满载而归。就在得到测海楼藏书的当年——民国二十年十一月，老板王富晋便以极快的速度编出了七卷本的《扬州吴氏测海楼藏书目录》。在这部《目录》的前面，王老板有启事云：

本社专收宋、元、明、清旧书，历二十余年，搜罗颇称宏富，已刊有书目印行。客春辗转托求，几经波折，始将扬州吴氏测海楼藏书归为敝社所得。今特印行《测海楼藏书目录》，以公同好，而资流通，如蒙惠顾，无任欢迎！

后面所署的，是上海、北平两处店址。藏书家事业的失败，往往正意味着贩书家事业的成功。

但是测海楼仍有她特别的骄傲。我最近才知道，测海楼的书香曾经熏陶出一批非常有建树的吴氏子弟。这中间，有著名的学者和作家吴白匋（即吴征铸），有寄生虫病和医学昆虫学专家吴征鉴，有物理学家和化学家吴征铠，有植物学家吴征镒。其中，吴征铠和吴征镒均为中国科学院院士。在测海楼藏书风流云散的悲剧之后，我们又看到了一出仍以测海楼为舞台背景的群英会喜剧。

测海楼在古运河西岸，与宋代的普哈丁墓园隔水相望。如果开发古运河的人文资源，测海楼应该是一颗璀璨的明珠。她是扬州的天一阁，她的沧桑故事是激励后人热爱文化、热爱乡土、热爱典籍的教科书。

测海楼——近代扬州文化连遭风雨打击，而又在风雨中不甘沉沦的象征、见证与缩影。

琼花新说

——扬州花事之一

到扬州不妨看看琼花。

到扬州而不看琼花真有点遗憾。

但并不是什么季节到扬州去都能看到琼花的。琼花在五一劳动节前后开放,花期不长,就那么几天。所以,去早了,去晚了,都与琼花失之交臂。

我相信，有许多扬州人到老也没有看过琼花，因为琼花树太少。我从小在扬州长大，直到三十岁时才看到琼花。

我是在平山堂的平远楼前看到盛开的琼花的，那也是扬州城里最古老的一株琼花树。第一次看到琼花的印象，现在仍很深刻。满树的繁花，遍地的落英，在我的心海里激起了巨大的涟漪。那一天，我第一次对一种花作了最细致的观察。首先，我觉得琼花很像绣球，不过绣球花开的时候呈球状，而琼花开放的时候则像一只扁平的盘子。其次，我觉得琼花的瓣子很像梅花，也是五瓣形，但梅花通常是黄色或红色，而琼花则是玉白色。盛开的琼花是这样的：它大体上像绣球一般的直径，由八枚梅花似的素白的花瓣整齐地围成一圈，如同是镶边一样；在镶边的里面是密密麻麻的洁白的小喇叭花，外圈的大花无蕊，里圈的小花有金黄色的花蕊；琼花不像玫瑰或茉莉那样有浓烈的香味，它基本上没有味道，但在风和日丽与神清气朗时，会感受到它散发出的淡淡的芬芳。

第一次见到琼花时，我从地上捡了好几片琼花瓣夹在笔记本里，作为纪念。几年之后，这些变成褐色的琼花瓣依然存在，但平山堂里那株有几百年树龄的琼花却已死去。不过没有关系，现在瘦西湖、盆景园、琼花观里都有不少琼花。

现在琼花已经成为扬州的市花了。对于这件事，我曾经有过不同的意见。主要是觉得今天的琼花，其实乃是聚八仙，古代那株"维扬一株花，四海无同类"的琼花早已消失于天壤之间，毫无踪迹可寻了。聚八仙是到处都生长的，不独扬州才有。我在镇江焦山就看到过长势很好的聚八仙，开出的花与扬州平山堂的琼花一般无二。聚八仙属忍冬科荚蒾属落叶灌木，单叶对生，聚伞花序，四周有五瓣形不孕花八朵，故称"聚八仙"。以到处都有的聚八仙，来顶替惟独一株的琼花，有什么意思！自欺欺人而已。但是转而再想一想，琼花其实也是聚八仙的变种，与聚八仙同科同属，在形态上差异不大。更重要的是，聚八仙生在扬州就被视为琼花，生在别处却仍被视为聚八仙，这表明扬州是需要琼花的。既然如此，移花接木也就没什么关系了。

对于某些特殊的花木来说，它们在文化学上的价值，往往大于植物学上的价值。例如，牡丹之于洛阳，红叶之于北京，樱花之于东瀛，玫瑰之于西欧，它们都不再是简单的平凡的植物。扬州的琼花也是如此。由于历史的长期积淀，可以说琼花所蕴涵的丰富而深长的文化意味，早就超出了植物学的范畴。

琼花在文化上的价值，在于它具有多重的象征意义。在这一点上，很少有别的花能和它相比。

琼花象征着独一无二。扬州琼花引起世人的注目,最初是在宋代。而琼花之所以引起人们的注意,首先是因为它少,少到世间只有一株。最早著录琼花的王禹偁这样写道:"扬州后土庙有花一株,洁白可爱,其树大而花繁;不知实何木也,俗谓之琼花云。""琼花"一词虽在宋以前已有,如李白诗:"西门秦氏女,秀色如琼花。"但这只是一种美喻。《诗经》里说:"尚之以琼华乎而!"这里的"琼华"也是比喻一种似玉的美石。以"琼花"实指一种花木,乃自扬州始。因为琼花的珍贵和奇特,另一位宋人韩琦曾写诗这样赞美它:"维扬一株花,四海无同类。"由于琼花号称天下无双,欧阳修做扬州太守时特地在琼花旁边筑了一座亭,名字就叫"无双亭"。而"无双"也的确成了扬州琼花的别称。刘敞诗云:"东风万木竞纷华,天下无双独此花。"吕本中诗云:"更喜风流好名字,百金一朵号无双。"这些都是称赞扬州琼花天下无双、独一无二的。

琼花又象征着气节操守。琼花开放时色白微黄,温润如玉,于是便有了仙人种玉而长成琼花的神话传说。玉在中国文化里是象征着贞洁、操守的,古诗文里常见"玉洁冰清"、"守身如玉"、"宁可玉碎,不愿瓦全"一类说法。琼花既是美玉所生("琼"字的本义就是美玉),它自然也是气节操守的化身。据史籍载,北宋仁宗庆历中,扬州琼花被移植于汴京禁苑,次年枯萎几死,于是还栽扬州,才复茂如故。金正隆间海陵王完颜亮攻入扬州,将琼花揭本而去,又枯悴而死,扬州幸存残根,琼花得以绝处逢生。南宋孝宗淳熙中,扬州琼花又被移往临安宫里,因憔悴无花,只得送还扬州。到元世祖至元十三年(1276),蒙古大将阿朮以十万之众攻破扬州,这一回琼花终于在兵燹之中死去。琼花一旦离开故土,便叶不茂,花不开。如此富于气节操守的奇葩,难怪在历史上有人把它称为"烈女"!前人有诗云:"名擅无双气色雄,忍将一死报东风。他年我若修花史,合传琼姬烈女中。"就是对琼花有姣容而无媚骨的忠贞气节的赞扬。

琼花还象征着风月繁华。琼花在很多的时候是同脂粉与美人分不开的。在民间流传得最广的说法是,琼花乃是昏君隋炀帝的妹妹所化。炀帝之妹甚美,炀帝乱伦奸妹,其妹含恨而死,化作妖艳的琼花,来亡其兄之国。炀帝为看琼花而幸江都(扬州),结果大好河山及大好头颅一起丢了。此说最为荒唐,而又最为人们乐道。隋代尚无琼花之说,炀帝何由得闻琼花消息?即便隋代已有琼花,炀帝亡国本自有因,与无辜的草木何干?但明清以来,经过《说唐》一类小说的渲染与张扬,隋炀帝到扬州看琼花而亡国之说几乎妇孺皆知。即使是学识淹博的孔尚任,亦曾赋诗道:"琼花妖孽花,扬州缘花贵。花死隋宫灰,看花真无谓!"又在《桃花扇》中写道:"琼花劫到雕栏损,玉树歌终画殿凉。"仿佛琼花真的同商之妲己、周之褒姒、汉之飞燕、唐之玉环……一样,是所谓的"女祸",是必须负起亡国的罪责的。把亡国的原因归于女人与花草,是同样不公正的。

琼花除了这几方面的象征意义而外,还有多方面的价值。老一辈扬州人都把琼花念成"雄花",因为"琼"字与"穷"字同音的缘故而避讳。这就可以从民俗学的角度去研究它。清代流行一句俗语,叫"扬州人没耳朵"。扬州人怎么会没有耳朵呢?原来这是"扬州琼花无二朵"一语的讹传,值得民间文学工作者探究。明代戏曲有《琼花记》、《琼花馆》等剧目,内容虽与扬州琼花无直接关系,但一定是间接地受到扬州琼花影响的。文学研究者不妨从中理出生活与创作的微妙关系。宋人著作中说,宋代扬州已经销售一种当地产的酒,名叫"琼花露"。琼花本身不能酿酒,宋时的扬州商人把酒取名为"琼花露",不过是借琼花的美名来促销罢了。这对于扬州人利用本地人文资源搞活经济不无启发。琼

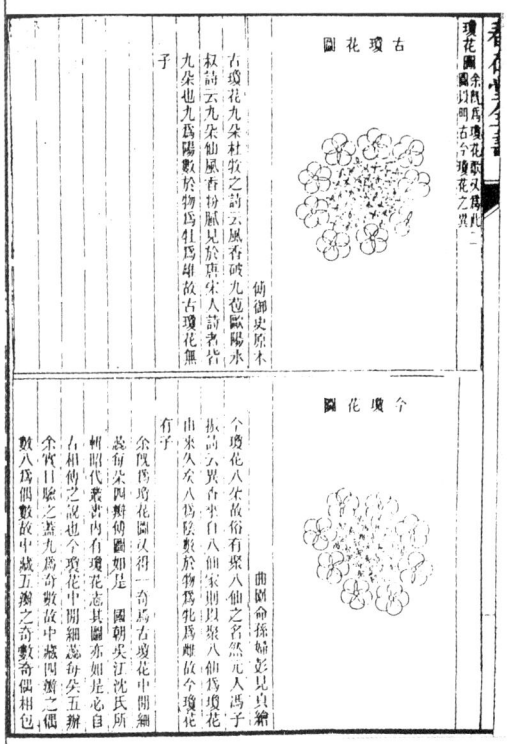

俞樾《琼花图》

花在旅游业方面的价值,更是不用说的。历代有无数的游客,就是为了看琼花而来游扬州的。

这在明清小说中也有反映。例如明人天然痴叟的小说《石点头》第五回,写广西举人进京,路过扬州,"礼神已毕,就去探访琼花的遗迹"。清初吕熊的小说《女仙外史》第六十回,写军阀混战,有军师下令说:"与诸君攻取扬州,好看琼花也!"直到晚清时李汝珍写作《镜花缘》,还在

扬州琼花台

第四十八回中写到"琼花仙子"。

琼花是一种独特的文化现象,它涉及历史、神话、文艺、民俗诸多方面。毫无疑问,"琼花文化"是整个扬州文化的重要组成部分。

看琼花的地方虽然有瘦西湖,有盆景园,名正言顺的去处还是琼花观。

琼花观始建于西汉成帝元延二年(公元前11年),称后土祠,供后土夫人。后因祠的周边是羊巷,故又称羊里观。唐僖宗中和二年(882),高骈镇守扬州,在祠南建三清殿,供奉道家神仙,便改称唐昌观。到宋徽宗政和年间(1111—1118),取《汉书·郊祀歌辞》中"唯泰元尊,媪神蕃釐"之义,改名为蕃釐观。但是世人因此观中有琼花,一般都叫它琼花观。琼花观在历史上曾有过三清殿、玉钩井、琼花台、芍药厅、深仁祠、玉皇阁、西雷坛、写经楼、无双亭诸建筑,可惜后来陆续毁圮。

近年来,琼花观先后恢复了石坊、观门、大殿、廊房、琼花台、无双亭、聚琼轩、玉钩井,使得这一千年胜迹初具规模,重现旧貌,也让寻觅琼花的游人有了个去处。当我们徜徉在琼花台前的时候,我们可以放声高吟欧阳修的《答许运发见寄》了:

琼花芍药世无伦,偶不题诗便怨人。
曾向无双亭下醉,自知不负广陵春!

二十四桥明月夜

芍药异闻

——扬州花事之一

一位从事文化工作多年的朋友十分惋惜地告诉我，扬州史公祠里的那株"金带围"死了。那株"金带围"活着的时候，我也没有见过，但它的死讯仍让我难过了好几天。我又把"金带围"死去的消息告诉其他从事文化工作的朋友，但他们都不知道"金带围"到底是何物。这一回我却是连难过也说不上了。

也许是因为"金带围"的故事已经太陈旧、太古老,大家就把它给忘了吧?

但是在历史上,扬州芍药真的是和洛阳牡丹齐名的,而"金带围"乃是扬州芍药中名品里的名品!

扬州芍药的名声是从宋代开始的。宋代人谈起芍药,就会想到扬州,所以苏轼在《题赵昌芍药》中咏道:"扬州近日红千叶,自是风流时世妆。"扬州芍药在当时的风流,毫不逊于洛阳的牡丹,以致韩琦在《和袁陟节推龙兴寺芍药》中很公允地说:"广陵芍药真奇美,名与洛阳相上下。"姜夔的《扬州慢》,稍习文史的也都熟悉,他在词中写道:

二十四桥仍在,波心荡、冷月无声。
念桥边红药,年年知为谁生!

虚无飘渺的二十四桥,似乎仍在二分明月下面优雅地横卧于碧波之上,然而桥边的红药到底为谁花开花谢呢?词人这样问道。

有意思的是,这"桥边红药"并非词人杜撰,它花开花谢了将近千年,直到清代依然如故。《扬州画舫录》卷十五里有这样的记载:"筱园本小园,在廿四桥旁,康熙间土人种芍药处也。"廿四桥边的筱园,方圆四十亩,其中种芍药的即占十余亩,时称"芍田"。郑板桥曾咏扬州风俗是"千家有女先教曲,十里栽花算种田",不知道情况的人以为他在夸张,其实他在纪实。在郑板桥生活的时代,扬州真的有数千家女儿在学唱歌曲,有数十亩良田在栽种芍药!

扬州芍药

中国古代记录花卉果木的书不算少,但专记某一地方的花卉果木的书并不多。除了《洛阳牡丹记》、《岭南荔枝谱》等之外,就要数《扬州芍药谱》了。《扬州芍药谱》的作者是宋人王观。王观,高邮人,官翰林学士,赋应制词时因太后认为他写得近于猥亵,遭到贬谪。

他的著作除《扬州芍药谱》外，还有《冠柳集》。在《扬州芍药谱》中，王观几次把扬州同洛阳并举。例如，他说："今洛阳之牡丹，维扬之芍药，受天地之气以生"；又说："扬之人与西洛不异，无贵贱皆喜戴花"。这些说法出自宋人之口，有助于我们认识当时扬州的城市地位。王观于熙宁八年(1075)到扬州做官，耳濡目染，对扬州风物自然熟悉。他的《扬州芍药谱》就是根据他在扬州的亲见亲闻写成的，不同于一般文人的虚构游戏之作。

《扬州芍药谱》共记载芍药品种三十有九，这在当时可谓蔚为大观。其颜色之绚丽，用五彩缤纷来形容绝不为过。例如，紫色的有宝妆成、叠香英、宿妆殷、聚香丝诸品；红色的有冠群芳、尽天工、点妆红、积娇红诸品；白色的有晓妆新、试梅妆、掬香琼、素妆残诸品；黄色的有道妆成、妒鹅黄、蘸金香、御衣黄诸品；粉色的有醉西施、浅妆匀、取次妆、赛群芳诸品；花瓣间金线的有黄楼子、袁黄冠子诸品；一萼而数朵的有会三英、渑池红诸品。顾名思义，可见扬州芍药之多彩多姿，不下于洛阳牡丹，古人称牡丹为花王，芍药为花相，自可当之无愧。

芍药在早先原是离别的象征，所以它一名"可离"。但大约从宋代开始，它就成了富贵的预兆。陆佃《埤雅》云："世谓牡丹为花王，芍药为花相。"已经将芍药同位极人臣的"相"联系了起来。至于芍药为什么会是富贵的而不是贫贱的预兆，也许是它花色的绚烂能够引起人们对于富贵气象的联想吧？但最重要的原因，却和"四相簪花"的故事有关。

据沈括《梦溪笔谈·补笔谈》卷三记载，北宋庆历年间（1041—1048），韩琦在扬州任上。有一天，衙署后园中一株芍药在一枝主茎上同时开出四朵花来，花

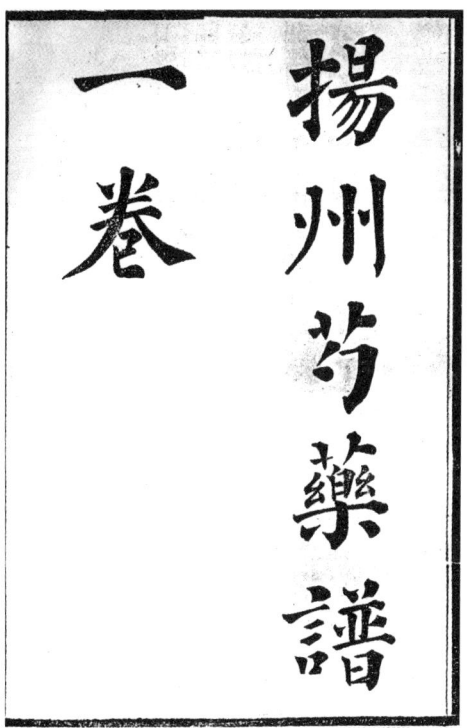

《扬州芍药谱》

色上下均为大红，惟中间为一道金线。当时的扬州芍药，没有这一品，后来才称它为"金缠腰"或"金带围"。韩琦极为珍视此花，准备设一宴会，邀请四位贵客，以应一干四花的瑞兆。这时，大理寺评事通判王珪、大理评事签判王安石正好在扬州，除了他们二位外还差一人，便勉强以另一不知名者充数。翌日，那位不知名者忽患急性腹泻症，不能赴宴，韩琦只好打听有无朝官经过扬州，请他充数。此时恰好大理寺丞陈升之路过扬州，就请他与会。酒宴中，韩琦剪下四朵盛开的"金带围"，与王珪、王安石、陈升之四人各簪一枝，彼此祝贺，尽欢而散。令人难以置信的是，此后三十年间，簪花的韩琦、王珪、王安石、陈升之四人，竟都先后做了大宋的宰相。

胡道静先生在《新校正梦溪笔谈》中考证说，关于扬州芍药的这一段佳话，在宋人陈师道《后山丛谈》、周煇《清波杂志》、阙名《墨客挥犀》、苏象先《丞相魏公谭训》等著作中均有相同的说法。只是蔡絛的《铁围山丛谈》里以为四人中的陈升之应是吕公著。看起来，扬州芍药一干四花的事是有的，四人簪花以为庆祝的事是有的，簪花的四人后来都做了宰相的事也是有的。虽然这一切未必有什么内在的必然联系，然而扬州芍药，尤其是"金带围"，却从此成了一种吉祥

之兆，声誉日高。

关于"金带围"的故事真是很多。《扬州画舫录》卷十五说，卢见曾在扬州做两淮盐运使时，三贤祠里的芍药一茎开出三花，当时以为是瑞兆，便筑亭纪念，题匾"瑞芍"二字。到乾隆乙卯年（1795），园中又开了"金带围"一枝、大红三蒂一枝、玉楼子并蒂一枝，一时传为盛事。

《归田琐记》卷一说，扬州黄右原家的芍药最盛，阮元、梁章钜等曾结伴往园中观赏。黄右原作向导，穿行于芍药圃中，宛如进入众香国。在千万朵花中，"金带围"只有一枝初绽，观者均以为有眼福。梁章钜对黄右原说："阮元先生和我都已退居林下，此花的祥瑞完全属于您！"

《清稗类钞·婚姻类》说，乾隆甲寅年（1794），扬州的"金带围"开出一茎三花。当时曾宾谷在扬州做两淮都转，为了庆祝和纪念，便命钱东为"金带围"画图，钱东之妾净香据图刺绣。事毕，净香生一子，名守瑞。在曾宾谷和王梦楼的建言下，净香从小妾转为继室。

在前人的咏花诗中，很少有其他花像扬州的"金带围"那样受到诗人的青睐。

刘应宾有一首《扬州咏·金带围》，说："人间宰相自仙品，不信年来无片

黄！"他是将带来好运的"金带围"列为仙品的。自古以来，宰相与神仙属于一家，花因人贵，"金带围"也就成了仙品。

郭士璟有一首《广陵旧迹诗·金带围》，说："石栏锦艳带围腰，座上飞觞应立朝。"他认为红瓣黄腰的"金带围"，天生就象征着位极人臣的宰相气魄。所以"金带围"一开，就应该有人应运而成为宰相。

赵翼的《扬州杂咏·金带围》倒是写得与众不同。他认为"金带围"不是花瑞，而是花妖。"韩公自有晚香圃，宁藉俗艳垂光辉？"韩琦做宰相本是他自己有后福，哪里是借了"金带围"的光呢？刘嗣绾的《金带围》则从热闹场中宕开一笔，反问道："花中宴客客争折，他日黄花谁晚节？"在"金带围"盛开的时候，一班热衷仕进的人都争相攀折它，可是有谁折一枝傲霜的菊花来，像热衷于安享荣华一样专注于砥砺气节呢？还有一位学者黄承吉，他是根本不相信关于"金带围"的神话的。他在《咏金带围》中以一颗平常心写道："偶然事出文人笔，终古名成宰相花。"所有"金带围"的瑰丽奇异灵验的传说，其实最初不过是出于文人的笔墨游戏而已，世间哪里有什么"宰相花"！

不过在一般的文学作品中，甚至在文化心理上，"金带围"仍然象征着珍稀

扬州八怪之一黄慎所绘簪芍药图

与名贵。

《阅微草堂笔记》卷八谈到乌鲁木齐水草丰美，寻常花朵在乌鲁木齐会开放得更为繁盛。例如江西蜡能呈现五色，瓣葳蕤开得像洋菊，虞美人则花大如芍药。偶有一丛虞美人发生了变异，花瓣深红如丹砂，花心浓绿如鹦鹉，整个花朵在阳光照耀下仿佛发出隐约的金光。但取其种子明年再种，却仍开寻常之花。纪昀叹息道："乃知此花为瑞兆，如扬州芍药偶开'金带围'也！"可见"金带围"之难得。

《淞隐漫录》卷三讲述了药娘的香艳故事，故事发生的地点在扬州冶春园。这冶春园里到处是楼台亭榭，颇有可观，又复叠石为山，引泉作池。小桥流水、回廊曲院都算不了什么，"最奇者为芍药圃，圃前有门，匾曰'飞尘不到'，字势飞舞有逸趣"。走进芍药圃，便见一座假山，可登上俯瞰。据王弢写道："弥望皆芍药也，雕栏石磴，环护倍至，中间所植为'金带围'，尤称名种！"足见"金带围"之贵重。

扬州芍药的出名，是因为其品种之多。而"金带围"的出名，又因为它数量之少。一因绝多，一因绝少，却同样获得了人们的喜欢。我忽然想到关于中国人崇尚"中庸"的说法，似乎并不正确。我们何尝在任何时候、任何地方都奉行中庸之道呢？古代中国有那么多的"志怪"、"传奇"，都是公开标榜非怪不志、非奇不传的。扬州芍药之所以出名，说到底，是因为它并不平常，也即并不中庸的缘故吧？

茉莉飘香

——扬州花事之三

民歌《茉莉花》终于成了扬州的市歌。《茉莉花》几百年来在海内外流传极广。2002年4月19日《人民日报》(海外版)发表长篇报导《茉莉花香飘四海》,开头就指出《茉莉花》是『苏北扬州的民歌』。

卖花女

2003年1月扬州市第五届政协全委会开幕，会议收到的第一份提案，是《建议将〈茉莉花〉定为扬州市歌》。同年3月，经过扬州市人大常委会通过立法程序，把《茉莉花》确定为扬州市歌。据说在中国，把民歌定为市歌，这是第一次。

从文献记载来看，扬州毫无疑问是最早传唱《茉莉花》的城市。清人钱德苍于乾隆二十八年至三十九年（1763—1774）编纂的《缀白裘》一书，汇集了当时扬州舞台流行的大量地方戏剧目。其中在《花鼓》一剧中，明确标出使用《仙花调》（即《鲜花调》），其实也就是民歌《茉莉花》。《茉莉花》为什么又称为《鲜花调》呢？原来，这首歌本来有几段唱词，前面两段唱词是：

好一朵鲜花，好一朵鲜花，
有朝的一日落在我家。
你若是不开放，对着鲜花儿骂。
你若是不开放，对着鲜花儿骂。

好一朵茉莉花，好一朵茉莉花，
满园的花开赛不过他。
本待要采一朵戴，又恐怕看花的骂。
本待要采一朵戴，又恐怕看花的骂。

现在流行的《茉莉花》，其实就是第二段唱词的衍变。按照约定俗成，民歌通常以首句唱词作为题目。因为当初歌词第一段首句是"好一朵鲜花"，故历史上被称为《鲜花调》；后来因为第二段歌词更为流行，首句是"好一朵茉莉花"，题目自然就成了《茉莉花》。就音乐的基本旋律而言，《鲜花调》和《茉莉花》实际上是"同一首歌"。根据《缀白裘》所载，《鲜花调》一曲在乾隆年间已经融入戏剧，传唱扬州。据此可以推断，她作为原生态的民歌，在扬州的流传理应更早，因为民歌是戏剧音乐的源头活水。

数百年来，《茉莉花》民歌一直传唱于扬州人之中。她所歌颂的是茉莉花的纯洁与芬芳，表现的是扬州人对美好的追求、对自然的热爱。几百年来，她的旋律一直水乳交融于扬州的民歌、清曲和扬剧等不同艺术形式之中。像扬州这样，无论在民歌、曲艺还是戏剧的音乐中，都可以找到《茉莉花》的音调和韵味，这是《茉莉花》飘香的其他任何地方所无法比拟的。这也雄辩地表明，扬州是《茉莉花》产生、流行和繁盛的肥沃土壤和真正故乡。

艺术源于生活。说《茉莉花》是扬州的歌、扬州的花，还因为扬州人对于茉莉花有特殊的爱。早在明人郝璧所作的《广陵竹枝词》里，就特别提到，当时扬州姑娘最喜欢的花是"紫薇白茉建兰香"。在清代，每到夏日，扬州街巷到处有卖花姑娘叫卖茉莉，董伟业《扬州竹枝词》中的诗句"茯苓糕卖午茶风，茉莉花篮走市中",就是写的此景。扬州姑娘喜欢把茉莉花插在鬓发之间,打扮自己。臧谷《续扬州竹枝词》中有"茉莉花浓插满头,苏妆新样黑于油"之句,生动地描画出了当年扬州的风俗图。扬州人不仅平日如此,郊游时更是如此。张维桢《观音香竹枝词》写扬州妇女到观音山进香,其装扮是:"松围雪腕梗黄金,茉莉花香透素襟。好趁观音香火夜,画船接个赛观音!"茉莉花竟然使得扬州女性显得像神仙一般的美丽。芬芳洁白的茉莉花也是扬州青年男女表达爱情的信使。醉月亭生《维扬竹枝词》中有一首《赠鲜花》咏道:"钗头花朵赠檀郎,茉莉携归袖底藏。待到五更残梦觉,枕边犹袭夜来香。"诗中就是写古代扬州青年以茉莉花传达爱情。

因为扬州人对茉莉花的钟爱,扬州历来有专门栽培和销售茉莉花的花园。近人徐谦芳《扬州风土记略》卷中云:

> 江都(扬州)南门外,花院二三,莳茉莉、珠兰、白兰、香橼花之属。专为贩户采买,制成花表等品,转售平康乐户,及闺阁媛秀,几四时无间。或穿花茶、供碟、花篮,制为三星桌围等物,以备礼品。

扬州风俗,把茉莉花制成花茶、花盘、花篮等,当作礼品,四季常备。

纯洁、优雅、清丽、芳香的茉莉花,是扬州人倾诉心曲、寄托情愫的崇高信物,也是扬州人向往幸福、追求美满的浪漫象征。而《茉莉花》民歌,以优美的音乐语言完满地表达了这一切。唱起了《茉莉花》,会使我们净化心灵,热爱故乡,呵护自然,憧憬明天。

扬州版画中的卖茉莉花者

有一家晚报曾经刊载一篇文章,传出一个耸人听闻的消息,说民歌《茉莉花》改编自五台山佛乐!据文章报导,经过音乐界多位专家论证,风靡大江南北的著名民歌《茉莉花》,原来竟然起源于山西五台山的佛教音乐。其理由是,佛教源于西域,茉莉花也源于西域;自从东汉时佛教由印度高僧摄摩腾、竺法兰传到五台山,茉莉花也传入了五台山;因为茉莉花的颜色代表着圣洁,茉莉花的瓣蕊又是制造佛香的香料,所以谱写佛乐的僧人便谱写了赞颂茉莉花的《八段景》乐曲;随着五台山僧人的出游四方,此曲传至江南,这才形成了江南民歌《茉莉花》。

通读此文,觉得有不少似是而非和语焉不详之处。例如,佛教传入中国的时间,难道就恰好是茉莉花传入中国的时间?茉莉花一传入中国之后,难道就出现了赞颂它的歌曲《八段景》?《八段景》

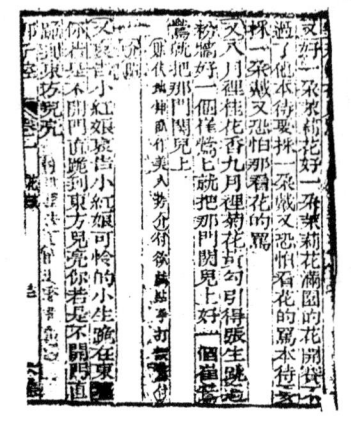

《缀白裘》中的《鲜花调》

和《茉莉花》之间,到底是什么关系?最令人不解的问题是,佛乐和民歌,到底谁是更本源的东西呢?

民歌是一切音乐之母。在这个意义上,民歌当然也是佛教音乐之母。佛教音乐也有可能反过来影响民间音乐,但从根本上来说,民歌无疑是更为本源的东西。说佛教音乐流传开来变成了民间音乐,这种观点不免有些本末倒置。

《茉莉花》在扬州的流传,是有着确凿依据的。乾隆年间钱德苍在所编戏曲集《缀白裘》书中,收录了当时扬州舞台上经常演出的若干剧目,其中就有采用《鲜花调》的花部戏曲。无论从当时记录的唱词看,还是从流传至今的曲调看,都可以断定《鲜花调》就是《茉莉花》的原型。戏曲音乐同佛教音乐一样,也是源于民间音乐的。因此可以推断,民歌《茉莉花》基本旋律的产生,当在乾隆年间花部戏曲盛行之前。对于这些确凿的史实,如果要改变它,就必须拿出证据来才有说服力。采取模棱两可、捕风捉影的说法,只能使人觉得是在故意混淆视听。

至于《八段景》,其实也绝不是刚发现的什么新东西,在扬州民歌和扬州清曲里都有这种曲牌。我想它在清代应是最为流行的扬州小曲之一。李斗在《扬州画舫录》里曾经记载,乾隆年间扬州清曲的主要曲调之一便是《四大景》:

<blockquote>小唱以琵琶、弦子、月琴、檀板合动而歌,最先有《银纽丝》、《四大景》、《倒扳桨》、《剪靛花》、《吉祥草》、《倒花篮》诸调。</blockquote>

据分析,《四大景》就是后来的《八段景》。民歌的发展通常都经历由简而繁的过程,从当初的"四景"变为后来的"八景",是符合规律的。二十年前上海文艺出版社出版的拙著《扬州清曲》书中,就收录了《八段景》一种,所用曲调标明为《粉红莲》。扬州清曲《八段景》曲词总共八段,大抵以抒写男女相思为全篇宗旨,但各段词意并不相连贯。例如,第一段唱词为:"小小仙鹤一点红,一翅飞在半空中。张生拿弹打,红娘来取弓,被莺莺小姐搂抱在怀中。张相公,张相公,人生何处不相逢?"第二段唱词为:"小小鱼儿粉红腮,上江游到下江来。水中多自在,头摇尾巴摆,香饵金钩钓将起来。你既不放我,又不将我爱,俏人儿情甘送你做小菜。"可见,所谓《八段景》,就是八段意义不相连属,但主题大体相似的系列作品。扬州清曲《八段景》的流传是有文献可考的,但五台山佛乐《八段景》出现于何时这一至关重要的时间概念恰恰被"忽略"了,以至我们无法断定究竟是谁影响了谁。

《八段景》一作《八段锦》,原是民间沿用已久的名称,其内涵也随境而迁。

张永寿剪纸《茉莉花》

譬如中国民间有一种传统的健身法，称为"八段锦"，早在宋代已经出现。宋人洪迈《夷坚乙志》云："尝以夜半时起坐，嘘吸按摩，行所谓'八段锦'者。"即谓此。民间文人又喜欢汇集若干短篇文字为一书，称为"八段锦"。例如清代醒世居士编有《八段锦》一书，书分八段，演八个故事，各不相属。引人注目的是《八段锦》书中多写扬州事，如写隋炀帝看扬州景致、杨氏女游扬州钞关等等，说明作者对扬州深有了解。至于其书名是否受了扬州民歌《八段景》的影响，尚待考证。

总而言之，一切音乐的起源都在民间。无论是宗教音乐、戏曲音乐，都一无例外地从民歌汲取营养，而不是相反。说民歌源于佛教音乐，犹如说树先长叶子后有根。何况，从《茉莉花》的内容、风格来看，其亲切、优美的特征与宗教所要求的超脱、庄严相去甚远，显然系南方民歌而非北国佛乐。我们怎么能够相信，五台山的和尚会以一个少女的口吻来赞美茉莉花呢！

《茉莉花》几乎在全国各地都有流传。值得注意的是，一些地方公开认为那里的《茉莉花》是来自扬州。

在一本名为《中国戏曲志·福建卷讨论集》的书中说，闽剧音乐有三个组成部分，其中之一称为"洋歌"（另外两种是"逗腔"和"江湖调"）。"洋歌"是指外地传来的曲调。对于"洋歌"的含义，闽剧界人士普遍认为："'洋歌'与扬州有关系，而与扬州更多的关系是扬州小调。所谓闽剧受扬州影响，有据可查的就是扬州小调［茉莉花］、［剪剪花］之类。"既然"洋歌"的曲调是从扬州传来，应当正名为"扬歌"。

另一本名为《北京传统曲艺总录》的书，收录了流传于旧北京的各种曲艺，其中有一种"扬州歌"。在"扬州歌"的曲目之中，就有［茉莉花］。原注云："作者无考，《新集时调马头调雅曲》二集选录此曲，此曲纯为情歌。"与这首歌同录的尚有［黄鹂调］、［银钮丝］、［倒板集］等，均为人们熟知的扬州清曲曲牌。"扬州歌"，其实就是扬州清曲的别称。

记得有这样一句话，"民歌有脚"，是说民歌会到处跑的。福建和北京的民歌《茉莉花》，就是从扬州跑过去的。

二十四桥明月夜

关于扬州盐商

几个月前,我把家从扬州城东搬到了城北。从新居向西走几十步,便是国家重点文物保护单位——个园,这里原是清代扬州盐商黄氏的私家花园。黄氏的姓名究竟是「黄应泰」还是「黄至筠」,我在搬家的时候还没有弄清楚。

从新居向南走,是一条古老的小巷,叫安家巷。关于安家巷的得名,我倒是刚刚弄明白,原来这里是比个园主人更早一些的清代扬州盐商安岐的住宅。

安岐字仪周,号麓村。徐珂《清稗类钞·农商类》中说:"广陵新城内安家巷安公店,其故宅也。"董玉书《芜城怀旧录》卷二中说:"安家巷,以安麓村而名。"就都是讲的这条极其普通的小巷的历史。我所住的这块地方附近,原也是盐商的花园,叫约园。约园之毁,至少有大半个世纪了。徐谦芳在《扬州风土记略》里已经感叹道:"扬城花园,寥寥可数。如何家巷之何园、仓巷之蔡园、左卫街之遯园、湖南会馆之棣园、东关街之个园、东圈门之壶园,多半年久失修。若后安家巷之约园,余外舅刘树君先生所私有,刊有《约园词》行世,建屋十余间,墙嵌黄山谷石刻六十方——今则人亡物去,鞠为茂草矣!"扬州的盛衰,与盐商的兴亡关系极大。仅仅在我新居的周围,就比比皆是从前盐商们的遗迹。

随便在扬州走一走,就可能碰到与盐商有关的地名。例如引市街,因买卖盐引而得名;花园巷,因盐商园林而得名;巴总门,因巴姓盐商而得名;等等。

说扬州是一座因盐而繁盛起来的城市,是不错的。明人王士性《广志绎》里列举了天下码头所聚之物,其中扬州有二,即"维扬之盐"与"广陵之姬"。关于后者,我已经写了一篇《扬州瘦马》加以评说;关于前者,便是我在《两淮盐商》中要讨论的对象了。

扬州是两淮盐业的中心。所谓两

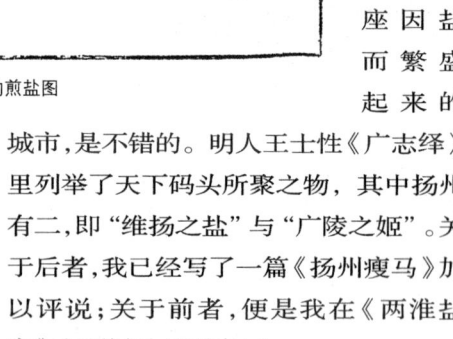

《天工开物》里的煎盐图

淮，是以淮河为界，在淮河以南者谓之淮南，在淮河以北者谓之淮北。当然，此处的所谓两淮并非指淮河全流域的南部与北部，而是专指淮河入海处的海盐产区。全区南界浙江，北接山东，位居黄海之滨，大致在江苏东部。两淮盐业的管理中心在扬州，两淮盐商的聚居之地也在扬州。因此，两淮盐商通常又称为扬州盐商。

在明代以前，中国商人的活动多是单个的、分散的，没有形成商人群体。自明代中叶之后，因商业经济的发展和商人队伍的壮大，逐步出现了若干个以地域为中心、以乡谊为纽带的商人群体——商帮。一般公认的商帮，有山西商帮、陕西商帮、宁波商帮、山东商帮、广东商帮、福建商帮、洞庭商帮、江右商帮、龙游商帮、徽州商帮等。这里没有"两淮盐商"或"两淮商帮"，但这并不意味着两淮盐商不重要。这只不过说明了两淮盐商的乡土背景与地域结构同上述诸商帮相比，别具特殊的属性。

用一句最直截了当的话说，两淮盐商并不都是两淮地方的人。甚至可以说，扬州盐商大多数并不是扬州人。他们是由来自陕西、山西、安徽、湖北、湖南、江西、浙江以及江苏各地的商人汇聚成的综合群体。他们操着不同的方言，有着不同的习俗，但都是为了经营盐业而来到了两淮地区。共同的行业、利益与环境，使得这些驳杂不纯的商人逐渐形成为一个具有大致相似的社会面貌的群体。杨万里《江西宗派诗序》在谈到江西诗派时说："诗江西也，人非皆江西也。"这句话同样适用于两淮盐商：只要在两淮经营盐业，即为两

《本草》里的海盐图

淮盐商,而不必斤斤计较其来自何处。

扬州盐商的群体形象,首先是富有。《广志绎》卷二说:"维扬中盐商,其盐厂所积有三代遗下者,……淮盐岁课七十万五千一百八十引,征银六十万两,可谓比他处独多矣!"可见在明代,"维扬盐商"的富有已经名闻天下。因其之富,《清朝野史大观》卷十二中那个在杭州骗取佛身金珠的不速之客,才谎称"老主人向为扬州盐商",以俾僧众艳羡与不疑。

其次是好文。没有什么商人群体比扬州盐商更喜欢读书,也更喜欢养士的了。无论他们是附庸风雅,还是真爱斯文,这对于他们的群体形象都没有什么大碍。《虞初广志》卷三云:"扬郡以清高宗巡游之后,繁富甲东南,鹾商拥巨金者,每好延接知名士,博爱才名。"《谐铎》卷三云:"适虹桥荷花盛开,鹾贾设宴园亭,招名士之客于扬者。"这就是"扬郡鹾贾"礼贤下士的公众形象。

再次是势利。本来,凡是商人总不免势利的,不独扬州盐商如此。而且文人有时更加势利,并不比商人逊色。但因扬州乃贾贾云集之地,而扬州盐商又是天下首富,故其势利之气或较他处尤甚。《履园丛话》卷二十一说:"余谓天下之势利,莫过于扬州;扬州之势利,莫过于商人;商人之势利,尤萃于奴仆。"这固然是事实,但也有不得不如此的原

因——其他商人只是依靠自己的经营吃饭,扬州盐商却要仰仗官府的恩准才得以经营,他们怎么能不看人眼色行事呢?

扬州盐商一向给人饱食终日、无所用心的印象,其实他们也有勤勉的一面。明代《隆庆海州志》说,海州的蔷薇河淤塞后,不能通行盐船,"致商人盐船自海冒险,又且顾觅牛拉至海崖上船,经年守装,劳费万状"。他们这方面的情况,往往少为人知。

扬州盐商同封建政府的利益从表面上看,似乎是一致的,实际上有时矛盾十分尖锐。《玉堂丛语》卷二说,明代淮扬盐赋每年达六十余万金,已为天下盐赋之首,而严嵩的门客为了讨好皇上,竟然将盐赋提高到每年百万金。这使得"商渐困,至有雉经者,不则亦鸟兽匿"。关于这一类记载,文献中并不罕见。

扬州盐商,或两淮盐商,即使从他们形成特殊商帮的明代中叶算起,到他们走向彻底没落的清末民初为止,也已经走过了五六百年的风雨历程。如此漫长的时间,如此庞大的人群,建构起的群体人格自是十分复杂的。他们精明强干,但又庸俗猥琐。他们挥金如土,但又锱铢必较。他们礼贤下士,但又目空一切。他们趋炎附势,但又诗酒风流……然而所有这些都掩盖不住他们的本质,这就是:他们是一个寄生性、依附性和消费性的商

人群体。这一本质决定了他们不可能把财富用于扩大再生产,从他们身上根本看不到同一时期西方资产阶级身上的那种锐意精进的蓬勃朝气。一个颇具讽刺意味的对比是,清乾隆年间,也即公元十八世纪中叶,正当东方最富有的扬州盐商集团以大把白银用来建造瘦西湖上豪华的五亭桥时,西方的发明家瓦特正在改良蒸汽机,并因此而引发了整个西方世界的产业革命。产业革命使西方资产阶级作为一支新兴和独立的政治力量登上了历史舞台,此时扬州盐商却仍在靠兴建园林与蓄养戏班向南巡的清朝皇帝胁肩谄笑。

扬州盐商走向没落的原因,学者们从不同角度进行了探讨。例如:生活奢侈而花销过大,报效朝廷而造成亏空,运河淤塞而影响航运,海岸东移而产盐减少,官盐价昂而私盐日炽,银价上升而铜钱贬值,太平军兴而屡遭兵燹,水患频仍而社会动荡等等,不一而足。但最根本的原因是:扬州盐商属于一种封建性的商业资本,由于脱离了生产过程而极其游移不定,一旦封建专卖权利被剥夺,它就必

今存扬州盐商旧宅

然变成无本之木而趋于衰亡。

对于两淮盐务之弊,尽管康熙帝早就有"御批"告诫当时的两淮巡盐御史曹寅:"两淮弊情多端,亏空甚多。必要设法补完,任内无事方好。不可疏忽,千万小心!小心!小心!小心!"这一连四个"小心",真让人触目惊心。然而到了道光年间,随着政局窳败,盐业凋敝,内外交困,税课无着,清政府不得不结束同扬州盐商的漫长蜜月,忍痛放弃盐专卖制度。扬州盐商终于全面破产了。

盐商破产后的境遇极为凄惨。周生《扬州梦》卷三云:

> 自盐务改票,裁汰冗费,(扬州)城内外为娼者,约添三千余家。此辈受祖父余荫,有一名目,日得例规,辄酣歌艳舞。妇女亦逸乐嬉笑,惟知妆饰。骄惰既久,一旦失据,衣食无着,又不能事事,且习苦未惯。无可如何,与妻子计议,惟此事较便,遂忍心为之。噫!此无功而食者之下场也。当时幸其得,于此见其失矣。可惧哉!可哀哉!

平步青《霞外捃屑》卷一亦云:

> 两淮诸商,皆席富厚,乐骄逸、园亭、服食、玩好、宴会、优妓之乐,穷年不休。居积惟主计者可否,彼昏不知,亏欠案发,一败涂地。所谓报效急公,累百十万,皆与盐院、运使交关,相率为伪,其实无锱铢纳库也!癸丑(1853)陷逆,商人子孙多饿毙被戕,存者亦同乞丐。虽曰大劫使然,亦悖入浪用暴殄,为造物所恶,假手发逆以概之也!

扬州盐商虽然消亡了,但其流风馀韵犹存。朱自清先生《说扬州》写道:"又有所谓'商派',讥笑那些仿效盐商的奢侈生活的人,那更是气派中之气派了。"扬州盐商的生活方式不仅影响了扬州的文化,还影响了许多地方的风气。上海、北京这样的大城市,是不必说的,即使在比较偏僻的山区和农村,也受到扬州盐商生活方式的熏染。例如皖南的歙县,据《歙县闲谭》说,"数十年前,虽富贵家妇人,衣裘者绝少,今则比比皆是,而珠翠之饰亦颇奢矣,大抵由商于苏、扬者启其渐也"。又如关中的三原,据《三原县新志》说,"吾三原,大半商贾,衣饰大率袭吴越、广陵"。

扬州盐商究竟是怎样一个商人群体?他们生存于怎样的社会环境中?他们的存在对于扬州文化和明清风气产生过怎样的作用?他们是怎样从各自的故乡不约而同地汇聚到扬州,在经历过一段鲜花着锦、烈火烹油似的黄金时代之后,又从历史舞台上消失得无影无踪的?这一切都是饶有趣味而又发人深省的问题。

二十四桥明月夜

关于扬州瘦马

我少年时代曾居于扬州城里的一座废园里。园内本有太湖石和黄山石垒起的假山,有圆形的门洞和四方的院落,有幽深而曲折的巷子和已经瞀了的水井。这一切在我住在那里的时候,都已经很颓败。我不知道这座园子建于何时,只约略知道原先的主人似乎姓丘,是个商人,因此我把这地方称做丘园。

養瘦馬

揚州人養處女賣人作妾俗謂之養瘦馬其義不詳香山詩云莫養瘦馬駒莫教小妓女後事在目前君看取馬肥快行走妓長能歌舞三年五年間已聞一主宋漫堂引之以為養瘦馬之說本此

《陔余丛考》考证扬州瘦马

丘园的历史一定是不会很短的。证据之一是这里常有狐狸精出没，而这种妖媚的东西通常只出现在百年老宅中。我至今记得，有一个夏天的夜晚，我看到一只浑身长着白毛的肥硕的狐狸从墙外跳进我住的院子里，它似乎不经意地瞟了我一眼，然后就消失在夜色中。它的来处，正是与丘园相邻的花局巷。

那时候我并不知道这条巷子为什么叫做花局巷，"花局"二字对于一个少年来说是很费解的。我只知道花局巷里没有什么人家，它的北端通向石牌楼、多宝巷等处。过了许多年之后，我从芬利它行者的《竹西花事小录》、李涵秋的《广陵潮》等旧籍中得知，石牌楼、多宝巷原来都是所谓"粉脂荟萃"之地。"花局"不用说，是指妓院了。我看到的那只白狐，也许就是昔日的扬州美女幻化成的精灵吧？

对于常年住在扬州的人来说，并不感到扬州美女的名声有多么大。扬州人也知道"扬州出美女"的俗谚，他们在夸奖邻居家的漂亮女孩时常说："真是扬州出美女呀！"听到这话的人也不觉得有什么特别。但一到外地，别人一旦知道你是扬州人，就立刻用诡谲的眼神盯着你，说："扬州出美女哩！"这时候，扬州人会感到一些莫名的不自在，同时惊讶扬州美女的名声何以竟如此之大。

就中国而言，出美女的地方远远不

止一处。大而言之,燕赵佳人、吴越娇娃历来是有名的。小而言之,洛阳女儿、大同婆娘、米脂婆姨、秦淮粉黛、苏州姑娘、西湖舞姬也都各领风骚。但惟独"扬州出美女"的口碑在中国南北流传最广,其中必有值得探究的缘故。

什么样的女人才能称作美女,其实从来也没有固定明确的标准。按中国传统的看法,美女总是"手如柔荑,肤如凝脂","施粉则太白,施朱则太赤"。但用这些来做标准是缺少可操作性的。怎样的手才可以称得上是"柔荑",就十分含糊。西方人倒是有些明确的规定,例如对胸围、腰围、臀围的尺寸都有具体的要求,很方便操作。但是中国人和西方人不是同一个人种,因而西方的标准在中国并不适用。至于非洲少女,据说要在身体上刻十套花纹才能算美。仅仅在面部,就要在鼻梁上、太阳穴、两颊和嘴边各刻上星形、线形、圆形和三角形的花纹。这种纹身的习俗,在中国的某些少数民族中或者有之,但在中原人和江南人看来却无异于黥刑。

美女这个词,应该有两种诠释法。一是从字面上去理解,美女即美丽的女人。二是从字面以外去认识,美女实际上就是商女。这里有两条现成的证据:宋代太平老人在《袖中锦》中将"京师妇人"列为"天下第一"之物,而同时列举的有建州茶叶、蜀地织锦、福州荔眼、江阴河豚

《桃花扇》歌咏扬州瘦马

送郎八月到扬州，长夜孤眠在画楼
女子拆开不成好，秋心合看却成愁

张光宇所绘《送郎到扬州》

等；明代王士性在《广志绎》中将"广陵之姬"列为"天下马头"所出，而一并提起的却是苏杭之币、淮阴之粮、建阳之书、浮梁之瓷等。那么，无论是京师妇人，还是广陵之姬，似乎都与货物、商品没有什么区别。京师何以多佳人，扬州何以出美女，与其从生物学的角度去诠释，不如从社会学的角度去诠释。

扬州历来多商女。杜牧《泊秦淮》诗中的名句"商女不知亡国恨，隔江犹唱后庭花"，大约是最早提到"商女"一词的。据陈寅恪先生《元白诗笺证稿》说，杜诗中的"江"指长江，而"商女"当即来自江北扬州的歌女。金陵是陈的国都，《玉树后庭花》是陈后主的亡国之音，但扬州商女不解陈亡之恨，仍在江南故都唱靡靡之音，杜牧因而为诗咏之。这说明扬州的商女在隋唐时期就已经出名了。

商女是凭出售色艺为生的女子。到了明清时期，扬州的商女不仅出售自己的色艺，她们自己也为人所出售。明代的扬州是当时最大的人口市场，不幸的女性们被精心包装后从扬州销往全国。李渔《闲情偶记》卷三中说："向在维扬，代一贵人相妾，靓妆而至者不一。"说的正是在扬州人口市场挑选商女——商品的情形。

扬州美女有一个很特别的名称，叫扬州瘦马。瘦马是指从小加以调教，长大后卖作妓或妾的少女。充当瘦马的女孩，容貌必须标致，举止必须伶俐，要学会梳妆打扮、琴棋书画、察言观色、妩媚风骚等等本领。陈森在《品花宝鉴》中写到一个扬州瘦马玉天仙，说她是京城里陶妈妈妓馆中最好的姑娘。关于她的好处，《品花宝鉴》第五十回中有这样的描述："这玉天仙本是扬州瘦马，到京来颇有声名，但年纪已二十七岁，比聘才大了两年，相貌极为标致，看着还像二十来岁人，更兼弹唱皆精，与聘才甚为合意，故成了夫妻。"玉天仙的长得标致，精于弹唱，擅长打扮，善解人意，都使得她在同侪中名压群芳。可以说，从玉天仙身上可以找到扬州美女之所以享有盛名的全部原因。

扬州美女的名声，甚至远播到域外。近年来，相继有澳大利亚、美国、日本学者来访，和我探讨扬州美女这一独特的社会文化现象。实际上，早在十七世纪，扬州美女已为外国人所注意。例如，明朝万历年间来华传教的葡萄牙人奥伐罗·塞默多，在他写的《大中国志》一书第四章谈到中国人的品貌，认为中国某些地方的人长得特别匀称，"如在南京省扬州城，当地的女人被认为比其他地方的女人更美，犹如过去在葡萄牙吉马朗城的女人，富人和达官都从那里娶妻妾"。另据尼霍夫《荷使初访中国记》载，在清初访华的荷兰使者眼中，扬州不仅是富庶繁丽的地方，而且"这里以美女如云而出名，她们的气度优雅，娇美迷人，远胜其他地方的女子"。晚清时来华的英国人呤唎在他所著的《太平天国革命亲历记》一书第十三章里，则这样记录了他当时在扬州的见闻和感想："扬州一带以妇女闻名，据当地人说扬州妇女是中国最美的。我们在扬州仅仅逗留了三天，就我们于白昼在城乡所见和夜间在歌场舞榭所见而论，我们也有同感。扬州妇女虽然较湖南妇女黑些，可是身材端正，面色红润健壮。她们较之中国南方和中国中部的妇女高些，眼睛也较大而没有那样斜。"这些在不同时代来到中国的洋人，似乎都相信扬州的确是一个出美女的地方。但是，他们中间除了曾参加过太平军的"洋兄弟"呤唎亲眼看过扬州女人之外，其他人未必都见过扬州美女。即便是呤唎，也称"据当地人说扬州妇女是中国最美的"。对于这些洋人来说，"扬州出美女"与其说是一个事实，毋宁说是一个充满了东方浪漫情调的神话。

只有一个外国人的说法有所不同，这就是在清康熙年间作为俄国使节出使中国的罗马尼亚人尼古拉·斯帕塔鲁·米列斯库。米列斯库在他所撰的《中国漫记》第四十三章写道：

> 本省第七大城名扬州府。顺大江而上，可以望见一个大洲，从这里有一条大运河直通这座美丽的城市。……这里的居民有一种恶劣的习俗，即把一些小姑娘买来，教她们琴棋书画、剪裁缝纫，然后高价卖给官宦作妾。

如果说，其他外国人只是在一般意义上了解到扬州美女的话，那么，米列斯库差不多从本质上认识到了扬州瘦马。

"瘦马"一词来源于唐人白居易《有感》诗中的"莫养瘦马驹，莫教小妓女"。他第一次将"瘦马驹"同"小妓女"并提。把女性比作马，在人类文化史上是一种极为古老、极为普遍的现象。直到近代，在中国民间还流行着这样的俗语："讨来的老婆买来的马，任我骑来任我打。"扬州美女之所以被称为"扬州瘦马"，正表明了她们受欺凌、被驱使、供奴役的可悲命运。

扬州美女，扬州瘦马，或扬州佳丽，究竟是在怎样的社会环境和乡土背景下产生的？她们对中国的社会、风俗和文化产生过哪些影响？这是一些值得探讨的历史文化课题。我写的《扬州瘦马》一书，就是回答这些问题的。

关于扬州优伶

看戏对于故乡的父老乡亲来说，是盛大的节日。

"今儿戏班子来啦，早点儿吃晚饭。""大开口还是小开口？""大开口——扬州戏嘛！""不错，要早点去，迟了可就没处站了。"人们这样一传十十传百地交谈着，脸上焕发出光彩，手脚也显得麻利多了。

当橙色的夕阳渐渐下沉，紫色的暮霭轻轻降临的时候，从李家堡，从潘家墩，从冷家寨，从颜家圩，从草房里，从瓦屋里，换上干净衣服的人们走上田埂，走出河堤，三三两两地，成群结队地，向镇上汇集。

镇是附近十里方圆的经济文化中心。一条大河从镇的中间穿过，把镇分成两半。在朝河的一面，开设着菜市、茶馆、澡堂、药铺、磨坊、酱园、南货店、理发店、刻字店、铁匠店、银器店等。在距离镇子中心稍远的地方，有一个戏院。扬州有许多这样的镇。

戏院的舞台大抵是土台，也有用木头架的，离地约三尺来高。台上有茅草或青瓦盖的屋子。台下是一大片空地，看戏的人必须自己带凳子来坐。天快黑的时候，台上燃起几盏吊着的汽油灯，灯光极白，白得耀眼。多少世代以来，戏院几乎是这里惟一的文化娱乐场所。扬州城乡有许多这样的戏院。

戏院里已经密密麻麻地坐满了人。男人吸烟，女人嗑瓜子；年轻人毫无顾忌地打闹说笑，白发的老奶奶在焦急地呼唤着跑散了的孙儿。迟到的人尽管带了凳子也没法坐，只好站在凳子上。小孩子通常挤到台口，甚至就坐在戏台的边缘上。

但是大幕迟迟不拉开，就像美人不轻易揭开面纱。锣鼓却是一个劲地敲，敲得场子里的人眼睛要冒火，敲得那些正在路上往这里赶的人心里痒痒的。

大幕终于拉开了，人们这才知道，今晚唱的是《斩老龙》、《打面缸》，抑或是《郑小姣》、《秦香莲》。尽管白纸红字的演剧海报上早已写明了剧目，但白天人们对此并不关心。这里的乡亲父老几乎个个是戏迷，他们喜欢看戏，却并不在乎演的是什么戏。

这里一直流行着两种戏。一种叫"大开口"，学名扬州香火戏；一种叫"小开口"，学名扬州花鼓戏。少年时代，我以为世界上只有这两种戏。

但是后来才知道，戏台上的风光同世界一样，都是五彩缤纷的。不同的城市，流行着不同的戏剧。不同的乡村，传诵着不同的歌谣。而这些，便构成了不同的地方文化色调。

并不是所有的地方文化都必然会孕育出独特的戏剧来的。以扬州周边的城市而言，南京没有自己的剧种，镇江没有自己的曲种，而它们的城市规模与文化积淀并不一定比扬州差。一个地方能不能产生独特的表演艺术，除了经济条件、文化传统外，应当还取决于其他因素——例如，观众的需求，艺术的氛围，优伶的质量与数量，尤其是该地文化的凝聚力与辐射力等。所有这些形成一种合力，决定着能否产生出具有鲜明地方特征的表演艺术：剧

《关于扬州优伶

吴友如所绘女伶

种、曲种及其他。

扬州文化无疑是最具有个性特征的地方文化之一，它在许多具体领域都有自己的家数或者体系。扬州学派、扬州八怪、广陵琴派、维扬菜系等都是社会公认的。而扬州优伶文化的历史和影响，并不比焦里堂、郑板桥们差，凡是流传广陵琴谱、维扬菜单的地方一定会有扬州优伶演出的戏目。

扬州的优伶文化，我是从儿时在故乡看到的香火戏和花鼓戏开始认识的。那时我就奇怪，在扬州这个地方为什么同时存在两种戏剧？直到初步研究了扬州的戏剧史、曲艺史之后，我才明白扬州优伶文化的博大精深——在许多地方没有自己的剧种和曲种时,扬州的艺坛上却先后产生了乱弹戏、香火戏、花鼓戏、维扬戏、杂耍戏、隔壁戏、傀儡戏、髦儿戏、评话、弦词、清曲、道情等各色各样的表演艺术形式。每一种表演艺术形式,都各有自己的形成过程与发展历史,各有自己的表演内容与表现技巧,各有自己的传承系统与演员阵容,各有自己的基本受众与流行范围。

扬州表演艺术的多样化,是因为扬州民众文化娱乐需求的多样化。在一个经济落后的地方,民众自然不会有太多的文化需求。而一个过于依赖外来文化的地方,自身便缺少创造新艺术品种的动力。而扬州恰恰是一个经济繁盛而且不依赖外来文化的地方。这或许是扬州产生那么多表演艺术品种的根本原因。

如此繁多的表演艺术品种,必然有一个庞大的从业人员群体与之相适应。这个群体就是所谓维扬优伶,或者扬州优伶。无论从群体规模来看,还是从艺术影响来看,维扬优伶的历史地位都不比陕西乐籍、海盐戏子、苏州梨园、凤阳花鼓等同类人群逊色。

"优伶"是一个含义很宽泛的词。一切表演音乐、戏剧、曲艺、歌舞、杂技的演员,古代都称为优、伶、俳、倡、伎。这些字眼可以混用,并组成各种各样意义大体相同的词,如优伶、伶人、伶官、俳儿、俳倡、俳优、倡子、倡伎、倡俳、倡优、伎工、伎者等等。其中最通用的,当然是优伶。我在这里所说的优伶,也就顺理成章地泛指一切从事表演艺术的演员。

扬州优伶在历史上就一直受到文人的青睐。唐代诗人元稹赋诗赞美扬州的参军戏女伶刘采春。元代曲家关汉卿谱曲称颂扬州的杂剧名优珠帘秀。明末文士钱谦益、阎尔梅、吴伟业、龚鼎孳等与扬州的说书艺人柳敬亭交游甚密。清代状元钱棨与诗人赵翼都极为赞赏扬州的歌伎杨小宝。在现代作家和学者中,鲁迅先生写过《略论梅兰芳及其他》,胡适先生写过《扬州的小曲》,知堂先生写过《苏北小调》和《康又华说书》,都与扬州优伶有直接关系——梅兰芳是祖籍扬州府的京剧大师,康又华是出身扬州评话世家的说书名角。近代名士易顺鼎更有《数斗血歌(为诸女伶作)》,其中写道:

……若谓

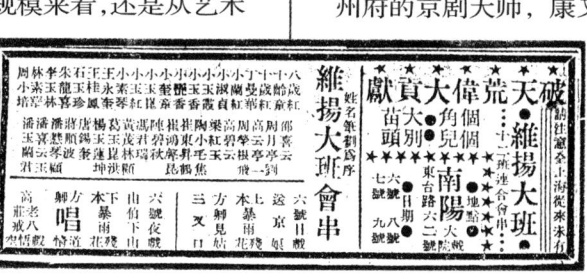

维扬大班广告

天地灵秀之气原有十分存,请以三分与男子,七分与女子,而皆使其荟萃于梨园。三分与男子者,贾璧云、梅兰芳、朱幼芬,其馀尚多不具论。易顺鼎提到的三位著名优伶中,贾璧云、梅兰芳都是扬州府人。可见扬州的优伶在中国演艺史上扮演着非常重要的角色。

扬州优伶的活动范围颇广,南至珠江,北至燕山,莫不有其踪迹。足迹所至,扬州的优伶文化也被传布到各地。就扬州小调而言,明清时代可谓风行南北。根据不完全统计,曾受扬州小调影响的戏剧与曲艺就有杭剧、粤剧、闽剧、章丘梆子、云南花灯戏、广西文场戏;昆高笛曲、恩施扬琴、广东南音、徐州琴书、南京白局、四川清音、云南扬琴、常德丝弦、河南大调、九江清音、贵州文琴、襄阳小曲、赣州南北词、东北二人转等。主要由扬州优伶传播开去的扬州小调,对于各地剧种与曲种的形成,起了非凡的作用。

何园戏亭

关于扬州优伶文化的影响,还有一个小小的例子。各地都把琴师、乐师称为"邬师"。如徐珂《清稗类钞·娼妓类·邬师》说:"邬师者,妓院之乐师也,南方皆有之。"但这一称呼却是从扬州开始叫起来的。李斗《扬州画舫录》卷九说,苏州邬抡之在扬州教曲,"由是妓家词曲皆出于邬,妓家呼之为邬先生,时人呼为'邬师'"。邬师的称呼,后来不仅流行于青楼,也流行于梨园;不仅流行于扬州,还流行于全国。

要了解中国的戏剧文化和曲艺文化,就不能不了解几度成为中国戏剧、曲艺中心的扬州,不能不了解扬州的优伶。无论如何,在扬州这块土地上出现过那么多出色的优伶,形成了那么繁盛的优伶文化,是完全值得探究一番的。

我至今仍想窥探故乡戏院的大幕,看幕后到底隐藏着些什么秘密。

二十四桥明月夜

关于扬州八怪

「八怪」这个词，在扬州普通百姓中间并不是一个褒义词。大姑娘把自己打扮得花枝招展了一点，小伙子说话时言过其实了一些，老头老太的神态举止显得不够庄重不够老成，扬州人都会骂上一句：「八怪！」「八怪！」作为扬州市井中的一个骂人的词，它绝对不是恶毒的或蓄意的，相反倒有更多调侃与即兴的意思。扬州老百姓口头上的「八怪」，是指日常生活中稍稍越出一般常规然而又无伤大雅的那些现象。所以，它固然不是一个褒义词，但同时又算不上是一个严重的贬义词，它是一个中间偏坏的词。

用"八怪"来称清代中叶活动于扬州的那批书画家,应是后来的事。这批书画家在艺术上表现出了强烈的个性,而这种个性的张扬又多意味着对于正统画法、正统书法的背离或反叛。例如郑板桥的"六分半书"、金冬心的"漆书"、汪巢林画的"繁枝梅花"、罗两峰的"鬼趣图"等,在当时人看来总是有点怪里怪气的样子。看惯了正统书画的扬州人,一方面对一切旁门左道、异端邪说的东西抱有莫大的好奇心和新鲜感,另一方面却又因为心理的定势而不能不站在传统的、正宗的立场上对他们略加讥讽。"八怪!"扬州人脱口而出。

"八怪!"——这个本来很土很俗的扬州俚语,后来竟然成了中国艺术史上一个流派的正式名称,这是最初用"八怪"这个词来揶揄这个新流派的人所始料未及的。

扬州八怪纪念馆

因为"八怪"是个约定俗成的词,所以它并不像考据家理解的那样,一定得有"八"个"怪"组成。正如二十四桥并不一定是二十四座桥一样,八怪也不一定是八个怪。全国各地的方言里,都有一些用数字来形容不正常、不健全的说法,诸如上海人说的"十三点"、北京人说的"二百五"之类,实际上都是形容某些人性格乖张、行为怪诞的。扬州人说的"八怪",即类乎此。

可是一般人仍要"循名责实",认为"扬州八怪"是指八个特定的怪人。为了凑足"八"的数字,就出现了关于"八怪"的各种不同的名单。据考证,关于扬州八怪至少有这么几种有影响的说法:

汪鋆《扬州画苑录》认为,"八怪"是指李鱓、李葂等(他只提出两人姓名);

凌霞《天隐堂集》认为,"八怪"是指郑燮、金农、李鱓、黄慎、杨法、高凤翰、李方膺、边寿民;

李玉棻《瓯钵罗室书画过目考》认为,"八怪"是指罗聘、李鱓、金农、黄慎、郑燮、高翔、李方膺、汪士慎;

葛嗣浵《爱日吟庐书画补录》认为,"八怪"是指金农、郑燮、华嵒等;

黄宾虹《古画微》认为,"八怪"是指高翔、郑燮、李鱓、陈撰、罗聘、李方膺、汪士慎、边寿民;

陈衡恪《中国绘画史》认为,"八

怪"是指金农、罗聘、郑燮、闵贞、黄慎、李鱓、李方膺、汪士慎……

为什么关于"扬州八怪"有不同的说法呢？卞孝萱先生在《冬青书屋笔记·扬州八怪考》里解释说，李玉棻、葛嗣浵、陈衡恪对扬州的情况不很了解，所以说法不免分歧；汪鋆、凌霞、黄宾虹虽曾居住于扬州，但因为"八怪"没有一个组织，这些画家有的是扬州本地人，有的是外地人来扬州卖画，时来时往，或聚或散，而且作客的时间有前有后，有长有短，参差不一，评论家从各自的角度提出各自的说法，当然不可能完全相同——卞孝萱先生的解释，是以"八怪"应当由八个画家构成作为前提的。我不同意他的观点，但是我同意他的结论："我们对于'八怪'，是作为一群革新画家来研究的，不必拘泥于哪一种说法，也不必局限于八个人。着重在'怪'，而'八'这个数字关系不大。诸说可以并存。"换一句说，各种说法中提到的画家，都属于"扬州八怪"。这样，"扬州八怪"实际上包括了十五位清代画家。很多外地人感到奇怪，扬州八怪为什么不止八个人？原因就在于此。

扬州八怪的名声不可谓不大。不但扬州人都知道有扬州八怪，海内外许多人都知道扬州八怪这一名称。但是，"扬州八怪"的名称到底起于何时呢？

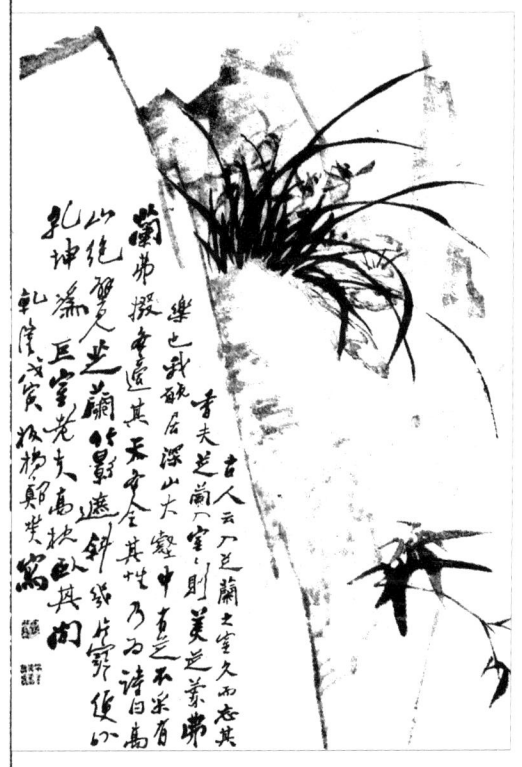

郑板桥《兰石》

根据江苏美术出版社出版的《扬州八怪研究资料丛书·前言》介绍，人们还没有从乾隆、嘉庆、道光三朝的文献中发现"扬州八怪"一词，连喜欢记载故乡遗闻轶事的李斗和阮元，在著述中也没有提到"八怪"两字。据卞孝萱先生在《前言》中说，"直到清末，汪鋆《扬州画苑录》中才有'怪以八名'的话，凌霞才正式写了《扬州八怪歌》，载在《天隐堂集》"。《扬州画苑录》有光绪九年(1883)序,换言之,直到这时"扬州八怪"这一名称才见于记载。

但我曾看到清人金安清的一首诗,发现"八怪"名称的出现是在光绪年间之前。

金安清,字眉生,号偲斋,做过湖北督粮道、两淮盐运使、提奏按察使等官,浙江嘉兴人。据有关记载,他同扬州的关系十分密切。他在嘉庆年间做河务幕客,于嘉庆二十四年(1819)侍母南归经过扬州,此时至少已有二十多岁。至道光十八年(1838),金安清赘姻于扬州,当已年届不惑。咸丰年间,金安清做了两淮盐运使,因太平军战事的缘故从扬州移驻泰州。但到同治元年(1862),金安清便因故被革官查抄。两年后,他又从宝应移居扬州。

就是这个熟知扬州的金安清,写过一首《自题临罗两峰画兰石》诗,末尾两句是:"道人闭户守砚田,错被人呼为八怪。"诗后有小注说:"两峰,乾嘉时为扬州八怪之一。"据作者在诗中说,他是在道光庚子年(1840)得到扬州八怪之一的罗两峰的兰花画册的,因为喜欢它,便加以临摹,并题写了此诗。因诗中直接提到了"扬州八怪"的字样,故颇值得注意。

金安清的人品常为后世所诟,但他在经济和文学等方面都极具才华,林则

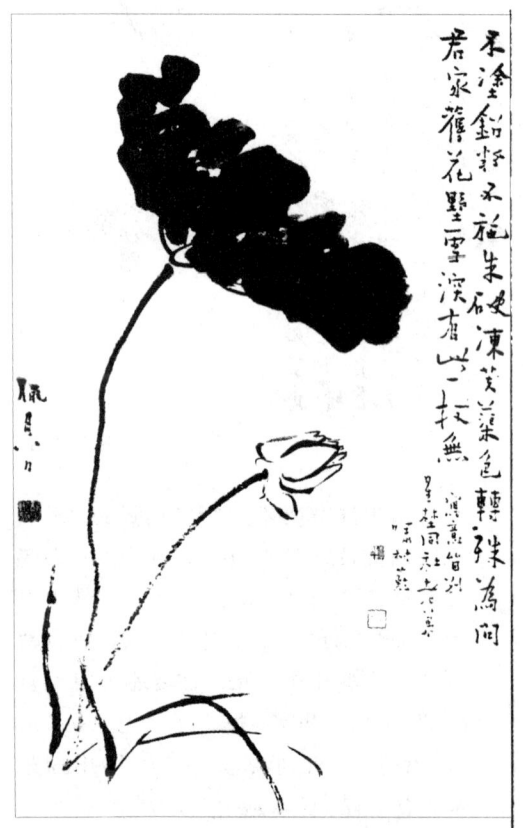

杨法《绣球花》

李勉《墨荷》

徐尤其赏识他。他又工书善画，所以能临摹罗两峰的兰花册页。他得到罗两峰的画册是在道光年间，临摹罗画的时间大约是在任盐运使的咸丰年间。照此看来，他应当是最早提到"扬州八怪"的人，比《扬州画苑录》早了二三十年。可惜的是，他没有谈到扬州八怪除了罗两峰之外，其馀的是哪些人。

八怪的时代距离现在已有二三百年，其流风所及，使得后人常常想寻觅他们的遗迹。然而扬州八怪十五家，真正的扬州人只有高翔一人而已，其他的均为外籍人。他们有的长期定居在扬州，有的短期寓居在扬州。所以说到"八怪故居"，其实是个很复杂的问题。

八怪在扬州的居止，大致分为三类：一是寄居在友人家，二是借住在寺庙中，三是在扬州有自己的家。

他们有许多人是寄居在别人家的。如郑燮住过汪氏文园、李氏小园。李氏小园在北门外问月桥畔，乃卖花翁汪髯所筑，后为李叟艺菊之地，板桥有《怀扬州故居》诗，即指此处。华喦长期住在扬州员果堂家的渊雅堂，他有《庚申岁客维扬果堂家……》、《辛未余年七十仍客广陵员氏之渊雅堂……》、《重过渊雅堂……》诸诗纪其事。今知渊雅堂在扬州城北，确切地址却难考实了。陈撰先后住在扬州项氏玉渊堂、程氏筱园、江氏康山

边寿民《芦雁》

草堂。筱园即小园，其址在二十四桥附近，康山草堂在今康山街。黄慎曾住过文园、李氏园、美成草堂、刻竹草堂等处。其中，李氏园在蜀冈之麓，美成草堂在广储门外，他写过《侨寓平山麓下李氏园》、

《寄居维扬美成草堂》诸诗咏其事。李鱓住在贺园，一称贺氏东园，旧址在今瘦西湖南，莲性寺东。这些寄人篱下的书画家，其实也是一群依靠他人施舍的穷酸食客。

他们有时又借住在寺庙里。例如金农住过三祝庵、西方寺，今西方寺已经辟为扬州八怪纪念馆，是惟一可以让游客去凭吊的去处。郑燮住过城北竹林寺、枝上村，枝上村即天宁寺西园下院。李葂住过天宁寺。杨法住过地藏庵。高凤翰住过董子祠、长寿庵。他们纵然学富五车、才高八斗，在盐商主持风雅的扬州城里，却也只能去与青灯黄卷为伴了。

八怪中有家园在扬州的，是汪士慎、高翔、罗聘。汪士慎原住在扬州城北一旧草堂中，后移居于僻巷，称"高寒草堂"或"青杉书屋"，但其地不能确指。高翔的家，据文献考证，当距东关街薛家巷不远。至于罗聘，祖居樊家园，后迁至弥陀巷，小有园林之胜，称为"朱草诗林"，现在已是文物保护单位。

说起来扬州八怪多至十五家，但其故居现在仍可踏访的，也不过是金农住过的西方寺和罗聘住过的弥陀巷两处而已。

至于八怪的墓，似乎高翔葬在平山堂下，罗聘葬在小胡家厂，但今天都毫无踪迹可寻了。

另外，在扬州以外的地方也有几处可供寻访，如兴化有郑板桥故居，镇江焦山有郑板桥读书处，福建宁化发现过黄慎的墓。八怪多是穷画家，生前潦倒，死后寂寞，他们的遗迹在几百年后被湮没无痕是很自然的事。

然而，八怪的价值主要在他们的书画作品里，他们的艺术追求、艺术实践和艺术成就都体现在他们的艺术作品里。只要这些作品还在，我们就能够随时探访他们，同他们的灵魂进行对话，并从他们身上汲取有益的东西。至于故居、墓地，不过是几间老屋、一抔黄土而已。

二十四桥明月夜

关于扬州学派

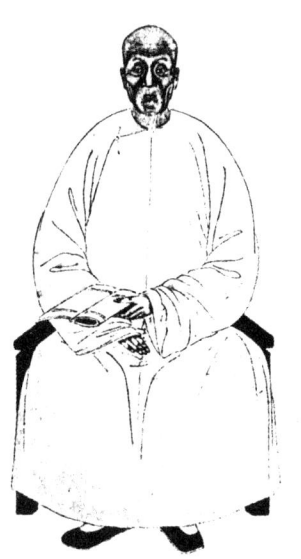

清代学者象传 第二集 焦循

连篇累牍的清装电视剧,以其胡编乱造的故事情节败坏了人们对中国最后那个封建王朝的一丝兴趣,乃至原本还很强烈的探古寻幽的欲望也变得索然无味。现在甚至一看到荧屏上出现男人的马蹄袖和女人的花盆底,就迫不及待地想关掉电视机。

阮元

楠、王念孙等等名字。然而他们确实代表了中国传统的文化人的最高标格：沉静，严谨，渊博，通达。比起当下浮躁、骚动的文化界来说，我们甚至可以认为，惟有从清代乾嘉学派那里才能找到医治浅薄和庸俗的药方。

阮元大概是古代文人中少有的文运与官运两者都亨通的人。他出身于武功世家，独以文名闻世。据说，因为他小时候身体单薄，不能胜任驰射，他的父亲才让他改习经业的。而一旦弃武从文，却成就了一代大儒。他的学问从文字源流、名物考证、刊布文献，一直做到科学史研究。他的官职也从学政、侍郎、巡抚、总督，一直做到大学士和太傅。晚清时，名士龚自珍得以见到暮年归养扬州的阮元，崇拜不已，竭力称赞阮元的文章之美可比韩愈、李白，济世之才可比房玄龄、杜如晦。细细想来，实在也并非溢美之词。

阮元字伯元，号芸台，仪征人。祖父阮玉堂，武进士，官至参将。父阮承信是学者，为阮元讲成败治乱和战阵谋略，并教射箭。阮元五岁从母学字，六岁进学，八岁能作诗。清乾隆五十四年（1789）中进士，选庶吉士，次年散馆，取一等第一名，授翰林院编修。乾隆五十六年（1791）大考翰詹，又取得一等第一。乾隆召见后曰："不意朕八旬外复得一

但是平心而论，清朝作为最后一个封建王朝，仍有值得我们追思、凭吊、眷念的地方。"康乾"象征着盛世空前，"乾嘉"意味着学术昌明，"嘉道"预示着国运衰落——稍有中国历史常识的人，不能不承认这一点。

乾嘉学派的身影已经远去。无论是"皖派"的戴震还是"吴派"的惠栋，都远远不如纪晓岚、郑板桥那样在电视上出尽风头。但也许没有多少人知道，乾嘉学派中还有个"扬派"，"扬派"中还有阮元、汪中、焦循、刘文淇、王懋竑、刘宝

人!"历任少詹事、南书房行走、詹事、行政、侍郎、经筵讲官、浙江、河南、江西巡抚、国史馆总纂。嘉庆十一年(1806)任漕运总督,二十一年(1816)任湖广总督,次年改任两广总督,后任云贵总督,晚年任体仁阁大学士。阮元为官清廉,善察民情,尽力为民解忧。湖广总督任上造闸筑堤,兴办水利。阮元知识广博,在经史、小学、天算、舆地、金石、校勘等方面均有极高造诣。任浙江学政时,修编《经籍纂诂》。阮元积极发展教育事业,在浙江创办诂经精舍,在广东创办学海堂,培养了许多人才。前人赞阮元"身经乾嘉文物鼎盛之时,主持风会数十年,海内学者奉为山斗焉"。

阮元出生在扬州西门的白瓦巷,但是这条小巷早已不知所在。如今的扬州古城毓贤街14号,保存着阮元后来的故居,以及阮家祠堂。故居建于嘉庆年间,现在见到的有大门厅、二门厅、祠堂、文选井等,但没有花园。阮元是个很通达的人。他生前曾经有人问他:"以你的身份,为什么不在扬州建一座园林呢?"阮元笑道:"扬州人叫某园,都以主人的姓氏冠于园上,如张园、李园之类;我如建园,人必称'阮园',岂非整天叫唤我的名字吗?"所以,他生前没有大兴土木,像盐商那样修建花园。他的陵墓也不算很豪华。阮元的墓在扬州北郊槐泗乡永胜村,原来有些祠堂、牌坊等建筑,后来全部遭到毁坏。现在冢前只有一些零落的石龟、石马,还有一座石刻墓表,刻着"皇清诰授光禄大夫太傅体仁阁大学士阮元文达公墓表"等文字,记载阮元生平及家族简况。夕阳之下,徘徊于此,不禁俗虑皆空。

汪中的学问,不下于阮元,但仕途坎坷,以布衣终。汪中治学的范围,包括了

汪中

汪中墓

诵,遂为通人。年二十,补诸生。乾隆四十二年(1777)拔贡生,提学使者谢墉,每试别置一榜,署名诸生前。尝曰:'余之先容甫,爵也。若以学,当北面事之。'其敬中如此。以母老竟不朝考。五十一年(1786),侍郎朱珪主江南试,谓人曰:'吾此行必得汪中为选首。'不知其不与试也。"朱珪满心想录取汪中,谁料汪中却未曾应试。

汪中字容甫,是清代哲学家、文学家、史学家,扬州江都人。少孤贫好学,三十四岁为拔贡,后即不再应举。曾助书商贩书,因遍读经史百家之书,卓然成家。能诗,工骈文,所作《哀盐船文》,为杭世骏所叹赏,因此文名大显。精于史学,曾博考先秦图书,研究古代学制兴废。所作《墨子序》,对墨学推崇备至,认为墨学在当时为显学,墨子为救世之仁人,力辩孟子辟墨为过枉。又曾作《荀卿子通论》,以为"荀卿之学出于孔氏,而尤有功于诸经",称"孔荀"而不称"孔孟",以异于宋儒"道统"说。因其为墨子、荀子翻案,在当时曾被统治者视为"名教之罪人"。所著有《广陵通典》、《述学》内外篇、《容甫先生遗诗》以及《汪中集》等。

汪中的故居,听说现在扬州南门街缸巷里有些遗迹,但并无确证。他的墓倒是确凿存在,位于扬州城北上方寺西北

经学、史学、诸子、骈文。他的脾气有些狂傲古怪,喜欢顶撞前辈,捉弄同侪。有一次,汪中同友人在船上争辩,情急之下竟然把友人推入河中。可是他做学问一点也不含糊,人称他才、学、识三者皆过人,是不错的。《清史稿·汪中传》云:"汪中,字容甫,江都人。生七岁而孤,家贫不能就外傅。母邹,授以四子书。稍长,助书贾鬻书於市,因遍读经、史、百家,过目成

的叶家桥。穿过一条漫长的郊外小路，掠过几座废弃的石雕古碑，可以在一个小小村落的西北角找到汪中的墓。墓前有砖铺小道，杂树丛生。路北正中，有粉墙黛瓦牌坊一座，上嵌"汪中墓"石额。墓冢高约丈余，前立墓碑，刻有隶书"大清儒林汪君之墓"，为清代书法家伊秉绶所题，庄重静穆。墓旁有小河一湾，古柳几株，极为幽静。小坐片刻，真可以忘却红尘。

焦循也是一个没有功名的大儒，对于经史、历算、音韵、训诂、诗词、文赋、医学、戏曲无所不通，也无所不精。他有几个动人的故事：一是为了买一部自己想要的古书，而忍痛把新嫁娘的首饰当掉；二是一心钻研学问，乃至十几年足不入城市；三是居然把戏曲这种旁门左道的东西，也当作正经学问来做。

焦循字理堂，一字里堂，是清代哲学家、数学家、戏曲理论家，扬州甘泉人。焦氏世传《易》学，他继承家学，自幼即好《易》，以颖悟称。嘉庆间举乡试，与阮元齐名。阮元督学山东、浙江，俱招往游。后应礼部试不第，十余年托足疾不入城市。筑"雕菰楼"，读书著述其中。博闻强记，于经、史、历、算、声韵、训诂之学均有研究。文学上不同俗见，重视地方戏曲，多加考索。以数理解释《周易》，更由治《易》方法通释诸经。其哲学体系即建立于数学和《易》学的基础上，认为万事万物变化，均不外"理之一"或"数之约"，"理"或"数"皆先天存在，是宇宙的根源。他不满汉学家的考据，以为"其弊也琐"。主张"通核"之学，"通核者，主以全经，贯以百氏，协其文辞，揆以道理"，即不仅"证之以实"，而且要从义理上"运之以虚"。所著有《里堂学算记》、《易章句》、《易通释》、《孟子正义》、《曲考》（佚）、《剧说》、《花部农谭》、《雕菰集》等。

焦循的老家在扬州北郊的黄珏乡。出扬州城，汽车大约走一个小时，到达一个小镇。镇上有一条简陋的乡村公路，它有个别致的名字叫做"雕菰路"，一看便知是纪念焦循的，因为焦循的书斋叫做"雕菰楼"。沿着雕菰路走不远，向西拐入小道，鸡鸣狗吠，豆角菜花，全是一派乡村风味。在一片农田当中，有墓一座，乃是新近重建的焦循之墓。焦循的故居，本来就在南边不远处，因为那里辟为水田，只好在这里建一座墓聊以让后人凭吊了。

刘文淇是扬州学派的又一位重要成员。他是因为屡试不第，才闭门著书的。在他最后一次赴金陵参加科举考试落榜之后，他万念俱灰，慨然赋诗，题作《别号舍》，其中有"名山自有千秋业，从此归来只闭关"之句。此后，他就发愤著书,并把《春秋左氏传》作为刘氏的世传家学。刘文淇的儿子刘毓崧、孙子刘寿曾,都是经学家。曾孙刘师培,更是近代史上著名的国学大师。

刘文淇字孟瞻,扬州仪征人。嘉庆己卯(1819)优贡生,候选训导。父业医,舅氏凌晓楼爱其颖悟,自课之。稍长,即精研古籍,贯串群经。于毛郑贾孔之书及宋元以来诸学说,博览冥搜,实事求是。于《左氏传》致力特勤,尝谓:"左氏之义,为杜注剥蚀已久;其稍可观览者,大抵袭取旧说。"于是辑《左传旧注疏证》一书,取各家之注,疏通证明,并一一标记。他如《说文五经异义》,所引先师古文家说,一一加以疏证。前人之书,苟有可采,咸与登列,末始下以己意,定其从违。仍复旁稽博考,详为证佐,务期左氏之大义微言,炳然著明。草创四十年,长编虽具,未及写定,遽尔遗世,惟《左传旧疏考正》八卷仅存。又据《史记秦楚之际月表》,知项羽曾都江都,核其时势,推见割据之迹,作《楚汉诸侯疆域志》三卷。据《左传》、《吴越春秋》、《水经注》诸书,知唐宋以前扬州地势南高北下,较今运河形势不同,作《扬州水道记》四卷。尚有《读书随笔》二十卷,《青溪旧屋集》十二卷,俱传世。

近年来,扬州正着手开辟东圈门古街巷游览线。从国庆路向东进入东圈门不远处,有一座南向的老宅,即是刘文淇故居——青溪旧屋,门牌是东圈门14号。旧屋有前后三进十八间,除了花园已毁外,其余大体皆存,现在还住着刘氏的后人。在破损的瓦屋、剥落的砖墙和长满藓苔的地上,你会觉得这里和不远处的闹市是两个世界。

除了住在城区的学者之外,扬州学派还有不少家在县邑的。如:

宝应王懋竑号白田,字与中,生于康熙七年(1668),卒于乾隆六年(1741),年七十四。他是康熙间进士出身,改授教官,雍正间以特荐召见授翰林院编修,不久便辞官而归。他是一位极谨严方正的人,王安国《李子年谱序》说他:"自处闺门里巷,一言一行,以至平生出处大节,举无愧于典型。"他著有《朱子年谱》四卷,附《考异》四卷。这部书经二十多年,四易稿然后著成。梁启超认为,这是王懋竑一生精力所聚,也是研究朱学惟一的好书,要知道这部书的价值,先要知道明清以来朱王两派交涉的形势。朱子和陆子是同时讲学的朋友,但他们做学问的方法根本不同。两位见面和通信时已经有不少的辩论,后来两家门生,越发闹成门户水火。争辩日烈,调停派当然发生。但调停派却并非第三者,乃出于两派之自身,一边是王派出身的孙夏峰,一边是朱派出身的陆桴亭,都是努力想把学派学说异中求同，省却无谓的门户口舌。但可恨的是，许多随声附和的人，对于朱陆两派学说内容并未尝理会过，一味跟着呐喊瞎骂，结果当然引起一般人讨厌，两派同归于尽。乾嘉以后，"汉学家"这面招牌出来，将所有宋明学一齐打倒。在这个时候，朱陆两派各有一个人将自己本派学说平心静气忠忠实实地说明真相，既不作模棱的调和，也不作意气的攻击。其人为谁？陆派方面是李穆堂，朱派方面是王懋竑。王懋竑的成绩，就在一部《朱子年谱》。《朱子年谱》尽力搜罗客观事实，把年月日调查得清清楚楚，令敌派更无强辩的余地，所以他不用说闲话争闲气，自然壁垒森严，颠扑不破。梁启超先生指出，王懋竑是在"科学的研究朱子"。朱子著作注释纂辑之书无虑数百卷，他钻在里头潜心研究几十年，没有一个字不经过一番心，甚至连字缝间也不放过，此外别派的著作，如张南轩、吕伯恭、陆梭山、陆象山、陈同甫、陈止斋等，凡和朱子有交涉的，一律忠实研究，把他们的交情关系和学术异同，都照原样介绍过来。他于《年谱》之外，又附一部《年谱考异》，凡事实有须考证的都严密鉴定一番，令读者知道他的根据何在；又附一部《朱子论学切要语》，把朱子主要学说都提挈出来。我们要知道朱子是怎样一个人，则非读这部书不可，而且读这部书也足够了。王懋竑其他的著述，还有一部《白田草堂存稿》，内中也是研究朱子的最多。他考定许多伪托朱子的书或朱子未成之书由后人续纂者，如《文公家礼》、《通鉴纲目》、《名臣言行录》及《易本义》前面的九个图和筮仪等等，都足以廓清障雾，实为朱子功臣。

宝应刘台拱、刘宝楠一家也是治学之家。刘宝楠字楚桢，号念楼。嘉庆二十四年（1819）优贡生，道光二十年（1840）进士，历任文安、元氏、三河、宝坻等县知县。刘宝楠五岁即孤，由母亲乔氏教育而成。幼从家学，受业于叔父刘台拱。早年曾在扬州、仪征教书，主讲广陵书院，与刘文淇、梅植之、汪喜孙等人交往甚密，是"扬州学派"的杰出代表。支伟成在其《清代朴学大师列传》中誉刘台拱、刘宝楠、刘恭冕为"宝应刘氏三世"。刘宝楠任知县时，关心民众疾苦，勤于听讼。著作有《论语正义》、《释谷》、《殉扬录》、《宝应图经》等二十余种。其中《论语正义》不仅弥补了宋人邢昺解《论语》的疏陋不足之处，且多所阐发，成为研究《论语》指南。《宝应图经》记载了宝应地理环境的民生利病，以及历代名人事迹等，至今仍有重要的参考价值。

高邮王念孙、王引之一家同样是治

学之家。王念孙字怀祖、号石臞,乾隆四十年(1775)进士,历任工部水司主事,至永定河道等职。王引之,念孙长子,字伯申,号曼卿,嘉庆四年(1779)进士(探花),授翰林院编修,累官工、户、吏、礼四部尚书。王氏父子的可贵之处在于他们既做官,又勤于做学问,代表作《广雅疏证》、《读书杂志》、《经义走闻》、《经传释词》,为清代训诂学最高成就,国学大师章太炎说:古韵学到了王氏,已基本上分析就绪了,后人可做的只不过是修补工作。王氏不愧为训诂学集大成者,郭沫若先生赞誉《读书杂志》说,至今尚无人能出其右者。值得一提的是,王念孙参劾奸相和珅的故事曾广为传颂。嘉庆四年(1799)正月初三,乾隆一死,王念孙冒死带头参劾和珅,在《奏折》中列举了和珅的种种罪状,证据确凿,令人叹服。正月十八日,嘉庆赐和珅自尽。王念孙由此被朝野称誉。随着高邮王氏纪念馆的建成,王念孙、王引之父子为后人所熟知。

兴化刘熙载是一位文学家、理论家。刘熙载,字伯简,号融斋,晚号寤崖子,道光二十四年(1844)进士,官至左春坊左中允、广东提学使。晚年主讲于上海龙门书院。刘熙载一生以治经学为主,特别精通声韵和算术,子、史、诗、赋、词曲、书法无不通晓。其著述甚富,有《四音定切》、《说文双声》、《说文叠韵》、《持志塾言》、《昨非集》和《艺概》等多种。刘熙载故居位于兴化市小关帝庙巷3号,现依原貌稍作移位复建,坐北朝南,南北两进。故居内陈列刘熙载石刻遗像,反映其生平业绩的漆制组画,"性静情逸"匾额,清式家具及刘氏遗物,当代名家手迹,学术研究资料等等。

清代前后的扬州学术,

高邮王氏纪念馆

除了扬州学派,还有泰州学派、太谷学派值得一提。

泰州学派是以明泰州人王艮为代表的哲学学派。王艮字汝止,号心斋,初名银,后师从著名学者王守仁,遂更名"艮"。他在继承"阳明学"的基础上,继续实践并提出自己的见解,逐渐形成当时名震四方的哲学流派——泰州学派。泰州学派主张"百姓日用即道"、"万物一体",宣扬"明哲保身"、"安身立本"。学派中代表人物还有王栋、王襞、颜钧、何心隐、徐樾等,李贽、焦竑、汤显祖、袁宏道也为王艮的再传和三传弟子。泰州学派在当时及以后数百年间有广泛的社会影响,在中国哲学史上也有一定的地位。

太谷学派是晚清一个带有宗教倾向的哲学学派。创始人周星垣字星垣,号太谷,安徽石埭人,清道光年间在扬州开宗讲学。周逝世后,由学术由衣钵弟子扬州仪征人张积中、李光炘继承。代表人物除周太谷外,还有李光炘、张积中、黄葆年、蒋文田、刘鹗等。太谷学派的学说,以儒家思想为中心,同时采用释典、道藏中的一些理论。他们提出"希贤、希圣、希天","立功、立言、立德"作为学习圣功的具体做法,要求"穷则独善其身,达则兼济天下",主张"富而后教",以养民为本,他们反对封建土地所有制,憧憬君师合一的政治制度。张积中在黄崖山建立类似村社的组织,进行君师合一,教养兼施,生产资料公有的实践。

另外,扬州学者对于古代数学的贡献尤为突出,甚至有人说过,数学史上有三分之一的学者与扬州有关。

扬州学派的治学特点,张舜徽先生做过归纳:"扬州学者治学的特点,首先在于能'创',像焦循的研究《易经》,黄承吉的研究文字,都是前无古人,自创新例。其次在于能'通',像王念孙的研究训诂,阮元的研究名物制度,汪中的辨明学术源流,都是融会贯通,确能说明问题。这都是吴、皖两派学者们所没有,而是扬州诸儒所独具的精神和风格。"扬州学派诸家都有丰富的著作行世,可是看他们的书没有平静的心情是不行的。他们现存的遗迹,包括故居与陵墓,常常被人们忘记。然而,就像熊熊烈火燃烧后留下的那点爝火一样,尽管深沉,然而不灭,而这就是希望。

在扬州,在大街的市声喧嚣、小区的麻将碰撞、舞厅的鞋声踢踏和餐馆的觥筹交错之外,也许惟有这些地方还能医俗。

包家灯

——扬州风物撷拾之一

灯是夜的眼睛。

灯是城市的精魄。

一座没有灯火的城市,只是一座死城。而一座万家灯火流光溢彩的城市,才是充满了生机、活力和神采的。

扬州的灯自古闻名。"夜市千灯照碧云,高楼红袖客纷纷。""夜桥灯火连星汉,水郭帆樯近斗牛。"唐人的名句,向我们展示了千百年前扬州灯火的辉煌与灿烂。

中国的神话故事,有若干个母题。每一个母题之下,会产生若干则同类的小神话、小故事。我相信有一个中国神话故事的母题,是一直没有引起研究者的注意,那便是"到扬州看灯"。

把"到扬州看灯"说成是个神话故事的母题,并不是耸人听闻。古代流传的这类故事实在太多。

唐人牛僧孺《玄怪录》中说,唐开元十八年(730)正月望日,玄宗问叶天师道:"今夕何处最丽?"叶天师回答:"广陵。"玄宗问:"何术以观之?"叶天师答道:"可。"话音刚落,一座虹桥凭空出现在殿前。玄宗信步而上,杨贵妃、高力士及乐官数人跟随其后,顷刻之间,便到扬州,只见陈设繁盛,灯光照灼。

明人谈迁《枣林杂俎》中说,山西沁水有术士张雷,擅长变化,行为神秘。有一年元宵节之夜,他与友人一同到扬州去观灯。天亮之前,张雷与友人便又从扬州返回了沁水。

清人袁枚《子不语》说,河间府有丁某,与狐精结为朋友。一日,丁某说:"我欲往扬州观灯,能否?"狐精回答:"能。河间至扬,离二千里,弟衣我衣,闭目同行,便至矣。"于是依法行事,凌空而起,两耳只闻风声,顷刻即到扬州。扬州有商家正演戏,丁某和狐精便在空中观看。忽然场上锣鼓声喧,关公持单刀步出,狐精大惊,丢下丁某而逃。丁某不觉坠落席上,商人以为是妖怪,绑送江都县衙门。鞠讯再三之后,将丁某解回原籍。

这类荒诞神奇的故事,都有一个简单的主题,就是"到扬州看灯"。术士也好,狐精也好,都乐于通过从千里之外携朋带友"到扬州看灯",来显示自己神通广大。

扬州的灯真的这样有魅力么?宫国苞有《扬州踏灯词》云:"灯海灯山灯世界,六龙争捧万花来!"黄承吉有《灯市行》云:"人间何处闻仙曲,一片光腾广陵烛!"事实上,直到扬州盐务衰败之后,扬州的灯依然是长明的,黄钧宰《金壶七墨》卷四"元夕观灯"条写道:

淮扬灯节最盛!鱼龙狮象禽鸟螺蛤而外,凡农家渔樵、百工技艺,各以新意象形为之,颇称精巧。盐务改票以来,商计式微,不及从前繁丽,然银花火树,人影衣香,犹见升平景象。

关于扬州花灯的品种之繁,有人曾这样回忆道:有珠子灯,系用红绿玻璃珠子连串而成,式旧而价昂;有琉璃灯,薄如玻璃,染以彩色,光可鉴人;大而圆的

包家灯

是堂灯，小而圆的是天灯；粉面小儿骑在麒麟背上的是送子灯，一瓣一瓣环绕而成的是莲花灯；做成螳螂、蜻蜓、虾蟆、叫哥哥之类形状的是秋虫灯，作成滑稽模样的有河蚌精夹渔翁灯、猪八戒背媳妇灯、老汉戏妻灯；其他的又有鸟雀灯、老虎灯、西瓜灯、龙形灯、狮子灯、兔子灯、凤凰灯、仙鹤灯等等。

西瓜灯也许是扬州特有的。它不是指用纸扎成西瓜样子的灯，而是指用西瓜皮镂刻成的灯。这在李斗《扬州画舫录》卷十一里已有记载："取西瓜皮镂刻人物、花卉、虫鱼之戏，谓之西瓜灯。"后来周生又在《扬州梦》卷三里说："食瓜毕，用小刀镂皮为灯，脱处使空，连处衔口，青白相间，错落生姿。"刘嗣绾的《西瓜灯二十韵》，形容玲珑剔透的扬州西瓜灯是"碧玉痕破甲，金瓤字排丁"，"流影莲北路，飞辉竹西亭"。西瓜灯借鉴灯彩、玉雕、木器、剪纸等工艺手法，尤其是宫灯的制作风格，使之在国内厨艺界享有声誉，作为

大红灯笼

工艺品，也是极为稀见的。

扬州的灯彩虽有盛名，知名的匠人却极少。杂览闲书，惟觉"包家灯"是幸运的例外。

"包家灯"的创始者，是明末扬州文士包壮行。

刘銮《五石瓠》中写道："扬州包壮行，手制灯。太仓顾梦麟妇，手制蔬菜。崇祯末，名于一时。"《古今笔记精华录》、《听雨闲谈》、《骨董琐记》诸书中关于"包家灯"的掌故随录，都出自《五石瓠》一书。可惜《五石瓠》对"包家灯"的记载过于简略。

不过瞿兑之所著《人物风俗制度丛谈》一书中，有"包家灯"一则，却为我们提供了难得的资料。据作者说，《梵天庐丛录》卷十二录有沈机的《包灯行》一诗，诗格并不高，然而内容却是我们想要知道的。其诗写道："君不见，隋家剪彩亡天下，如何包主事，不爱山真爱山假。移取江山入图画，作画为灯供我耍。到今遗法广流传，百巧争先供纨裤。寄语看灯人，此制创自明文臣。明文臣，八股

包家灯

生,官工部,职在组与纮,一座江山绣大明。"从诗中看得出,"包家灯"的特色是在灯彩上绘制山水风光。清代扬州八怪中的金农、杨法等人常常画灯卖钱,他们的做法应是受了"包家灯"的影响。关于"包家灯"创始者包壮行的情况,《包灯行》语焉未详,但瞿兑之却在《包灯行》后面写了一段极有意思的按语:

按:包壮行,扬州人,崇祯癸未(1643)进士,官工部主事。喜叠石为山,能剪彩作人物、宫殿、车马为灯。夜燃烛望之,俨然大痴云林墨妙也!世传其法,名其灯曰"包家灯"。此诗殊陋,然赖此传一哲匠,亦见明人喜留心于小技艺也。

有意思的是 "明人喜留心于小技艺"一句。记得《陶庵梦忆》中说过,吴中绝技,有陆子冈的治玉、鲍天成的治犀、周柱的治嵌镶、赵良璧的治梳、朱碧山的治金银、马勋荷叶李的治扇、张寄修的治琴、范昆白的治三弦子等。包壮行的治灯,也应与上述诸人并列。崇祯年间,大明江山已岌岌可危,南方的扬州、苏州一带竟还

扬州不夜城

产生了这么多本该在太平盛世才能出现的奇技绝艺,真令人难以相信。《包灯行》里形容包壮行的彩绘花灯是"一座江山绣大明",我怎么读也觉得这是有意无意的嘲讽。大明江山的丢失,也许与明人喜欢小技艺有关吧?

王应奎在《柳南续笔》卷一里说,通州也有"包灯":"通州有所谓'包灯'者,相传包释修孝廉时为友人作灯,未竟,公车促之,不赴,俟作毕始行。此'包灯'所自始。"不知道这与扬州的"包家灯"有无关系,也不知道包释修与包壮行是否一人?陈从周先生以为是一回事,见《梓室馀墨·包壮行善叠石》。

"包家灯"的原始资料非常之少,但它在后世的名声却经久不衰。我们从清人的诗词中,经常看到"包家灯"的踪影。

例如费轩《扬州梦香词》云:"扬州好,河下教场些。盐客填门徽客店,包灯市里水仙花。不借不能赊。""包家灯"和盐商卖的盐一样,是不能赊欠、借用的。

厉鹗《冬日马秋玉、佩兮招同葭白、被江、寿门、廉风、西颢、江皋集小玲珑山馆限韵,时予与西颢、江皋将还武林》云:"乡思酒边怀越酒,旧闻灯下话包灯。""包家灯"和越地的土酒一样,都是代表了一方水土的物产。

王锦云《调寄望江南·扬州忆》云:"扬州忆,奇货价宜增。从事青州沽戴酒,平分明月点包灯。能不趁时兴!""包家灯"和当时的戴家酒一样,属于一种时髦的消费品。

王翼凤《辛卯正月戏咏扬州土俗四首》之三为《包灯人》,有注云:"扬州灯市,辕门桥极盛,缕彩为人,穷神尽态。明季有包壮行者,善制灯,故至今犹称'包灯'。""包家灯"有制成人形而极为逼真的,难怪在"包灯"的称呼之外,又有"包灯人"的名目。

扬州的制灯名匠,一定不止包壮行一人。据孔尚任《钮灯行》,清初扬州又有所谓"钮灯":"此灯制出钮元卿,丝丝琉璃织屏幔。人马禽鱼百花丛,间以锦文分十段。""家家仿样娱时人,谁知钮氏年年换。好奇偏是广陵商,新胜街头仰面赞!"钮元卿其人的具体情况,便不得而知了。扬州商人虽然喜欢买"钮灯",又有几人像孔尚任这样写《钮灯行》呢?

制灯虽是小技艺,也仍是可传的。清人在留心小技艺方面不如明人,但大清江山仍没保得住。也许"大江山"与"小技艺"没有什么关系。

女儿红

——扬州风物摭拾之二

故乡是一个临河的小镇，距离扬州城不会超过百里，可有些事物就不很相同。比如黄瓜，故乡所见的是粗壮而坚，扬州所见的却是细小而嫩，也许是品种与水土不同的缘故。再比如萝卜这种最寻常的菜蔬，故乡人也种萝卜，吃萝卜，但种的吃的是拳头般大小的红萝卜、白萝卜。

橘子賣
得真便宜
孩童
肴見笑
嬉嬉
要婆婆
買幾隻回
家騙騙
小弟弟
乙未
光編
時在
印

扬州水乡

故乡的萝卜可以劈成片子烧,切成丝子拌,削成块子腌。当然也可以生吃。若在水里洗一洗,剥了皮,再用力咬它一大口,那又辣又甜又有咬嚼的滋味,是实在不错的。中学毕业后,在南京读书和工作了十五六年。南京,正如人们都知道的,最出名的是板鸭与萝卜。板鸭除了节日以外并不常吃,萝卜却是一般人的家常便饭。南京的萝卜主要是个头大,粗而且长,皮则有青的,有紫的。南京的萝卜比故乡的萝卜更厚重,更结实。一个五六口之家,一顿饭有三四个萝卜当菜就足够了。

说实话,无论是故乡的红萝卜、白萝卜,还是南京的青萝卜、紫萝卜,在我都不过果腹解渴而已,它们不会使人联想到诗。萝卜而使人感觉到诗意之美的,在扬州。

扬州的街头巷尾,从前一年四季都有农民挑着担子卖菜。其中少不了萝卜,而萝卜的品种又特别的多。清人王广业《海陵竹枝词》云:"杨花萝卜卖筐中,闷住春心不放空。到手莫夸包劈好,试看颜色女儿红。"这是说的扬州府属邑泰州的情形。据诗人在注中说:

萝卜出泰州南乡一带,四时不绝,色有红、白、紫三样。卖者大呼"杨花萝卜",取其脆也。冬月麻萝卜,至春则必空,买卖必曰"包劈"。"女儿红",亦萝卜名,取其红而娇也。

在早春时节,在扬州农民肩担的菜筐里,在碧绿的韭菜、茼蒿和豌豆头中间,往往有一把一把捆扎着的东西。那是一种像樱桃或葡萄一般圆圆的润润的东西,大如乳头,颜色鲜红,娇艳得可爱。每一粒上面都留着一指长的青青的茎,以便将它们十个二十个扎成一束。它不论斤论两的卖,却是论把卖。这就是扬州特产的一种精致的萝卜——女儿红。

女儿红,多么艳丽的名字!这个名字里应该包含着娇嫩、小巧、玲珑、纯洁、甜美、可爱等等意思。我想这一定是哪位诗人想出的名字,就像诗人朱自清先生把梅雨潭的水命名为"女儿绿"一样。

女儿红虽是一种萝卜,但似乎不能当正菜,而只是供人们尝鲜的。韦柏森《秦邮竹枝词》云:"女儿红是新萝卜,并有樱桃四月初。底事市儿声价重,刀鱼卖过卖鲥鱼。"他是把女儿红同樱桃、刀鱼、鲥鱼一样看成时令鲜品的。女儿红的味道虽说没有樱桃那么甜,汁液却不比荔枝少。无论是小孩,还是大人,扬州人大概没有不喜欢它的。买一把女儿红来,在水里濯一濯,然后欣赏它的娇红与圆润,这是一种享受。你看着它,会想到晶莹的红宝石,但女儿红却没有宝石那样的富贵气。你又会想到相思豆,甚至会把"红豆生南国,春来发几枝"的诗句轻轻吟出声来。欣赏之后,你可以吃它了。这时候的佳妙之处,你切不可掉以轻心。将一粒女儿红从茎上摘下,在清水里洗净,然后细心地削去那红艳艳的薄皮,便露出又白又嫩的肉来。这时你把它放入口中,再慢慢咬下去,那种清爽、鲜美的感觉是没法说的。也有人家把女儿红当小菜吃,因为它太小,

旧日扬州码头

不需要用刀切，只要用刀背将它整个儿拍破，加上糖、醋、酱油、麻油凉拌，也就是一碟爽脆可口的菜了。我儿次想这样做，可是每当看到它那娇小的模样，嫩红的颜色，也就不大忍心将刀拍下去。

女儿红恐怕别地也有吧？但只有扬州人才这么叫它。所以清人孙枟在《馀墨偶谈节录》中说：

扬州土人，谓萝卜红而小者为"女儿红"。自初冬卖至晚春，其色娇艳可爱。

在南京，也有一种较小的红萝卜，人们管它叫"杨花萝卜"。据出生在南京的叶灵凤先生在《杨花萝卜及其他》中说，它们所以称为"杨花萝卜"，大约因为是在杨花季节上市的缘故。有人作了考证，说女儿红与杨花萝卜并非一种东西：女儿红小而圆，杨花萝卜长而扁；女儿红色泽娇艳，杨花萝卜颜色较浅；女儿红上市在早春，杨花萝卜上市要等到初夏。晚清的词人况周仪先生把杨花萝卜当成女儿红写入他的《选巷丛谈》，那是搞错了。同样的错误又见于徐珂《清稗类钞》中，这部书的植物类里有一条是"杨花萝卜"，写道：

杨花萝卜以杨花开时出，故名。妍红奇目，一名"女儿红"，若半寸许之火齐，香澹味清，邗上园蔬隽品也。亦有色白者。

作者把女儿红比喻为"火齐"，"火齐"是一种古代传说中的玫瑰珠石，鲜润而名贵。把女儿红比作火齐，确是妙喻。可惜作者把女儿红与杨花萝卜混做了一谈，"邗上园蔬隽品"中是只能有女儿红，而不会有杨花萝卜的。

女儿红的可爱，不仅仅在于模样的娇小、颜色的艳丽和味道的鲜美。我无端地觉得，它种植起来大约也是不需要怎样精心的照料的。少年时代在故乡，祖母常在家前屋后种些青菜、苋菜、蚕豆、毛豆，好像除了浇水和除草之外，便不用怎样的管理。施肥或间苗，都是很多余的。容易栽种的东西，大抵价钱也便宜。女儿红既是成把成把地卖，价钱自然不像樱桃、荔枝那么贵，栽种起来自然是极容易的。清代扬州人阮充在《渌湖竹枝词》里咏道："桔槔镇日活流通，伛偻耙推计亦穷。如雨汗珠求解渴，洋糖瑑与女儿红。"（原注：洋糖瑑，香瓜名；女儿红，萝卜名。）对于那些整天辛劳着汲水耙田的农人来说，女儿红是他们解渴的妙品。农民在田头大嚼女儿红，同贵妃在深宫品尝鲜荔枝，可是两道不同的风景。

历来的文人以萝卜入诗的不多，但扬州的女儿红是个例外。康熙间诗人费执御有《扬州梦香词》咏道：

扬州好，恰好仲春中。
软脆蜒蟪西子舌，丁香萝卜女儿红。
回忆总惺忪。

在诗人笔下，女儿红同西子舌（一种海鲜）一样代表着春天的美味。任何时候想起来，都有一种教人朦胧惺忪的醉意。

另一位乾隆年间的诗人王锦云，又在《扬州忆·调寄望江南》中咏道：

扬州忆，堤柳路西东。
辇路断供螺子黛，菜畦新卖女儿红。
风絮满晴空。

螺子黛是画眉的墨，相传出自波斯，每颗价值十金。以闺中之宝螺子黛与畦头之蔬女儿红并举，也可见诗人对于女儿红的看重。

晚清时，惺庵居士亦有《望江南百调》咏道：

扬州好，点缀首盘中。
北郭芸苔哥子绿，东乡萝卜女儿红。
莫笑老冬烘。

哥子绿芸苔（即油菜），以扬州城北产的最佳，其色青翠欲滴。女儿红萝卜，则以扬州东郊产的最好，其色宛如胭脂。难怪诗人调侃说，即使是头脑冬烘的老先生，见了这两样尤物也会春心荡漾。

关于女儿红的诗，写得最出名的是浙江人韩日华。韩日华是道光间人，有《扬州画舫词》详纪扬州风物。其中一首咏道：

烟消日出四桥东，柳意将舒水渐融。
一种柔情人不觉，春心浓透女儿红！

扬州的春风春水，春情春意，似乎最终都浓缩在女儿红的心里。"一种柔情人不觉，春心浓透女儿红"，这两句诗写得真是美极了。诵此二句，或许可以忘记世间百味！浙江地方也是有"女儿红"的，那是一种酒，通称"女儿酒"。据说绍兴旧俗，生女后即酿酒埋藏起来，待到女儿出嫁时方取出宴客。酒呈红色，故亦称"女儿红"。诗人来自浙江，未见他写诗讴歌绍兴女儿红，只见他结句赞美扬州女儿红，当是由于后者所包含的"春心"更浓吧？

扬州女儿红如此受到诗人的青睐，除了它的体型、色泽和味道等等缘故之外，大概还和它的生长期恰与春天这个迷人的季节同步密切相关。

确实，女儿红是最先领略春天的讯息的。它以早春上市时颜色最鲜，滋味最美。春光一去，它的红颜也就老了。所以费执御《扬州梦香词》中说："女儿红莱菔，颜色娇嫩可爱，春中争先入市，大如乳头；渐大如荠，不堪食矣。"陈宁余《题樱桃、笋、女儿红》也咏道："记得扬州四月天，朱樱紫笋及时鲜。女儿红到枇杷大，论把街头不值钱！"因此，要品尝女儿红，一定得注意季节。

女儿红先春而来，与春俱去，仿佛是春天的小使者。它奉献给人的是自己全部的色、香、味，而要求于人的只是及时地体现它本身的价值——这给予人的启示，又岂只是一种萝卜而已！

黄鱼脚

——扬州风物撷拾之三

鱼在中国古代文化里，曾经象征男欢女爱。这种古老的文化意象，想不到直至近代还存在于扬州。扬州人称天足女子为「黄鱼脚」，这从文化学、民俗学上来看不但有趣味，也有意义。

把女子比喻为鱼,可以追溯到《诗经》。但用鱼专门比喻女子的脚,历史并不长。这是裹足风俗流行以后才产生的现象。明人张四维在《双烈记》第三出里,写一个丑陋的妓女,自称"鯿鱼脚两只尺二,水蛇腰一丈有二,黄头发梳不出高髻云鬟,怪物脸那些个如花似玉"。用鯿鱼形容脚,显然是自嘲脚大。清末李涵秋在《广陵潮》第十一回里,写一个大脚的女孩,人们讥笑她"裹起脚来,闹得惊天动地,将来这一双大团鱼,怎生走得到人面前去"?团鱼即鳖,把脚说成团鱼,也是讥讽脚大。

在崇尚裹足的封建时代,小脚被认为美,大脚被认为丑。鯿鱼、团鱼,都是用来嘲笑大脚女子的。但扬州人更喜欢用黄鱼来比喻女子的大脚。《广陵潮》第八回开头写一个年轻的女佣,"有一天走路的时候,被一个冒失鬼狠狠的在她黄鱼脚上踹了一下",疼得她破口大骂。这"黄鱼脚"就是扬州人专门用来比喻未曾裹脚的天足女子的。

在一本名为《缠足史》的书里,把"黄鱼脚"误解为小脚的一种,说扬州的小脚不以短小取胜,而以瘦窄见长,足尖微翘,形状俏俐,长约五六寸,有肥、软、秀三贵,这种小脚就称为"黄鱼脚"。这其实是没有根据的。事实恰好相反:在扬州,"黄鱼脚"是指女人的大脚,而不是小脚。

扬州女人的小脚,在历史上也是出名的。几百年来,民间一直流传着一句谚语,叫"苏州头,扬州脚"。大意是说,苏州女子最爱打扮头,扬州女子最爱装饰脚。苏、扬两地的女性分别以头、脚闻名。

在"苏州头,扬州脚"的基础上,各地的说法又有所发展变化。如上海人说:"扬州头,苏州脚,松江娘娘会装着。"河南人说:"苏州头,扬州脚,洛阳女人好胳膊。"四川人说:"中有良家最上流,苏州脚与扬州头。"浙江人则说:"苏州头,扬州脚,杭州好穿着,绍兴出嫖客。"尽管清人评花御史在《金园杂纂》中对"苏州头,扬州脚"这一俗谚的批评是"不足信"三字,但这一俗谚的广泛流传本身,就是值得探究的文化现象。

对于"苏州头,扬州脚"这句古谚其实不必作过于拘泥的理解。这里运用的是所谓"互文"的修辞手法。换句话说,苏州人从头到脚,扬州人从脚到头,都修饰得非常地考究、漂亮。全国有那么多的城市,单单列举苏州和扬州,是和这两个城市的经济、历史、文化、风俗等等方面的特殊性质有密切关系的。苏州和扬州都有着发达的商业经济与深厚的文化传统,两地的秦楼楚馆一向著名,甚至被朱自清先生称为江南江北的两座"女人城"。因而苏、扬女子的妆饰、服装,在中国文化史上始终占据着突出的地位。"苏州头,扬州脚"主要是指两地女性的服饰打扮。明人王彦泓《买妾词》有云:"如今不作扬州纂,苏意新梳燕尾长",钱钟书《管锥编》认为这就是"称'苏州头,扬州脚'之梳装"。

不过,从狭义的角度来说,扬州女性的小脚在明清时期也确实相当有名气。《金瓶梅词话》中的扬州少女楚云,书中特别指出她"两只脚儿,恰刚三寸"。《扬州画舫录》中的扬州妓女小兴化,作者对她的形容是"足小不及三寸,望之亭亭,疑在云中"。从中也可以看到明清社会对于女子小脚的病态、畸形的偏嗜。

关于扬州小脚的名气,清人佘知趣在《缠脚图说》中写道:"江南全地,惟江北则著名小脚。"有一首很流行的《三十六码头》小调唱道:"八月桂花阵阵香,扬州小脚美姣娘。"在这些字句后面,我们看到的是历史上扬州女性在精神与肉体两方面被无情摧残和任意玩弄的景象。

然而在一个以男性为中心的社会中,被摧残和玩弄的不仅是小脚女人,同样有大脚女人。陈灨一的《睇向斋秘录》里有一则"高宗轶事",讲了一个并不好笑的"笑话"。据说有一次乾隆帝南巡到扬州,对身边侍者说:"朕听说二十四桥的黄鱼与粽子甲于天下,你们出外时见过吗?"侍者回答说:"扬州满街都是。"乾隆听了微微一笑。第二天,御膳房以红烧黄鱼、火腿粽子进奉。乾隆帝尝了尝,味道甚美,但想到身边侍者们其实误解了他的意思,又忍俊不禁了。原来,"盖所谓'黄鱼'与'粽子'者,乃妇人之天足与缠足也"。

近人徐珂在《天足考略》中说:"江

清代女子装束

都西北乡皆天足,名'黄鱼'。"江都即扬州。早在道光年间,邗上蒙人在《风月梦》第五回中就写道:

  陆大哥,你不晓得我们扬州的俗语,但凡大脚妇人,总称之曰"鲩鱼";像这样妖娆俊俏的,又称之曰"钓鲜"。

"鲩鱼"即"黄鱼"。"黄鱼"是指没有裹束过的天足,所以醉月亭主在光绪年间发表的《维扬竹枝词》中说:"别号黄鱼健步雄。"如果"黄鱼"是小脚,作者就不会用"健步雄"来描写那些被称为"女班子"的大脚妓女了。

在《夜雨秋灯录》卷七里,那个出生于扬州乡间的"半截美人宋氏",因为有一双天足,所以被称为"黄鱼"、"门槛里"、"大脚仙"。又由于宋氏的"艳冶",才使得她的"缠头之锦,竟多于缠足者"。这足以说明,"黄鱼"是指从不缠足的女子。

在《海市人妖》第十七回里,胡其固想到扬州去"看看吹箫的玉人"。傅宪理却对他说:"二十四桥的玉人能够卖钱的,早到外面来跑码头……,至于留守大本营的,尽是些老弱残兵:五斤半的蚌,六斤半的蟹,十三斤半的黄鱼……"这里的"黄鱼"也是指大脚妓女。

大脚女子通常来自农村,她们进城后的谋生途径,大抵非佣即妓,或者名佣实妓。芬利它行者的《竹西花事小录》是一部记录晚清时扬州风月的书,其中有一节专谈扬州的所谓"黄鱼":

  此间有名"黄鱼"者,大率村墅女郎,饰貌修容,侨居城市,茆帘竹舍,作夜度娘。亦间有姝丽,可悦时目,惟莲船盈尺,湘裙徐启,满床蹒跚,不免令人索然乏味。闻此种率工房中纵送术,是以嗜痂者甘之如饴。斯亦冶游之外篇,风雅之变境也。

文中"莲船盈尺",是言其脚大。"冶游之外篇,风雅之变境",就是说这些村墅女郎并非正宗的青楼人物,而是属于"娼妓别派"。

扬州人以"黄鱼"称呼大脚女子,是因为扬州人有爱吃黄鱼的习惯。每年端午节,处处卖黄鱼,家家吃黄鱼。扬州人家在端午这天,要吃"十二红",即十二种红色的菜。其中有炒虾子、烧苋菜等等,最主要的是红烧黄鱼。倪澄瀛《再续扬州竹枝词劫余稿》:"收拾惊魂过端午,满坑满谷卖黄鱼。"惺庵居士《望江南百调》:"到处艾绒悬绣虎,大家蒜瓣煮黄鱼。"都是写的扬州风俗。附近各县也是如此。如惕斋主人《真州竹枝词》写仪征的端午:"归来低与细君言,新到黄鱼市口喧。"陈炳昌《港口竹枝词》写泰县的端午:"紫苋黄鱼佐酒浆,钟馗跳舞闹端阳。"可见黄鱼是扬州人熟见之物。

至于为什么要用黄鱼来形容天足,

则是由于两者的形似。形似天足的也许还有别的鱼，但黄鱼不但形似，而且体大。纪晓岚《乌鲁木齐杂诗》云："凯渡河鱼八尺长，分明风味似鲟鳇。"用黄鱼来形容天足，是极言脚之大。

扬州的风流人物一面嘲讽女子的大脚，一面又欣赏天足的女子。清代扬州的莲溪和尚，虽已经削发为僧，但饮酒渔色，无所不为。有一次他和道员、盐商宴饮，大家约定以能自嘲为胜，结果他就杜撰了一个高僧与"大足妓"的故事。近代扬州的名士方地山，号称"联圣"，但仕途并不顺利。他在北京时，纳一大脚女子为妾，书一联自嘲云："四品闲官，无地皮可挖；三间破屋，以天足自娱。"

在扬州流传着不少关于"大脚"与"黄鱼"的歌谣。

有一首《扬州歌》唱道："丈夫嫌我的脚儿大，我也不怨我的妈妈。从小儿未曾裹脚我就先害怕，到如今一双倒比两只大。去年一尺，今年两扎，遭瘟的丈夫的鞋儿我也穿不下。臊死人，丈夫鞋儿穿不下！"这首歌原载《霓裳续谱》。歌词以明白诙谐的语言，反映了裹足陋俗给女性带来的痛苦。

有一首桃潭旧主写的《扬州竹枝词》咏道："烟灯半是女烟奴，赤岸湖边出水初。明吸洋烟暗偷嘴，青蚨三百唼黄鱼。"这首诗写扬州鸦片烟馆中的污浊情形。烟馆里的侍女，都来自扬州郊外的赤岸湖边。烟民们明里是来吸烟，暗中却与侍女们调情。

还有一首臧谷写的《续扬州竹枝词》说道："六寸花鞋尺布缠，黄鱼入市却新鲜。写来一幅娇羞态，绝妙传神燕子笺。"臧谷是扬州人，同治四年（1865）进士，官翰林院庶吉士。《燕子笺》是明末阮大胡子所作传奇，剧中写唐代士人霍都梁将自己与名妓华行云绘成一图。臧谷看到"黄鱼入市"即村姑进城，也许就把自己想像成唐代士人，把村姑想像成长安名妓了吧！

黄鱼，粽子，也亏得男人们想得出这样刁钻古怪的名字。男人们自以为可以主宰世界，吃遍天下，女人自然是他们首先垂涎的口中之食。尽管"黄鱼"、"粽子"之说从民俗学的角度看，不无扬州男人的几分幽默、几分诙谐，但从文化学的角度看也许并不如此简单。掀开民俗的盖头，我们看到的是一场没有硝烟的性别大战——一方要吃掉另一方，而被吃的一方常常意识不到自己的危险处境。

但是，当男人把女人当成"鱼"来享用的时候，他们也把自己降格成"食人生番"了。

二十四桥明月夜

狮子头

——扬州风物撷拾之四

扬州人的生活，简可简到尽头，繁可繁到极致。拿吃来说，最简单不过的是稀粥就咸菜。从前大多数普通扬州人家，主要的食谱就是这个。但有钱人家，比如扬州盐商，那自然就考究了。在《调鼎集》《随园食单》和《扬州画舫录》等书中都记录有扬州盐商家的食谱，而尤以一百多种肴馔供于一席的『满汉席』最令人咋舌。

蟹黄狮子头

在简和繁之间另有一道菜,却是贫富不分、雅俗共赏,并且公认为代表了扬州人的口味与手艺的,那就是"狮子头"。

狮子头实乃一种大肉丸,扬州人俗称为"斩肉",斩读若簪。再贫寒的扬州人家,过年过节时都要做些斩肉,斩肉下面衬些青菜、菠菜、豌豆头之类。在我的印象中,吃斩肉似乎总是与过年联系在一起。而在过年的菜中,如果少了斩肉,便觉有些欠缺。后来读盛成先生的《我的母亲》,在第七章《瀛台梦》中,见盛母说过这样的话:"我还想将那盘狮子头做好了。那么年菜,就做完了。"盛成先生是扬州府仪征县人,仪征的风俗同扬州的风俗是一样的。

狮子头之所以可以作为扬州菜的代表,有几种理由。第一是因为它具有广泛的民众性,大小人家都视它为佳肴。第二

是因为它历史很久,清人在书中明确地记载过它。第三是因为它工艺讲究而口味浓郁,非寻常菜肴可比。易君左在《闲话扬州》里就说:"扬州的菜在中国成了一派,所谓'扬州馆子'。扬州口味一个'浓'字可以代表。最有名的自然是'狮子头'(大肉圆子)。"

关于狮子头的历史,有人把它追溯到宋代,但根据不足。比较可靠的根据是清人的记述。例如童岳荐《调鼎集》卷一云:"大肉圆:取肋条肉,去皮,切细长条,粗剁,加豆粉少许作料,用手松捺,不可搓,或油炸,或蒸,衬用嫩青(菜)。"又,林苏门《邗江三百吟》卷九云:"葵花肉丸:以肉细切、粗斩为丸,用荤素油煎成,如葵黄色,俗云葵花肉丸。"现在扬州民间仍称狮子头为"葵花斩肉"。

狮子头的做法,表面上看不过是将猪肉切碎,做成丸状而已,实则工艺十分

蟹粉狮子头

复杂。手艺的高下,使做出来的狮子头的口味,有天壤之别。我经常听扬州人互相交流做狮子头的方法,起初觉得很是无聊,现在才知道其中学问甚深。西餐的做法,千人可以一味。而中餐的做法,千人必有千味。所以,很多中国书不厌其详地谈吃,不独是美食家而已。

徐珂《清稗类钞·饮食类·狮子头》有云:"狮子头者,以形似而得名,猪肉圆也。猪肉肥瘦各半,细切粗斩,乃和以蛋白,使易凝固,或加虾仁、蟹粉。以黄沙罐一,底置黄芽菜或竹笋,略和以水及盐,以肉作极大之圆,置其上。上覆菜叶,以罐盖盖之,乃入铁锅,撒盐少许,以防锅裂,然后以文火干烧。每烧数柴把一停,约越五分时更烧之,候熟取出。"这里的介绍已较《调鼎集》、《邗江三百吟》更为详细。

但梁实秋先生在《雅舍谈吃·狮子头》中谈得还要详尽。梁先生说,狮子头既是扬州名菜,那么北方的四喜丸子做法"不及扬州狮子头远甚"。一位扬州人曾教给梁先生做狮子头的方法。梁先生在文中感叹了"狮子头人人会作,巧妙各有不同"之后,写道:"首先取材要精。细嫩猪肉一大块,七分瘦三分肥,不可有些须筋络纠结于其间。切割之际最要注意,不可切得七歪八斜,亦不可剁成碎泥,其秘诀是'多切少斩'。挨着刀切成

扬州八怪之一边寿民所绘鲜藕

碎丁,越碎越好,然后略为斩剁。""次一步骤也很重要。肉里不羼芡粉,容易碎散;加了芡粉,黏糊糊的不是味道。所以调好芡粉要抹在两个手掌上,然后捏搓肉末成四个丸子,这样丸子外表便自然糊上了一层芡粉,而里面没有。把丸子微微按扁,下油锅炸,以丸子表面紧绷微黄为度。""再下一步是蒸。碗里先放一层转刀块冬笋垫底,再不然就横切黄芽菜作墩形数个也好。把炸过的丸子轻轻放在碗里,大火蒸一个钟头以上。揭开锅盖一看,浮着满碗的油,用大匙把油撇去,或用大吸管吸去,使碗里不见一滴油。""这样的狮子头,不能用筷子夹,要用羹匙舀,其嫩有如豆腐。肉里要加葱汁、姜汁、盐。愿意加海参、虾仁、荸荠、香蕈,各随其便,不过也要切碎。"梁先生的描写,可谓绘声绘色。据他说,"狮子头是雅舍食谱中重要的一色",可见其钟爱

之深。

老子说过,"治大国若烹小鲜"。也许狮子头的制作过程中,也蕴含着其他的哲理和乐趣吧?

《胡适之先生晚年谈话录》记载,有一天中午的饭桌上,有一盘狮子头的菜。胡先生因而说:"'食不厌精,脍不厌细'这两句话是圣人最近人情的话,全世界二千多年的哲人中,没有第二人说过这些话。孔夫子的'不撤姜食',是要用姜来减腥气的。又说'割不正不食';如果今天碰到这盘'狮子头',不晓得孔夫子怎样?孔子是很讲究吃的,这是圣人最近人情的地方。"胡适因为饭桌上有狮子头,便想到孔子,发了这样一通议论,这是很出人意料的。

《吕凤子传》记载,为了款待客人,吕先生准备了好几样菜,"中间放着一只大砂锅:红烧狮子头,碧绿的豌豆苗衬底"。对于其他菜,吕先生都觉得无需介绍,惟有狮子头是个例外:"这是扬州大师傅做的,扬州狮子头是我们这里的拿手好菜。"吕凤子是丹阳人,但他最推崇的菜是扬州狮子头,并知道狮子头和拆烩鲢鱼头、红扒整猪头合称"扬州三头"。

扬州狮子头不仅在一江之隔的丹阳出名,在商业发达的地方都大行其道。北京、南京、上海、香港,凡像样的菜馆里,都不会没有扬州狮子头。

曹聚仁先生在《上海春秋》中说,上海原先的静安寺路、戈登路转角处(今南京西路江宁路口),曾有一家扬州馆子,叫"梅龙镇",那里的点心很出名。"煮干丝,又细又嫩,加上松毛似的姜丝,麻油一拌,加上酱油,鲜爽可口。此品扬州最好,镇江、南京都不错。""扬州菜,以肴肉、狮子头著称。肴肉肥而不腻,狮子头嫩而不烂,最合大中小胖子胃口。"曹聚仁虽是浙江人,他最欣赏的却是扬州菜里的狮子头。

叶灵凤先生的小品集《能不忆江南》中,有一篇《狮子头和镇江肴肉》,把狮子头说成是"扬镇名菜"。他说,国内曾把烟鲳鱼、五香猪排、狮子头、肴肉等速冻熟食运到香港,大受港人欢迎。"'狮子头'是扬镇名菜,即广东人所说的猪肉饼。""这种'狮子头'的调味,完全是扬州菜镇江菜的调味,肉也选得极精,买回来自己加工,加一些白菜或是腐竹,将它煮得透透的,又松又软,那滋味可以向这里任何一家外江菜馆所售的'狮子头'挑战。""当然,真正的扬州'狮子头',每一个都要做得有小饭碗那么大的。可是作为货品,每一个都做得那么大,未免不合销路。将它改小了,这是合理的。"叶灵凤是南京人,他在香港也对扬州狮子头赞不绝口。

狮子头

狮子头是扬州人招待客人吃饭时必备的菜。宴客而没有狮子头,主客都会觉得没有尽到礼数。而桌上一旦有了狮子头,即使其他的菜少几样,大家也仍然觉得隆重和热情。曾见谢国桢先生在《扬州纪游》中写道:"这时已到黄昏时候,主人替我们点了一盏煤油灯,摆上四样菜和一碗鸡汤来,无非是红烧狮子头,一些扬州的名菜。我们一面喝着酒,一面谈着天,一直到街传更鼓,四壁寂然,连街上行人的足步都可以听得见,这和上海的红尘十丈,车走雷声,真大不同了。"狮子头的浓香,和扬州人的热情,是令人回味的。

也许可以夸张一些说,凡是有扬州人的地方,就会把做狮子头的手艺带去。哪怕是在战乱的时候,哪怕是在偏僻的远方,也是如此。汪曾祺先生在《落魄》中写到一个在抗战时流落到昆明去的扬州人,他在那里开了个饭馆。"这饭馆常备的只有几个菜:过油肉、炒假螃蟹、鸡丝雪里蕻,却都精致有特点。有时跟他商量商量,还可请他表演几个道地扬州菜:狮子头、煮干丝、芙蓉鲫鱼……他不惜工本,做得非常到家。"这个扬州人并不是厨师出身,也能做出道地的扬州狮子头。可见狮子头就像是一种习惯性的动作、说惯了的方言一样,是并不用特意去学习,便为扬州人所固有的。

狮子头的原料,不过是常见的猪肉。只是因为加工方法的复杂、细致、讲究,才使得普通的猪肉变成了一道美味佳肴。猪肉变成狮子头以后,营养成分并没有改变。但扬州人为了口腹之欲,不惜在其间耗费无数心思和人力,从而创造出了一种国人无不叫好的美食。狮子头的寻常材料、非常手艺、异常滋味,不啻为扬州文化精神的一种完美体现。

由此联想到扬州文化的种种方面,其所需的物质材料其实也都平常,只不过是倾注了大量的巧思和人工罢了,而结果便与众不同。扬州文化的秘诀,大概就在于此吧!

二十四桥明月夜

周制

扬州的工艺美术，一向出名。唐代扬州制作的铜镜和毡帽，是畅销于长安与全国的。到明清时，扬州的制漆、琢玉、剪纸、仿花等等工艺门类更加兴盛，在工艺界享有崇高的声誉。

中国是一个工艺美术发达的国度，扬州尤其是一个工艺美术重镇。但同工艺美术的高度发达形成强烈对比的，却是传统意识对于工艺匠人的轻视。当我们在博物馆的陈列柜前面对那些精美绝伦的工艺品叹为观止时，我们对制作它们的匠人却知之甚少。也许传世的绝大多数工艺品——木器、石器、铜器、漆器、玉器、牙雕、骨雕、角雕、根雕、竹雕、刺绣、陶瓷、书画、笔砚等——我们根本就不知道它们的制作者是谁。时大彬制壶，胡开文制墨，上海的顾绣，扬州的周制，是中国工艺史上留下工匠姓名的少数几个例子。

"周制"是一位姓周的制漆艺人创造的特殊漆艺，又称"百宝嵌"。这种工艺方法，是将金、银、宝石、真珠等各种名贵材料，按其质地与色泽，镶嵌于漆器之上，从而使漆器具有一种流光溢彩、富丽堂皇的风格。明清时代，人们的审美观点迥异于两汉的拙重、六朝的飘扬、唐的圆深、宋的幽远，而渐趋于纤细、繁缛、俗艳、华丽。"周制"可谓这种审美趣味的代表。

关于"周制"的具体内容，清人钱泳在《履园丛话》卷十二"周制"条里说得最为详备：

周制之法，惟扬州有之。明末有周姓者始创此法，故名"周制"。其法以金、银、宝石、真珠、珊瑚、碧玉、翡翠、水晶、玛瑙、玳瑁、砗磲、青金、绿松、螺钿、象牙、蜜蜡、沉香为之，雕成山水、人物、树木、楼台、花卉、翎毛，嵌于檀梨漆器之上。大而屏风、桌椅、窗槅、书架，小则笔床、茶具、砚匣、书匣，五色陆离，难以形容，真古来未有之奇玩也。乾隆中，有王国琛、卢映之辈，精于此技。今映之孙葵生亦能之。

由此可知，"周制"的工艺创始于明末的扬州。扬州的汉墓里出土过大量的漆器，其工艺水平已经很高。到唐代时，新兴的瓷器取代了漆器在日常生活中的位置，使漆器从日用品变为观赏品。而明代中叶，扬州盐商崛起，他们在经济上的富有和在文化上的需求，有力地刺激和引导了扬州工艺的发展。也许正是扬州盐商对于财富的炫耀心理，才促使了"周制"这种工艺的诞生。当腰缠万贯的扬州盐商们，从身边的屏风、茶具等物件上，触目可见金银、宝石等象征着富有的闪闪发光的装饰时，他们从视觉到心理都会产生一种满足与愉悦。

一部工艺美术史，是物质文化和精神文化的发展史。工艺美术既反映了物质生活的水平，又体现了精神生活的趣味。就周制而言，它所使用的材料的贵重，它所要求的技术的精细，它所表现的风格的华丽，它所适应的市场的繁荣，都非商业重镇扬州莫属。在这个意义上，可以说周制产生于扬州是必然的。

当周制以其昂贵、精美和光怪陆离征服了扬州人的时候，它于是成为一种奢侈的时尚物品，走向了宫廷，也走向了全国。但是，当人们为周制的炫目的光彩赞不绝口的时候，它的发明者却并没有得到起码的重视。

周制的发明者是谁呢？众说纷纭。

有人说是周治。王世贞《觚不觚录》中写道："周治治商嵌……近闻此好流入宫掖，其势尚未已也。"王世贞是明人，据他所说，周治的漆艺在明代已传入宫廷。

有人说是周柱。阮葵生《茶馀客话》中写道："周柱治镶嵌……名闻朝野，信今传后无疑也。"阮葵生认为，周柱凭着镶嵌绝技，从此可以流芳百世了。

有人说是周翥。谢坤《春草堂集》中写道："周翥以漆制屏、柜、几、案，纯用八宝镶嵌，人物花鸟，亦颇精致……周翥者，以制物之人姓名而呼其物也。"据谢坤所说，周翥所制的镶嵌漆器，时人便称作"周翥"。

除了周治、周柱、周翥之外，还有说叫做周之、周制或周嵌的。邓之诚先生在《骨董琐记》卷一"周制"条中考证说：

考"周制"，惟扬州有之，明末周姓所创，故名。……"制"，一作"翥"，又作"柱"，又作"之"，谓其名，或称"周嵌"。

治、柱、翥、之、制，在吴语中发音相近。可以假定，周治、周柱、周翥、周之本是同一个人，因为口耳相传之故，写法有异而已。周制、周嵌，揆之情理，应是以工匠的姓氏来命名的特殊工艺的专称，并非工匠本人的姓名。在扬州方言中，翥、铸同音，所以直到今天，扬州漆艺界仍将

扬州百宝镶嵌漆屏

骨石镶嵌法称为"周铸"。

周制的创始者到底叫做什么,现仍无法确定。他的生平,据史籍的零星记载可以考知:他的原籍在苏州一带,但长期在扬州从艺,他的艺名是在扬州成就的。他生活的年代,是在明嘉靖年间(1522—1565)前后。他一生中的重要经历,是曾经为严嵩家养,替严嵩制作漆器。据说,严嵩被抄家时,曾搜出珠宝古玩不可胜计,其中漆器就有屏风等一百零八座、雕漆大理石床等十七张、螺钿彩漆床等六百四十张、金玉所制古琴五十四张,此外还有各式各样的金镶彩漆器皿、描金雕漆盘盒、嵌骨银漆马鞍等物。作为严嵩家养的工匠,周氏制作的漆器均为严嵩买断,这些被抄没的漆艺品中必定有许多是周氏亲自制作或由周氏领衔制作的。周制本产生于扬州市井作坊之中,而一旦成名之后,便为严嵩之流据为一己所私有,这常使人为民间艺术的不幸命运扼腕叹息。鲁迅先生在《略论梅兰芳及其他》中说过,"士大夫是常要夺取民间的东西的,将竹枝词改成文言,将'小家碧玉'作为姨太太,但一沾着他们的手,这东西也就跟着他们灭亡"。严嵩攫取了周制,也就宣告了周制的衰亡。

事实上,周制在历史上虽曾名噪一时,而传世的作品却如凤毛麟角。其原因,奸商们为谋利而不惜挖取周制漆器上的金银宝石,致使名贵的漆器沦为废物,是其一;被查抄的严嵩家的大量周制漆器,在非常状态下很可能被毁于一旦,则是其二。据说,目前所知的有周制铭款的惟一孤例,是收藏在台北故宫博物院的一只砚盒。这只砚盒为扁圆体,蔗段形,盒盖上用贝壳和黄、

扬州百宝镶嵌漆屏

绿、褐、红诸色染骨嵌成梅树一株,枝上立一喜鹊,枝下月季横生,为浮雕刻纹做法;盒底用金属丝嵌成篆字印章形状,文曰"吴门周柱"。也许周制的创始人就叫"周柱"？但也有学者认为,台北故宫博物院所藏未必是周制真品,孤例不足为证,这很可能是后人的仿制品。张燕女士在《扬州漆器史》中就认为,台北所藏砚盒更可能是乾隆间或乾隆以后漆器艺人的仿制品,甚至有可能为扬州卢氏漆工世家所制。扬州卢映之、卢葵生祖孙,原是清中叶著名的漆工世家,周制之法之所以没有在天壤间彻底灭绝,主要是依赖了这些能工巧匠的世代相传。

《扬州漆器史》中说,明季兴起的周制,是中国漆器装饰化大潮的产物,它是凭借有明一代雄厚的经济实力作为基础的。周制兴起于扬州,则与封建社会晚期扬州商业繁华、人文荟萃有直接关系。张燕女士认为,扬州的周制是宫廷审美和士大夫审美的结合,我觉得在宫廷审美和士大夫审美之外,还应该加上商人审美。因为明季的扬州毕竟是商人的世界,当时扬州的市场、作坊、时尚、风俗都以商人的好恶为导向,周制正是迎合了商人的审美需求而产生的。周制作为一种特殊的工艺,使得漆器愈益远离了寻常百姓的日用,而变成了纯粹的观赏物。在艺术上,它因为刻意地追求材料美、色彩美、意匠美、装饰美,从而使得技术的难度趋于极致。在市场上,它又因为过于贵族化,从而使得一般老百姓可望不可即,销售数量日见萎缩。

这也许是许多传统的民间艺术所经历过的怪圈——当它们方兴未艾的时候,它们的外表虽然看起来粗糙,内部却充满了生机;当它们渐达巅峰的时候,它们的外表被打磨得完美无缺,内部却产生了危机。

周制——这种古老的工艺,是让它走进博物馆呢,还是让它重返民间？

二十四桥明月夜

乐师

词语是文化的印记。

一个流行的词语,往往是一种流行文化的印记。

当我们用不经意的口气谈起『好莱坞』『肯德基』一类舶来词语的时候,我们应该意识到:我们不仅是在谈一种电影和快餐,我们同时也在承认自己已经悄悄地接受了一种流行的外来文化。而这种文化常常是在相当强大的时候,才会为另一种文化接受。

于是我想起了曾经流行过的一个词语——乌师。现在很多人对这个词语感到陌生，但它在历史上确实流行过。而这个词语，原来却是扬州的土语。

《丛菊泪》中的扬州乌师

关于"乌师"的意义与流行，徐珂在《清稗类钞》一书中曾写道：

> 乌师者，妓院之乐师也，南方皆有之。妓出而应征，乌师辄携胡弦以从，于席次佐曲。（《娼妓类》）

正如书中所说，乌师就是妓院的乐师。每当歌妓赴局应征时，乌师就携带着乐器跟从着，在一边伴奏。

一直到近代，扬州人仍称伴奏的乐师为乌师，或乌师先生。例如李涵秋先生在《广陵潮》第四十二回中说："那乌师先生见没有人弹唱，早走过一边吃鸦片烟去了。"乌师是专为他人伴奏的，但乌师又是自由职业者，并不总是歌妓的附庸。所以有时乌师到场，歌妓却没有到场。

乌师这个称呼最早是由扬州人叫起来的。关于它的起源，前人曾经考证过。民国《江都县续志》卷三十说，"扬州妓院教词曲者，称曰'乌师'，不知所本"。后来读《扬州画舫录》，才发现李斗在这本书中记录过。《扬州画舫录》卷九云：

> 苏州邬抡元善弄笛，寓合欣园。名妓多访之，抡元遂教其度曲。由是，妓家词曲皆出于邬，妓家呼之为"邬先生"，时人呼为"乌师"。

邬抡元虽然是苏州人，教曲却在扬州。他所寓居的合欣园，是清中叶扬州小秦淮边的一家有名的茶肆，也兼住客。"邬先生"的名字是扬州的歌妓叫起来的，一般的扬州人却叫他"乌师"，去掉了耳旁。清代民间流传着一个笑话，说"扬州人没有耳朵"。或者是因为如此，扬州人便将"邬"字改成了"乌"吧？

有一个不知道姓名的清代小说家，在描写扬州风情的章回小说《扬州梦》第十五回里谈到邬抡元。书中说："前几年有个邬先生，寓在这里，他系苏州人氏，以弄笛得名，本地的妓女，都请他教曲，时人称为'乌师'。"然而在另一部描写扬州风情的章回小说《风月梦》中，"乌师"却被写成了"污师"。该书第七回说，扬州妓女月香和她的客人"忙喊污师坐在席旁，拉起提琴。月香取过琵琶，将弦对准。……月香唱毕，众人喝采，琵琶有人取过，污师退往房外去了"。将"乌师"写成"污师"，是因音同而引起笔误，还是别寓轻视之意呢？这就不得而知了。但从"污师退往房外"的描写来看，其地位必然是很低贱的。

乌师之名一经扬州人叫起，便随着强大的扬州文化传布四方了。

例如，苏州人也叫起"乌师"来。梁章钜《称谓录》卷三十有"教曲妓师"条，说："吴门教曲妓师，群谓之'乌师'。"

上海人也叫起"乌师"来。王韬《淞滨琐话》卷一写沪上冶游业，说："妓筵承应之乐工，曰'乌师'。向时曲中有之，而书寓则无。曲中酒筵，下犒四洋，半给乌师。"

南京人也叫起"乌师"来。剑奴《秦淮粉黛》第五章写太平天国之后的南京妓院中，"称谓纯粹是扬州方音"。如班主为"本家"，班主的女儿或养女为"小本家"，总务之人为"大伙计"，教曲的为"乌师"……，"这些都是广陵土语"。

甚至广东人也叫起"乌师"来。蘧园《负曝闲谈》第二十一回写广东的谷埠，"就和上海的四马路差不多，一种繁华热闹，不可以言语形容的"。这里有一种供冶游的妓艇，"乌师等人齐了，便上来了，伺候的掇了一个凳子让他坐下。却只带着一把胡琴，一面铜锣，姑娘们自己打着鼓板，便咿咿哑哑的唱起《晴雯补裘》来"。

旧时歌妓是否都要带乌师，各地情形不一样。扬州、苏州、上海、南京的歌妓，在向客人演唱时，大抵都须请乌师伴奏，同时自己也操一种乐器如琵琶之类。广东的歌妓则不一定。近人郁慕侠在《上海鳞爪·征歌》中写道：

粤妓出局侑酒，多自弹自唱，故侍女必挟一洋琴(或胡琴)随来。其用乌师操弦的很不多见，非如苏妓出局歌唱必雇乌师担任操弦之职。

上海的歌妓，在近代多来自苏、扬两地，故其风俗也很受苏州与扬州的影响。即使在歌妓出局是否要带乌师这细小的事情上，我们也能够看到这种影响的无处不在。网蛛生的《情海春潮》是一部描写民国初年上海滩社会生活的长篇小说，以刻画真实、风格细腻著称。该书第二十一回有一句话："今天我的局大概不来了，便是来，怕没有一人带乌师先生肯唱。"从这句话里，可以看出当时上海的风俗，歌妓出局是必须带乌师伴奏的，否则便无法演唱。

对于歌妓来说，乌师的地位显然非常重要。乌师常常精通各种乐器和各种乐曲，他们是真正的老师。歌妓离开了乌师就不能开口演唱，但乌师离开了歌妓却照常独自演奏。韩邦庆在《海上花列传》第三回中说：

秀林、秀宝也并没有唱大曲，只有两个乌师坐在帘子外吹弹了一套。及至乌师下去，叫的局也陆续到了。

就是说，乌师完全可以单独进行乐器演奏。然而，在以男性为消费主体的社会里，有多少涉足花丛的男性只是为了欣赏男人的演奏呢？乌师的可悲正在这里：他们是真正的音乐教师、乐器演奏家，拥有精湛的技艺和丰富的乐曲，但他们却无法独立地生存。他们要依附于他们的学生——那些年轻貌美的青春少

王小某所绘扬州歌女

女，才能获得生存的起码条件。我们从《情海春潮》第二十五回中，见到这样一段描写：

　　（妓女）老七先来空冀身边坐下，乌师一到，便唱了一折《斩黄袍》，又转过主人身旁，唱一折《卖马》。拍拍肩膀道："再要唱吗？"李大人正在嚼一块烧鸭，回答不出，点一点头。胡索又响，老七连唱一折《马前泼水》。唱罢，李大人道："辛苦了。"当把一张五元钞票给乌师，乌师要找，李大人道："算了。"乌师称谢而出。

乌师就这样依傍着年轻的歌女，靠李大人们的一点赏赐生存。而实际上，这些乌师都是民间音乐家，中国民间音乐的传统主要是靠他们一代一代地延续着，传承着。但是他们的社会地位，他们的职业特点，却被人视为低贱的"污师"——一种从事"肮脏职业"的人。

乌师的职业起源于扬州，是同扬州的社会环境分不开的。扬州是一个"千家养女先教曲"的地方，音乐修养成为"扬州美人"的必备条件。没有别的地方的女性像扬州女性这样重视音乐、擅长音乐，同样也没有别的地方像扬州这样更需要师资来传授音乐、教习音乐。从苏州来的邬抡元，之所以在扬州受到高度的尊重——名妓们纷纷上门求教，人们都纷纷尊称他为邬先生——这是扬州的社会环境决定的。可以肯定，像邬抡元这

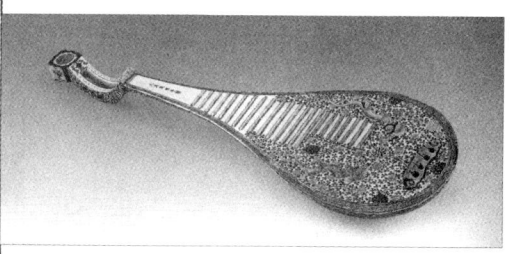

古代乐器

样到扬州来教授音乐的师傅远远不止一人。扬州发达的青楼文化，造就了数量众多的"扬州美人"，而这些"扬州美人"又需要相当多的"邬先生"。

当扬州美人的足迹走出扬州的时候，她们便把富有魅力的扬州青楼文化也传布到了各地。在清代，苏州、上海、南京直至广东，都无不有扬州美人的倩影和她们发出的娇声。而在她们的身影后面，在那最不惹人注目的角落，又必然有一两个身着长衫，弓着腰背，在专心操琴的乐师。他们像影子一样，跟随在美人的身后，从不被人正面注意。但他们却是美人的音乐之师、音乐之魂。

乌师——这个名字真的与现代人久违了。在任何一部中国音乐史里，谁见过"乌师"这个名字呢？但是我们确实不该忘记历史上的这群人。

他们让我们想起扬州的往昔，想起扬州文化在历史上的繁盛。他们是曾经流行过的扬州文化在词语的密林里留下的一个印记。

二十四桥明月夜

柳麻子

柳麻子就是柳敬亭,明末清初的大说书家。

柳麻子是扬州府泰州人,但他的足迹遍布了大江南北。而苏州,是他住得最久的地方。

说起苏州,人们会想到那里的评弹。说起苏州评弹,人们会想到最早去苏州说书的柳麻子。而说到柳麻子,人们自然不能不想到他原是扬州府人。

吴伟业在《楚两生行·序》中说："蔡州苏昆生，维扬柳敬亭，其地皆楚分也，而又客于楚……明亡，之吴中。"吴中就是苏州。怀着亡国之恨的柳敬亭，在流浪的生涯中竟然没有想到回归故乡，却到苏州去寻求立足之地，他把苏州当成了自己的第二故乡。

在所有他去过的地方，苏州一定使他觉得最值得留恋。因此，吴伟业才在《柳敬亭传》中说，柳敬亭在辞别了松江的莫后光先生后，"之扬州，之杭，之吴——吴最久，之金陵"。柳敬亭在苏州的艺术活动，无疑给了苏州评弹以深远的影响。苏州艺人马如飞在他的作品中就一再颂扬柳敬亭，如《南词小引自序》云：

明末有柳敬亭者，扬之泰州人也。名重大江南北，而士大夫无不往还。盖其重生平，尚气节，不轻然诺。

柳麻子是一个说书人，但显然他留给苏州的不仅是他的说书技艺，还有他的为人、风度等等富有魅力的东西。旧时苏州评弹业供奉的祖师爷"三皇"，柳敬亭也是其中之一。阎尔梅在《柳麻子小说行》中咏道："狮吼深崖蛟舞潭，江北一声彻江南！"是十分生动而确切的。

就扬州与苏州的文化交流史而言，柳麻子当然不是从"江北"到"江南"去的最早的文化使者。至少，从明代一位署名"据梧子"的文士所撰的《笔梦》中，我们知道早在明隆庆、万历间，就有一位扬州监税徐老公向苏州的钱侍御赠送过几名唱弋阳腔的女伶。其中，一个叫张五儿，一个叫冯观儿，都是扬州人。冯观儿后来改名为冯翠霞，工于外脚。《笔梦》中说，"冯翠霞之《开眼》、《上路》、《训女》等出，尤为独擅"。据说，冯观儿起初到苏州唱弋阳腔时，"举座大笑"。而后来，她却成了钱家戏班的"首领"。冯翠霞和柳麻子一样，用她的艺术加人格，征服了苏州人。

苏州光裕社中的柳敬亭像

在清代中叶，风靡一时的扬州小调也曾征服苏州人。席蕙文《虎丘竹枝词》咏道："画舫珠帘竞丽华，玻璃巧代碧窗纱。吴歈宛转香喉滑，小调新翻〔剪靛花〕。"〔剪靛花〕原是扬州民间流传的小调，李斗《扬州画舫录》卷十一云："以下河土腔唱〔剪靛花〕，谓之〔网调〕。"林苏门《邗江三百吟》卷八"唱网调"注云："此小曲也，网以邵埭船名，故曰〔网调〕，近日学唱者多。"用吴侬软语唱扬州小调，当另有一番风味。

传播到苏州去的扬州小调，不止是〔剪靛花〕一曲。在乾隆年间刊行的苏州弹词《新编重辑曲调三笑姻缘》中，有些明确地标为〔扬州寄生草〕、〔扬州剪靛花〕。另一本苏州弹词《绣像前后玉蜻蜓》中，也标明曲调为〔扬州寄生草〕。凡此都表明了扬州小调在苏州的流传，及对苏州文化的影响。《扬州画舫录》卷十一甚至有这样的记载，说在乾隆年间的苏州，扬州小调竟然压倒了苏州人一向喜欢的昆曲：

(扬州)小唱以琵琶、弦子、月琴、檀板合动而歌。最先有〔银钮丝〕〔四大景〕〔倒扳桨〕〔剪靛花〕〔吉祥草〕〔倒花篮〕诸调，以〔劈破玉〕为最佳。有于苏州虎丘唱是调者，苏人奇之，听者数百人，明日来听者益多！唱者改唱大曲，群一哄而散。

这里的"大曲"系指昆曲，"小唱"即扬州小调。唱扬州调时苏州人蜂拥而至，唱昆山腔时苏州人反而一哄而散，这真是"江北一声彻江南"了。

把扬州的歌曲传播到苏州去的，一部分是艺人，一部分是妓女。西溪山人的《吴门画舫录》等书里记载的艺妓崔秀英、王兰珍、卞爱珠、田小莲诸人，均是从扬州来到苏州售艺的。《吴门画舫录》中说，崔秀英"喜拨弦，一歌小调，喉珠一串，不数燕赵佳人；盖是曲以北地胜，姬来自维扬，得擅其妙"。《吴门画舫续录》中也说，王兰珍的女儿三喜"眉目英俊，色艺精妙"。这些来自扬州的风尘女子，在客观上却起了传播文化的积极作用。从扬州漂泊到苏州歌舞场中的女子，大抵面貌姣好，技艺擅长，适应能力也强。王弢《淞隐漫录》卷十提到一个名叫王翠芬的扬州艺妓，说："翠芬生长维扬，寓居吴下，以是操吴音，复工吴歈；短长适中，纤秾合度，玉润花妍，独秀一时。"这一位来自维扬的王翠芬，虽然会说"吴音"、唱"吴歈"，大概总要带着些"扬州味"吧！

我们从顾颉刚先生在二十年代编的《吴歌甲集》中可以看出，所谓"吴歌"，并不纯粹是吴地的民歌。因为文化是封闭不了的，尤其是民间文艺，更容易发生交流。例如，有一部分吴歌，其实从扬州小调演变而来。顾颉刚先生自己在《写

柳麻子

作者访泰州柳园

歌杂记》之六《玉美针》中说：

  这歌是从什么地方传到苏州的，我不敢断说。看其读"玉"为"女"，当是由北方传来的。看"杨柳那得青青"的句调，似是扬州小调。

魏建功先生在《读歌札记》中说得更加直截了当："杨柳那得青青一首，当是扬州曲变为苏州曲者。"这和柳麻子的情形是相似的——柳麻子带到苏州去的，只能是扬州评弹，而他在苏州留下的，却是苏州评弹。

  乐曲是如此，工艺亦是如此。张岱在《陶庵梦忆》一书中写有"吴中绝技"一条，说："吴中绝技，陆子冈之治玉、鲍天成之治犀、周柱之治嵌镶……俱可上下百年，保无敌手。"其中的周柱，一些旧籍里又记为周翥、周治、周之、周制，系明代嘉靖年间的漆器艺人。周柱的嵌镶法在明末固然已成为"吴中绝技"，但此绝技的形成地点是在扬州，因为周柱长期居住在扬州从事漆艺活动。钱泳《履园丛话》卷十二"周制"条云："周制之法，惟扬州有之,明末有周姓者始创此法,故名周制。"这是说得很清楚的。

除了乐曲、工艺,有一种画舫的样式——"沙飞"——也从扬州流传到了苏州。扬州和苏州都是风景名胜之区,游船很多,而且考究。有一种游船,可以放三张桌子,后舱设置灶间,称为"沙飞"。这个名称的来历,见于《扬州画舫录》卷十八:"扬州画舫,始于鼓棚……本于城内沙氏所造,今谓之'沙飞'。"由此"沙飞"遂成为一种画舫的样式,以至《扬州画舫录》里提到的当年的扬州画舫中,有一艘就叫"王家沙飞船"。船主姓王,船名却叫沙飞。这种游船的制度与名称,也流传到了苏州。顾禄《桐桥倚棹录》卷十二写道:

> 沙飞船,多停泊野芳浜,及普济桥上下岸。郡人宴会与估客之在吴贸易者,辄赁沙飞船会饮于是。船制甚宽,重沿走舻,行动掀舵撑篙,即昔之荡湖船也。以扬郡沙氏变造,故又名"沙飞船"。

《桐桥倚棹录》卷九"凤凰台"条说,"岁凡春秋佳日,浒墅关曲友与郡人,各雇沙飞船,张灯设宴,赌曲征歌,技之劣者,不敢与也"。可以想见"沙飞"的豪华与奢侈。

《扬州画舫录》是清代仪征人李斗撰写的一部专门记载扬州风物掌故的书,许多丰富生动的社会生活细节赖此书才得以保存。这本书写成于乾隆六十年(1795)。它对于苏州文化,也有着不可低估的影响。由吴县人顾禄编写的专记苏州风物的《清嘉录》、《桐桥倚棹录》,都是道光年间才刊行的。顾禄撰此二书,无疑是因为受到了李斗的启发。在顾禄的书中,从文字到体例,都可以发现《扬州画舫录》的影子。例如,《清嘉录》卷一"新年"条谈"杂耍诸戏"一节,其实是由《扬州画舫录》卷十一"杂耍之技"一节改写的,部分文字完全相同。《桐桥倚棹录》的体例,则仿自《扬州画舫录》。关于这一点,俞平伯先生《题顾颉刚藏〈桐桥倚棹录〉兼感吴下旧惊绝句十八章》之十六诗注中已经指出:"清李斗《扬州画舫录》,本书略似之,亦偶有沿袭彼记处。"另外吴世昌先生《桐桥倚棹录·题记》也指出:"颉刚先生出其珍藏《桐桥倚棹录》见示,乃其乡先贤顾铁卿著……此书则以空间为纬,体裁似《洛阳伽蓝记》、《扬州画舫录》,而互有详略。"

扬州文化就这样以种种途径渗透在苏州文化的肌体之中。正如扬州城里保存着一条苏唱街一样,在苏州文化里也保存着柳麻子的身影与履痕。

二十四桥明月夜

袁豁嘴

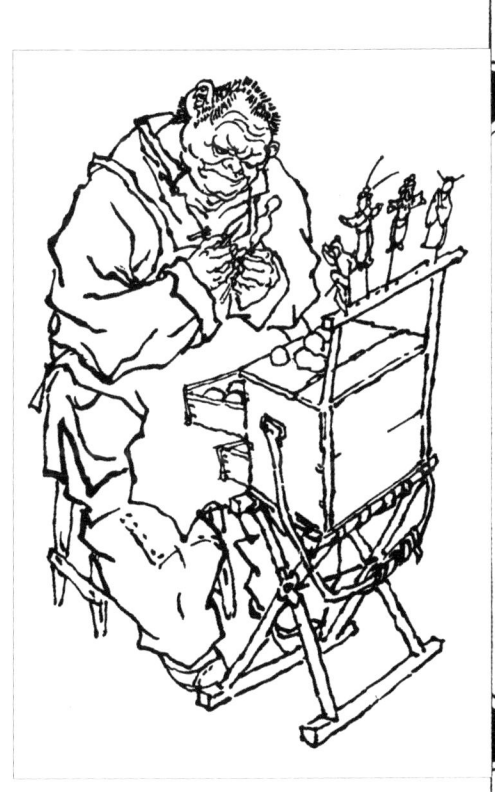

少年时代，在我的堂妹美华家玩，对她家长案上用玻璃盒装着的泥人印象特别深。那些泥人的具体模样，现在已经记不清了，但还记得那些泥人虽然高只几寸，面目、手脚、身段却无不栩栩如生。

后来听说，捏这些泥人的，是扬州袁润之，诨名袁豁嘴。

从此我就记得了袁豁嘴的名字。

去年从书店买得一部民国年间刻印的《江都县续志》。晚间无事，便在灯下闲读。想不到在书中竟看到两条关于袁润之的材料，一下子勾起了少年时代的遥远记忆。

一条材料见于《江都县续志》卷七《物产考下》。书中说，扬州出产的玩物，有泥人："泥人，外施以蛎粉，并著色。袁润之捏泥像最精肖，其人缺唇，有声于时。"

另一条材料见于《江都县续志》卷二十六《列传第八》。该卷最末有云："朱植之善雕刻，能于一桃核上刻七十二猕猴。袁润之精捏像，妍媸老少，皆酷肖。其人隐于市廛，并称绝伎。"

方志一类书，系地方官主持编纂，在我的印象中是极少记载真正的民间艺人的。《江都县续志》中竟然两处写到捏泥人的袁润之，这多少改变了我对于方志的看法。

关于袁润之，其实在晚清时代的扬州文人笔下也不乏记载。例如同治四年（1865）进士臧谷在《续扬州竹枝词》中咏道：

往日传真数画师，补来好景更题诗。
缘何捏像人人肖，新到苏州袁润之。

宣统二年（1910）以岁贡应会考列第二等的黄鼎铭在《望江南百调》中也咏道：

扬州好，捏像合推袁。
妙肖传神真面目，装潢余事小琴樽。
绝技擅专门。

看来，袁润之捏像的确是名噪一时的。作为扬州市井间的一个手艺人，他的名声不仅传播于一般百姓之间，还为文人墨客所赞赏。究其原因，除了他的手艺确实高明之外，也许同捏像这种特殊的技艺有关。

捏像的技艺，一向为文人所感兴趣。曹雪芹在《红楼梦》中就曾写到泥捏的人像。第六十七回中，写薛蟠送给宝钗的礼物，除了笔墨纸砚、花粉胭脂之外，还有"虎丘带来的自行人，酒令儿，水银灌的打金斗小小子，沙子灯，一出一出的泥人儿的戏，用青纱罩的匣子装着；又有在虎丘山上泥捏的薛蟠的小像，与薛蟠毫无相差。宝钗见了，别的都不理论，倒是薛蟠的小像，拿着细细看了一看，又看看他哥哥，不禁笑起来了"。曹雪芹所写的泥人儿，确系苏州特产。但并不是薛蟠和宝钗这些虚构的书中人物对它们感兴趣，而是作者自己对此感兴趣，他因此才在书里不惜笔墨地加以描写。

关于虎丘的泥人，清人顾禄在《桐桥倚棹录》卷十一里曾经谈到。据顾禄说，捏泥人之技在苏州称为"塑真"，俗称"捏相",清中叶在虎丘一带从事此艺者不止一家,而以山门内项春江技艺最好,称为能手。虎丘山上有一处泥土特别滋润,俗称"滋泥",凡是塑造上细泥人、大小绢人,其头部必用此处之泥,谓之"虎丘头"。而"塑真",尤其必须使用这种泥。泥人的肢体,用香樟木支撑,手足均可以活动。泥人的衣服,根据冬夏季节可以随时更换。按照顾客模样捏成的泥像,"多以红木紫檀镶嵌玻璃,其中或添设家人、妇子、或美婢、侍童,其榻椅、几杌以及杯茗陈设,大小悉称"。我小时候在堂妹家里看到的玻璃盒装着的泥人,其情景正与此相同。

扬州的捏像,可能就是从苏州传来的。李斗《扬州画舫录》卷十六说,清代中叶,扬州平山堂下有许多布帐、竹棚,专售"小儿嬉戏之物",其中有"雕绘土偶,本苏州'搉不倒'做法",更有"苏州人以五色粉糍,状人形貌,谓之'捏像',鬻者如市,手不停作"。所谓"粉糍",也许就是"滋泥"。

和李斗同时代的王锦云,在《扬州忆·调寄望江南》中咏道:"扬州忆,奇巧出名都。灯虎皮瓤翻广社,泥人嘴脸捏姑苏。心共手工夫。"其中"泥人嘴脸捏姑苏"一句,也说明了扬州的捏像一技,是从苏州传来的。

关于袁豁嘴其人,有人称他为"苏州袁润之",这并不足信。光绪六年(1880)四月,袁润之到上海售艺,当年的《申报》上曾刊登广告:

捏像神手——维扬袁润之,善捏男女各像,须眉必肖,面目如生,精工技艺,久远驰名。

这则广告应当出自袁润之的手笔,至少出于袁润之的授意。"维扬袁润之",明白地说清了袁润之是扬州人。

其实袁润之并不是扬州郡城人,而是扬州府兴化县人。陈邦贤的《自勉斋随笔》中有一篇《袁缺唇的造像》,记袁氏事迹甚详。据作者说,"有一缺唇的人,姓袁,兴化人。他在扬州辕门桥一带开了一个造像店,往往用泥土替人家造成一个合家欢,维妙维肖,大家都喊他'袁缺嘴子'。我们在扬州看见他的时候,已经是七十多岁了。他很穷愁潦倒的,照顾他的人不多,因为他的脾气很坏,说的价钱不能还价,约的日期不能更改。假使到期不往交钱取像,他便把那所造的像加以枷锁等类,因此他得罪的人不少,他便渐渐的不能生活而穷愁潦倒了。据说他具有艺术的天才,他的父亲以烧窑为业,住在兴化的北门外。他在幼年的时候,有一天和他的嫂嫂对坐,他忽然用泥土造成他嫂嫂一个像,形象逼真,大家都很奇异,因此他便不学造砖瓦而专以造像为职业了。假使是袁缺唇能生在现代,还不是能造成一艺术家

扬州教场风情

么？"袁豁嘴本是扬州府兴化县人，而兴化人多相传自己的先人在明洪武年间从苏州阊门迁来。或许误传的"苏州袁润之"一说就来源于此吧！

袁润之的轶事一定很多，但著为文章的甚少。《扬州史志》有一篇《清代捏泥艺人袁豁嘴》，内容十分丰富。文中说，在清光绪年间，扬州教场是一处非常热闹的所在，茶馆酒店林立，江湖百艺杂陈。在教场南首，有一位手捏泥人像的民间艺人，名叫袁润之，兴化人，因天生嘴唇兔缺，所以人称"袁豁嘴"。他与当时的肖像画家薛晓棠同室开业，二人经常切磋肖像技艺。他在彩绘开相方面功夫很深，所捏泥人像，个个形神兼备，栩栩如生。当时的书画名家都喜欢与他交往，达官贵人、巨商大贾请他捏像的不乏其人。他捏的泥人像，有单人像，有夫妻像，有合家欢群像。泥人头大如鸽蛋，身长不满尺，用苏州小粉土制作，不开裂，不变形，脸部彩绘开相，肤色一如真人。人的面部颜色是极为复杂的，有的偏白，有的带黄，有的黑里泛紫，有的黄中带青，种种各别。即使是丹青高手，也难以表现，而袁豁嘴却能准确地调配颜色。袁豁嘴点画的眼睛，更是因人而异，极为传神。据说他为人做像时，常常与人交谈，逗人说笑，以捕捉对方的表情特征。所以，他捏的泥人像，惟妙惟肖，如同真人一般。

袁豁嘴做泥人的方法，是用泥捏成人头，用草扎成人身，用铜丝弯成手足，然后将它们组合成一个人。衣服与帽子都可以更换。胡须和辫发用生丝染成。另外配上帽顶、钮扣、荷包、眼镜之类，皆精致可爱。泥人置于木框玻璃盒内，布景是家庭的一角，或书室，或客堂。陈设有木制小家具，如桌椅、书架等。桌上有笔砚，墙上有字画，地下还有小猫小狗等动物，件件都小巧玲珑，配置得当。

在扬州民间，流传着这样一个袁豁嘴的故事：扬州三义阁的大和尚羡慕袁豁嘴的技艺，前去请他捏像。这和尚面容丑陋，但却希望袁豁嘴将他的像捏得体面些。一日前去取像，见像后又惊又喜。喜的是泥像捏得非常逼真，简直无懈可击；惊的是如此丑态，怎好拿回去见得他人？于是他昧着良心,硬说泥像不像他本人,拒不付钱取像,并且拂袖而去。袁韶嘴见和尚蛮不讲理,心生一计,做了一副小木枷加于和尚泥像的颈子上,放在玻璃窗内示众。教场繁华之地,人来客往,有认识和尚的人,一眼就认了出来。又见这泥和尚披枷带锁,面目可憎,都忍俊不禁,取笑不已。此事不胫而走,一时全城皆知。事情传到和尚耳中,又气又恼,但又奈何不得,只好请人向袁韶嘴说情,付钱将泥像取了回来。从此,袁韶嘴的名声就更大了。

一说故事中的披枷泥人不是三义阁大和尚,而是扬州盐商周扶九。野老之言,口耳相传,说法有异,不足为怪。

据说袁韶嘴在宣统年间,曾去南京参加南洋劝业会,在会上当场表演捏泥人像,获得了会颁奖章。南洋劝业会是两江总督兼南洋通商大臣端方等人,在出国参观了美国圣路易斯万国博览会、比利时黎业斯博览会、意大利米兰世界博览会等之后,于宣统二年(1910)在南京三牌楼举办的一次历时半年的大型展览会。能够参加南洋劝业会并且获奖,自然是一种殊荣,尤其对于袁韶嘴这样的民间艺人来说。但我查了查当时出版的《南洋劝业会杂咏》上下卷,并未见到袁韶嘴的名字。

袁韶嘴是清末民初时人,距今已近一个世纪。他的作品,存世的一定很少了。中国的博物馆和收藏家,往往是不屑于收藏泥人一类东西的,殊不知这也是一种文化和历史的见证。从袁韶嘴所捏的泥人身上,我们可以看到那个时代的习俗与风气。

关于袁韶嘴的记载,还有这样一些。民国《续修兴化县志》卷十三:"袁润之,小海世家子,性兀傲。生口缺,人呼为'阙之'。阔、阙音近,袁乃易'阔之'为'润之',以字行。初学画,喜传真,与王维翰友。自以为不及,乃创捏像。时广东盛行此技,而袁无师承。有叩之者,曰:'嵇康是吾业之祖。'乃用团沙捏嵇康睡像。技既成,名噪江淮间,名宦、巨商争购之。"刘梅先《扬州杂咏》:"画师写像号传真,捏像依然妙入神。袖里揭开眉眼肖,袁家缺嘴亦畸人。"诗后注云:"袁润之,兴化人,客扬州,工捏像。设肆于教场南首,玻璃窗内陈一小像,兔嘴而睨笑,以右腿压左膝而坐,即已像也。其为人捏像,则对客神视,于袖中随捏随视,不一顷捏成,揭开,则眉、眼、口、鼻、神态毕肖。人呼为'袁缺嘴'。"又,旅台杨祚杰《续忆江南》:"双手捏,巧技艺工精。岗上挥拳打虎勇,江干垂钓羡鱼情。缺嘴昔驰名!"袁韶嘴有这么多文字为之扬名,他也该瞑目了。

我至今仍记得堂妹家长案上用玻璃盒装着的泥人。它们现在还安然无恙吗?

瘦西湖船娘

宝玉的话说得不错，女儿大约真是水做成的骨肉。只要想想历史上一直流传的西湖舞姬、珠江靓妹、秦淮歌女和瘦西湖船娘的种种风流故事，便相信她们是怎样地离不得水，水又怎样地离不得她们。女儿仿佛是水之精灵，水则是女儿的青春、女儿的泪。

船娘不同于一般的船妓。船妓是在船上卖艺、卖色的妓女，而船娘首先要在船上卖力气。她们要划桨、撑篙、摇橹、掌舵，甚至还下厨做菜。船妓以粉白黛绿为美，船娘却以乱头粗服为美。

二十四桥明月夜

瘦西湖船娘自清代以来名播四方。无名氏《广陵古竹枝词》说，"渔父年年住水滨，女郎日日上游船"。可见船娘都是些渔家女。百花同日生《海市人妖》第十六回说，上海的洋场才子在红尘中玩腻了，要"到扬州来抱抱船娘，骑骑瘦马"。在那些自以为风流的男人眼中，船娘竟与瘦马一样是玩物。陈汝衡先生在《扬州杂咏》里回忆了"最是船娘娇语好，剥菱饷客晚风柔"的瘦西湖旧日风光，惋惜那种风光已经不再。最近，夏坚勇先生在《湮没的辉煌》中也还提到，"正如扬州多的是书肆和船娘一样，江阴多的是炮台和壮汉"。

也许要了解全部的扬州风月，就不能不了解瘦西湖上的船娘。

朱自清先生虽然在《桨声灯影里的秦淮河》中认为秦淮河里的船比扬州瘦西湖里的船好，但他在《扬州的夏日》中，还是用许多笔墨写了瘦西湖的游船。他说，瘦西湖里的船有三种，一种是可以挟妓或打牌的大船，一种是支着布篷可以遮日遮雨的洋划，一种是由一个男人或女人用竹篙撑着的小划子，即所谓"瓜皮艇"。小划子的价钱最便宜，但其中也有区别："譬如说，你们也可想到的，女人撑船总要贵些；姑娘撑的自然更要贵啰。这些撑船的女子，便是有人说过的'瘦西湖上的船娘'。船娘们的故事大概不少，但我不很知道。据说以乱头粗服，风趣天然为胜；中年而有风趣，也仍然算好。可是起初原是逢场作戏，或尚不伤廉惠；以后居然有了价格，便觉意味索然了。"

瘦西湖船娘原来并非妓女，但因风气所染，或生计所逼，到晚清时已有明显的娼妓化倾向。王书奴先生在《中国娼妓史》第六章中，是将扬州瘦西湖船娘列为"娼妓别派"的，并引《梵天庐丛

描写瘦西湖船娘的《小游船诗》

录》云：

扬州小金山一带，清流漪碧，花木扶疏，所谓瘦西湖者也。近来盛行瓜皮艇，游人爱其轻适，每当夕阳西下，一苇杭之，信为可乐。惟操舟者，东施队里椓鬈丫头。而一般逐臭之夫，谑浪风生，渐多丑行。

据说有人在瘦西湖小金山草堂的墙上题诗，描写船娘们的神女生涯。其中有两句是："三更偶抱黄泥脚，一枕同眠黑炭头。""黄泥脚"和"黑炭头"都是扬州人用来形容乡下女人的，在此自然是讥刺那些沦落的船娘。

在同治、光绪年间，扬州士人常与船娘们泛舟湖上，逢场作戏。扬州地方官一度以有伤风化为名，取缔船娘。但士人们纷纷为船娘击鼓鸣冤，禁令不得不取消。而扬州的士人，也竟因此被誉为"护花使者"。据杜召棠《惜余春轶事》载：

瘦西湖中所谓船娘者，操舟为业，率鸠形鹄面；间有一二娟好者，淡妆粗服，野花插头，略事整洁，青篙三尺，掩映碧流，自觉楚楚动人，别有风趣。竹西诸子，善与调侃……于是湖中船娘，以有护花使者，每当夕阳西下，争妍斗丽。

才子总得要美人相伴的，扬州的士人与船娘的交往，再一次重复了这个古老的故事。

其实现代文人对于瘦西湖船娘也有着特殊的兴趣。郁达夫先生在游览扬州之后，认为瘦西湖的好处全在水树的交映和游程的曲折。除了自然风光的美，还有船娘的美。他在《扬州旧梦寄语堂》里说："还有船娘的姿势，也很优美；用以撑船的，是一根竹竿，使劲一撑，竹竿一弯，同时身体靠上去着力，臀部腰部的曲线，和竹竿的线条，配合得异常匀称，异常复杂。若当暮雨潇潇的春日，雇一个容颜姣好的船娘，携酒与茶，来瘦西湖上回游半日，倒也是一种赏心的乐事。"

船娘的打扮，绝不像妓女那样花枝招展。她们的服装和她们的姿态一样，具有一种清新自然的美。洪为法先生在《扬州续梦》中曾说，抗战前的扬州船娘在服装方面，似乎有一定的规矩，多是黑色的绸裤，白色的布衫。这样的装

扬州御码头

束,衬映在绿沉沉的草木中,正是湖上不易见到的忘机鸥鹭,自很赏心悦目。加之她们撑船的技术又很好,拿着一枝竹篙,很灵活地撑去,不管多远,篙子一上一下,衣服上不会溅到水点子。那种灵活的身躯,娴熟的技巧,配上淡雅的容颜,素洁的衣裳,就像音乐之有节拍一样。这时候,如果你躺在藤椅上带着鉴赏的心情看去,会不由得暗自赞美。

扬州人称年轻的船娘为"小大子"。北平的《晨报》发表过扬州特约通讯,专门介绍这些"小大子"。说她们身穿白布的衫裤,头上梳着S髻,髻上插着红花。每当夕阳时分,她们就载着满船的游人,从很远的平山堂、小金山一带浅水绿漪中,轻摇着桨,唱着动人的情歌,缓缓地归来。这时,无论是船中的游人还是岸上的行人,都情不自禁地为这幅美景喝彩。易君左先生在《闲话扬州》里谈到,瘦西湖里值得注意的一件事,就是"小大子"。他说:"小大子,就是扬州的船娘。船娘与扬州的风景有密切的关系。画舫的生计问题,要靠两件东西来解决,一件是风景,一件是船娘。……如小大子经游客看得合式,要她唱几个曲子开开心,随便一赏就是几元,倒也平常。所以扬州的船娘很悠闲自在,凭着一个S髻上的香花,就可以勾引游客的金钱。"易先生笔触的轻佻,很引起了扬州人的不满,但当

湖上画舫

年的船娘也确是如此。

瘦西湖船娘一直是诗人歌咏的对象。郭士璟《广陵竹枝词》云:"棹女一歌踏水湄,往来二十四桥中。"杨无恙《扬州瘦西湖棹歌》云:"闲情怅触对船娘,燕影新蒲草阁凉。"惺庵居士又有《望江南百调》云:"扬州好,城外小游船。欸乃声喧杨柳岸,温柔乡在藕花天。村舍尽留连。"在这些绮丽的词句中,分不清是瘦西湖的风光美,还是瘦西湖的船娘美。

值得一提的是,有一位诗人曾为瘦西湖上的船娘们专门写过一部诗集《小游船诗》。这位诗人名叫辛汉清,字补芸,是清末扬州人。据《江都县新志》载,他性豪放,善弈,尤喜为诗,与扬州诸名士日徜徉湖上,以饮酒赋诗为乐。但实际上他的诗集流传至今的,也只有一部描摹船娘的《小游船诗》。《小游船诗》一百首,写于光绪二十六年(1900),刻于

光绪二十八年(1902)。据作者《自序》说：

　　扬州虹桥迤北，为长春湖，或曰瘦西湖。画舫笙歌，在昔为盛。风云一变，人事遂迁。环湖渔家，近以瓜皮艇载客。夕阳明月，云影波光，着一二乱头粗服者于其间，绮语风情，半鸣天籁，虽非昔日美人名士之高怀，尚犹胜市侩淫娃之俗抱乎！年来与诸同人往来湖上，爰集本事，编成七绝百首，颜曰《小游船诗》，盖纪实云。

据《小游船诗》记载，清末的扬州船娘大抵出于瘦西湖畔的陆家庄和钟家庄，知名的船娘有钟莲娘、钟转娘、钟挡子、王家新妯娌、洪四娘、洪五娘、沈家娘、巧姑、小蔚、小银。这些船娘中，最出色的是钟家姊妹。关于钟家姊妹，《小游船诗》咏道："大船不及小船忙，最数钟家姊妹行。"桃潭旧主《扬州竹枝词》咏道："游船最是钟家忙，为恋钟家姊妹行。"甚至李涵秋先生在《广陵潮》第十五回里，也闲中着色，写到那个在河边一丛红蓼花后边隐隐露出发髻的"钟家大丫头"。

　　可以说，船娘的名字是赖诗人以传的，诗人的名字也是赖船娘以传的。辛汉清死后，许多人缅怀他。如孔小山《扬州竹枝词》云："罡风一夕辛三死，留得游船百首诗。"倪成瀛《再续扬州竹枝词劫余稿》云："当年补芸原不死，新诗百首小游船。"潘文熊《望江南百调题词》云："小游船泛夕阳时，曾和辛郎湖上诗。"扬州名士吉亮工甚至在《小游船诗序》中说："游船百首即补芸之死之征，而补芸或即此可以不死，固难量也。"诗人因写了船娘而竟"可以不死"，不知道是诗人之幸，还是船娘之幸。

在辛汉清之外，程炎又有《扬州小游船诗》十首，醒翁又有《邗上新竹枝·咏船娘》六首，都是写瘦西湖船娘的。清末民初之际，正是国家民族存亡之秋，而扬州文人却夜以继日地征歌逐色于瘦西湖上。此情此景，与南宋官僚沉醉于西湖歌舞，南明士人流连于秦淮风月，何其相似乃尔！

船娘似乎都擅长烹调。尝见清人周生在《扬州梦》卷三中云："江行船有号八把桨者，速如飞鸟，常划三桨，亦甚轻捷；有一二船娘，修洁雅善烹调。"这虽是说的江行船上的船娘，但瘦西湖上的船娘亦是如此。《小游船诗》里便有几处提到："村姑饷客饶风味，白煮河鱼醋溜鸡。""到来喜说湖鱼美，白煮四条红煮三。""擘蟹烹鱼餍老饕，夜深归去泛渔舠。"不过，我想瘦西湖上的船娘原本是无须假借美味佳肴来招徕游客的，她们自己已经是"秀色可餐"了。

但这对于她们来说，究竟算喜剧，还是悲剧呢？当她们掌厨调鼎的时候，别人也许正把她们当成刀俎上的鱼肉哩！

二十四桥明月夜

遥想安家当年

出门南行,必须经过一条深巷——安家巷。安家巷分前后两段,通向昔日最繁华的闹市东关街的是前安家巷,通向城北护城河和个园的是后安家巷。

前后安家巷曲曲折折,长近一华里。巷子里除了杂居着一些老百姓,开设着几家小店铺之外,别无风光可言。

墨缘彙觀

（清）安岐 撰

扬州安家巷

然而在两百年前,这里却住着一位全国闻名的大富商。这里方圆数里都是他家的住宅和花园。他的姓名和轶事在许多野史笔记中都频频见到。他曾经以财产之多、收藏之富名噪一时。但是现在,我们在这条深巷中竟然找不到当年亭台楼榭的丝毫遗迹,惟一留下的印痕是这条巷子的名字——安家巷。

关于明清盐商的豪门巨族,历来流传着"北安西亢"、"南马北查"、"南季北亢"等口碑。这当中,除了"北查"是指天津大盐商查氏之外,其余的"北安"、"西亢"、"南季"、"南马"等都是明清两代在扬州发迹的大盐商。他们的富有与奢侈,精明与腐朽,风流与才华,足以代表扬州盐商的整体形象。

"北安"指安岐。安岐字仪周,号麓村、绿村、松泉老人,朝鲜人。《茞楚斋随笔》卷八有一篇《高丽安岐事迹》,简略地叙述了他的富于传奇色彩的经历。安岐是随着高丽的贡使来到清朝的都城北京的。在北京,他偶然得到了已故相国明珠窖藏金银珠宝的秘密示意图册。图册虽然都用隐语和暗号写成,但精明过人的安岐经过细心研究,居然发现了窖藏财宝的秘密地址。而这一地址,就是俗称为"大观园"的地方。安岐凭秘册和他的惊人发现,求见明珠的后人。根据安岐的指点,果然从秘密的地方发掘出了当年埋藏的财宝。安岐从中获得一部分,并以此为资本到天津、扬州经营盐业,数年之间便富甲天下。

这一段记载似乎含有传奇的成分。《红楼梦》索隐派曾认为,贾宝玉的原型就是康熙年间权倾一时的相国明珠。明珠是在康熙二十七年(1688)因结党营私、擅权纳贿等罪被革职的。但是同年他又被起用,一直到他去世。明珠擅长理财,他自己就参与经商。因此直到十八世纪末他的后裔被和珅诬告并抄没家产时，家中还有万贯家财。关于明珠家是否就是《红楼梦》所写的"大观园"，以及安岐是否破译了明珠秘藏财宝的"秘密图册"，都有不少疑问。但是安岐的父亲安尚义曾做过明珠的家奴，并以自己的名义偷偷为明珠在天津投机盐业，是没有问题的。安岐的原始资本来自明珠家，应当可信。

安岐虽成为富翁，但为人似乎很谨慎，而且礼贤下士。《清稗类钞》中有一篇《安麓村为明珠鬻盐》的文字，说安岐在扬州业盐，声势赫奕，但他平时恭谦谨慎，奉公守法，并有好士的美名。江淮之间的穷书生，凡有才而不遇的，多投靠安岐为生。安岐对于这些文士，则始终待之以礼，从不稍懈。他的守法、好士，和他的精明、奢华一样，都体现了扬州盐商的复杂而丰满的性格。

安岐在淮南业盐时，家就安在扬州。今天扬州的安家巷，就因安岐而得名。安岐在扬州的故事，从《扬州画舫录》等书里很容易找到。这点点滴滴的小故事，让我们看到了一个活生生的大盐商。

安岐喜欢金石，他曾将孙过庭的《书谱》镌为石碑，安置于扬州的康山草堂。石碑刻好后，安岐求袁枚亲笔题跋。袁枚仅仅题写了"乾隆五十七年某月某日，随园袁枚印可，时年七十有七"数字，安岐便喜出望外，送给袁枚二千金作为酬谢。

汪肤敏是扬州书法家，擅长欧、褚诸体，但性格耿介。安岐多次请他来做客，都遭到拒绝。安岐上门去拜访，汪肤敏又闭门不见。有一天，安岐暗中派人在路上等候，一见到汪肤敏，便将他强行架到安家。安岐见了汪肤敏，极为恭敬，请他书写戏目数出。汪肤敏无法，只好一挥而就。这时安岐把汪肤敏邀请到一密室中，献上许多精美的肴馔和歌舞，演出的戏文就是汪肤

《续子不语》中的安岐逸事

敏刚才所书写的那些戏目。

米景泉住在小秦淮东岸，在天宁门街开一家糕铺，爱写诗，喜欢养鸟。有一天，安岐从他家铺前经过，忽然听见笼中的八哥叫道："安公买我！"安岐听了大喜，立即以重价购买下了八哥，以为这只八哥很会说话。谁知道米景泉只教了八哥这一句

州，安岐得知他来，便赠以万金，聊表自己对朱氏学问的敬重。

安岐喜欢结交士人，他自己也是一个颇有造诣的金石书画收藏家、鉴赏家。他的藏品，品位甚高，据说大部分得自项无汴、卞永誉、梁清标等著名收藏家。安岐将他收藏书画的地方题为"古香书

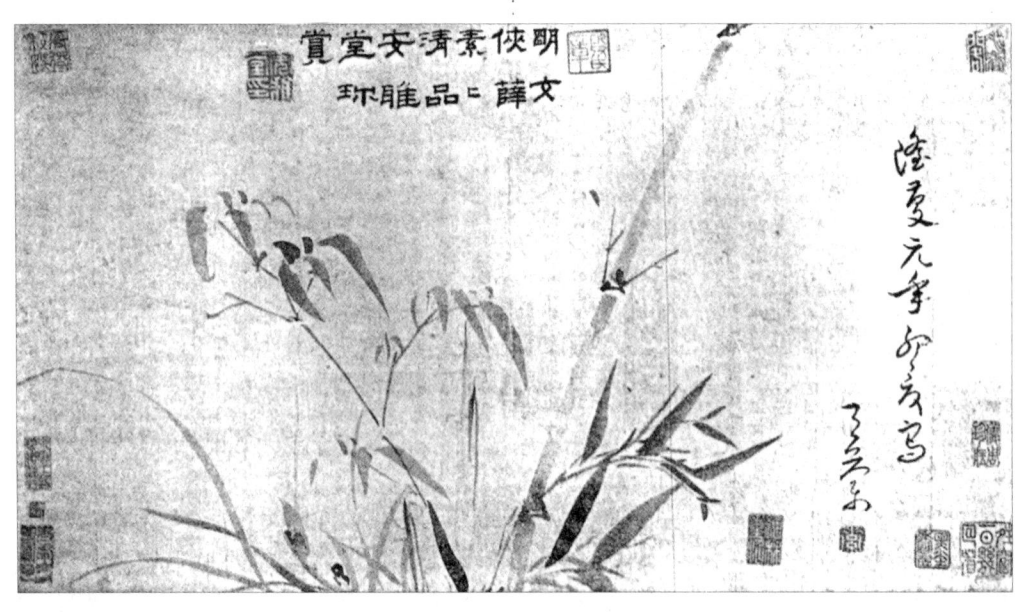

安岐藏画

话，知道安岐财大气粗，是不会不买的。安岐爱养宠物，除了八哥之外，又养关东貂鼠，貂鼠经过调教，能向人拱手作揖。

朱彝尊是浙西词派的鼻祖，尤好研究金石。在京城参加博学鸿词考试后，授予检讨之职。朱彝尊从京城南归，经过扬

屋"。他后采著有《墨缘汇观》一书，详细记录自己经眼的历代法书名画。此书正录四卷，叙述纸绢、作品内容，摘录题识印记，间作考订，并论画法、书法；续录二卷，仅载标题，略记大概。全书所收，大都是安岐自藏，鉴裁谨严，文字简当，为同

类书中精审之作。《书画书录题解》曾评其书"所见之广,鉴别之精,实所罕靓"。

安岐收藏过的名画,据美国人 A.W.恒慕义在《清代名人传略》一书中说,至少有一件后来归华盛顿福里尔画廊所有。那幅画是元代邹复雷所画的梅花。

现在扬州很难找到安岐留下的什么东西,只有安家巷是个例外。这一条今天看起来再寻常不过的巷陌,在历史上的煊赫也许不下于南京的乌衣巷。

徐珂《清稗类钞·农商类》在谈到安岐时,曾提到这条巷子:"广陵新城内安家巷安公店,其故宅也。"董玉书《芜城怀旧录》卷二也提到这条巷子:"安家巷,以安麓村而名。"

历史上的安家巷,其规模和范围都不是今人所能想像的。晚清时人陈懋森有一首《寿鲍翁春圃亮宣七十》诗,其中有"麓村大宅空遗址"之句,自注云:"安麓村故宅,今城东七十二安家巷皆其地。"那时候的安家巷,竟多达七十二条!难怪刘声木在《苌楚斋随笔》卷八中感慨道:"事阅百余年,扬州人尚知有安二达子者。有地名卢刮刮巷,原系安家夹巷,因俗呼而讹。虽屡经兵燹,仍未易称。可见安氏在当日,赫赫在人耳矣!"看来今天的安家巷,仅仅是历史上安家巷的极小一部分。

安岐的生卒年不详。他大约生于康熙间而卒于乾隆时。至迟到乾隆末年,安岐已不在世,他家在扬州的庞大家业便也土崩瓦解。一位乾隆中叶出生的诗人宋翔凤写过一首《望江南》,在词中写到他所见到的安家巷:

扬州忆,芍药事蹉跎。
初白庵中人渐老,安家巷口迹重过。
商妇泪痕多!

诗人从安家巷口路过,听不见巷中传来歌吹之声,看到的却是商妇脸上的泪痕。这"商妇"是不是安家的眷属?她的"泪痕"是不是在为安家的没落而悲伤?

安岐在扬州的家园,在道光年间归吴清鹏所有。吴氏在《卜居并序》中说:"余于去腊卜居扬州广储门之安家巷,喜其名为安家也。""安家"是个很好听的名字,扬州人特别感到吉祥,故吴氏说"喜其名为安家也"。到光绪年间,又有刘树君居此。徐谦芳在《扬州风土记略》卷上写道:"若后安家巷之约园,余外舅刘树君先生所私有,刊有《约园词》行世,建屋十馀间,墙嵌黄山谷石刻六十方——今则人亡物去,鞠为茂草矣!"扬州的盛衰,与盐商的兴亡有直接关系。安家巷的沧桑巨变,也是扬州历史的一个缩影。

走在安家巷的小道上,常常遥想安家当年的旧事。"安家"虽是个吉利的字眼,可是昔日安家故园,今安在哉!

个园主人之谜

扬州个园是南方名园,它原来的主人是清代大盐商黄氏。关于黄氏的姓名、字号、生平、籍贯,历来说法不一。例如《扬州市志·个园》说是"两淮盐业总商黄至筠",《扬州园林品赏录·个园》也说是"两淮盐商黄至筠";《扬州风物志·个园》则说是"两淮盐总黄应泰",《中国历史文化名城词典·个园》也说是"两淮商总黄应泰"。

各种文献中,时常出现诸如黄漾泰、黄瀛泰、黄均太、黄银泰等相似的名字,因而扬州个园的主人到底是谁?黄至筠、黄应泰等等是一人还是数人?就成了一桩悬而未决的公案。

要解决这个公案,必须从文献档案入手。

例如黄漾泰,有文献证明他是道光年间(1821—1850)的扬州盐商,曾任两淮盐业总商,并且有一个儿子叫黄小园。金安清《水窗春呓》卷下"河厅奢侈"条云:"道光中,陶文毅(澍)改票法,扬商已穷困。然总商黄漾泰尚有梨园全部,殆二三百人,其戏箱已值二三十万,四季裘葛递易,如《吴王采莲》、《蔡状元赏荷》则满场皆纱縠也。黄之子小园与予交好,予至其家,晨起则小碗十余,各色点心皆备,粥亦有十余种,听客所嗜。予讶其暴殄,其仆则曰:'此乃常例耳。若必以客礼相视,非方丈不为敬矣!'"由此可以看出黄漾泰是一个生活十分奢华的盐商,家

悼黄右园诗

中蓄养着庞大的戏班,食物也是不厌其精。《水窗春呓》卷下"盐务五则"条又记述了黄漾泰在经商方面过人的精明:"陶文毅(澍)之裁根窝,有富至巨万一朝赤贫者,盖窝单每引值二三两,忽改为一钱数分,不准再加,且亦无用,所以苦耳。

黄至筠传略

总商黄漾泰家实有数十万引,其时星使甫入奏,未知部议准否,大众尚在希冀,而黄则七日专足已先得信,乃令其伙往各处添购。人以为总商如此,必可居奇而窝价反增矣。及三日后信至,则黄已一引不存,盖明为买而暗则卖耳。其机警如此!"在商机万变之中,黄漾泰用"兵不厌诈"的手法稳操了胜券。但黄漾泰究竟是不是个园的主人呢?我们知道,个园主人确实有一子名叫小园,既然黄漾泰之子也叫小园,那么黄漾泰可能就是个园主人。

关于黄至筠,有文献证明他是扬州

个园主人,并且也是两淮盐业总商。王振世《扬州览胜录》卷六"个园"条云:"个园,在东关街,清嘉道间鹾商黄至筠筑。园内池馆清幽,水木明瑟,并种竹万竿,故号'个园'。至筠以业鹾起家,为两淮商总,既购街南马秋玉小玲珑山馆,复筑是园,为延宾之所。至筠一号个园,梅伯言先生有《黄个园家传》,载在集中。"这里提到的梅伯言,名曾亮,晚清时人。他所著的《黄个园家传》,收在其著作《柏枧山房文集》卷九。

据梅曾亮《黄个园家传》云:"君讳至筠,字个园,甘泉县人,父牧赵州时生。君十四岁孤,人没其财产。年十九,策驴入都,以父友书,见两淮盐政某公,与语,奇其材,以为两淮商总。""当是时,上自盐政,下至商户,视君为动静。贩夫走卒,妇孺乞丐,扬人相与语,指首屈必及

君。"《黄个园家传》还告诉我们,黄至筠的长子名锡庆,次子名奭。这一情况至关重要。因为黄潆泰之子名小园,如果能够证明黄小园就是黄锡庆,我们也就可以断定黄潆泰和黄至筠是同一个人了。

恰巧,汪鋆《扬州画苑录》卷二"黄至筠"条为我们提供了必要的和确凿的证据:"黄至筠,字韵芬,又字个园。本浙人,后移入甘泉籍。幼即以盐筴名闻天下,能断大事,肩艰巨,为两淮之冠者垂五十年!素工绘事,有石刻山水花卉折扇面十数个,深得王(翚)、恽(寿平)旨趣。道光十八年(1838)卒,年六十八。""锡庆,字小园,个园先生长子也。甘泉籍。道光癸巳(1833)钦赐举人,分发广东候选道。为人慷慨好施予,当其合者,赠千金不惜也。工书,擅词,所著《铁庵甲乙稿》,一时脍炙人口。善花卉,取法南田,绰有见地。咸丰庚申(1860)赴粤,没于省。"

上面两段材料对于了解黄氏家族的关系及其事迹,极为重要。要而言之,个园主人黄至筠,字韵芬,一字个园,原籍浙江,因经营两淮盐业,而著籍扬州府甘泉县。生于乾隆三十五年(1770),卒于道光十八年(1838)。精于盐业,工于绘事,担任两淮商总四五十年之久。长子黄锡庆,字小园,钦赐举人,亦善画,卒于咸丰十年(1860)。次子黄奭,字右原,也是钦赐举人,一生从事古书辑佚,卓有成就,

个园

个园池亭

《清史列传》卷六九有传,约卒于咸丰初年(1851)。

所谓"黄应泰",实为黄至筠盐号的旗名。清代两淮盐商在经营盐业时多用旗名,如江春的旗名叫"广达",故江春亦称"江广达"。黄至筠的旗名叫"应泰",故黄至筠亦称"黄应泰"。而"应泰",显然也就是"漾泰"或"瀛泰",因为在同一时期,扬州不可能有两家黄姓盐商取如此同音的旗名。曹振镛《为遵旨议复两淮盐在楚省运销事宜奏折》:"该商黄漾泰遂事事专擅,各总商渐俱推诿不前。"林苏门《续扬州竹枝词》:"黄瀛泰店总名排,小总当来奉宪牌。"这里的"黄漾泰"、"黄瀛泰",当即黄应泰。

黄至筠是盐商,又是画家。画家常常别号甚多,而且多用谐音字。如扬州八怪之一的高翔,号樨堂,有时又写作樨堂、西堂、西唐等。那么,应泰、漾泰、瀛泰等或皆出于黄至筠本人之手,亦未可知。

另外,人名在传播当中出现讹误,也并非罕见的事。陈康祺《郎潜纪闻四笔》卷四"豪商黄筠"条,甚至把"黄至筠"误成了"黄筠"。作者说:"嘉、道两朝,则有黄筠个园,亦扬产,父牧赵州。……顾其人生平,淮纲之兴废系焉,亦他日考盐法者所必及也。详见梅伯言所为《黄个园传》。"陈康祺所撰上述文字,内容均来自梅曾亮《黄个园家传》。但陈氏把《黄个园家传》误为《黄个园传》,脱一"家"字;又把"黄至筠"误为

"黄筦",脱一"至"字。可见文本在辗转流传过程中容易出现鲁鱼亥豕现象,应泰、漾泰、瀛泰等用字之异,也可能是出于这种原因。

我认为易宗夔《新世说·汰侈》中所记载的"黄均太",也是黄应泰之误。书中说:"黄均太为两淮八大盐商之冠,晨起饵燕窝,进参汤,更食鸡卵二枚。一日无事,翻阅簿记,见'卵二枚'下注:'每枚纹银一两。'黄诧曰:'卵值即昂,未必如此之巨!'呼庖人至,责以浮冒。庖人曰:'每日所进之鸡卵,非市上购者可比。每枚一两,价犹未昂。主人不信,请别易一人,试尝其味。'言毕,告退。黄遂择一人充之,其味迥异于昔。一易再易,仍如是,意不怿,仍命旧庖人服役。翌日,以鸡卵进,味如初,因问曰:'汝果操何术而使味美若此?'庖人曰:'小人家中,蓄母鸡百头,所饲之食,皆参术耆枣等,研末掺入,其味故若是之美。主人试使人至小人家中一观,即知真伪。'黄遣人往验,果然!由是复使用之。"这一位"黄均太"每天早晨吃的鸡蛋是饲人参、白术之母鸡所产,其奢侈与黄小园每日早晨用十几种点心和十几种粥来待客有异曲同工之妙。《新世说》原注云:"黄之名字未详,'均太'其商号也。"据此,"黄均太"当为黄至筠旗名的又一种写法。

有意思的是,和道人《两淮鹾商轶闻录》中还有一个两淮盐业商总"黄银泰":"有黄银泰者,晋人也。其先为大同黄金泰之家奴,以为人机警故,领资到扬,经营盐业。十数年间,遂致巨富,浡至八家商总领袖。稽其致富之由,除每岁国课,八家分担,由黄姓一人承总完纳外,其在场下所产之盐,每百斤仅售百钱,运出江口抵十二圩栈,改大包为小包,加价每百斤为千二百钱。以其计二分一之利,及每包馀斤,加以垄断,开销水脚,完纳国课,当然有十倍之盈馀!朝廷懵然不知,官吏熟视无睹,宜其兴家发迹之易也!"这一位"黄银泰"的精明,与《水窗春呓》中"黄漾泰"的精明如出一辙。在同一时代的两淮总商中,绝不可能同时有"黄银泰"、"黄漾泰"两家同音的商号。揆之情理,所谓黄应泰、黄漾泰、黄瀛泰、黄均太、黄银泰,其实是同一家旗名的不同写法而已!

至于黄至筠其人的原籍,当以浙江为是。其他安徽说、山西说,均无根据。

个园主人黄至筠在文献中有如此纷繁复杂的记载,从一个侧面表明了清代扬州盐商是多么引人注目和炙手可热。他们的奢华与机敏,在长时间内成了人们津津乐道的谈资。

二十四桥明月夜

《伍少西毡铺》

——扬州老字号钩沉之一

很多的老字号消失了。
有些老字号只能在尘封的文献档案中才能发现它们的踪迹。

老字号——这个在现代人眼中具有品牌效应和无形价值的商业经济现象，似乎直到今天才引起人们的真正重视。而等到我们有一天忽然发觉身边一直司空见惯的老招牌，居然比金子本身还具有多得多的含金量的时候，那块老招牌却不知道在什么时候被我们当作垃圾扔掉了。并不是所有的老字号，都有幸像北京的全聚德、天津的狗不理、杭州的张小泉、苏州的陆稿荐一样，完完整整地保存到今天的。

"伍少西家"就是一个几乎被历史遗忘了的老字号。

最早知道"伍少西家"这个名字，是二十年前看到清人董伟业写的一首竹枝词。这位董伟业是生活于康乾年间的沈阳人，因长期旅居于扬州，对扬州的市井风情可谓了如指掌，烂熟于心。他写过九十九首《扬州竹枝词》，像《清明上河图》一样，用一枝少有的纪实之笔记录了康乾盛世的扬州概貌。其中有一首竹枝词，是写的当时扬州的著名店铺：

> 运司门口查原当，
> 旧帽新翻缎子街。
> 伍少西家绒袜贵，
> 戴和美店看毡鞋。

运司是指设在扬州的两淮盐运司衙门，缎子街因两边皆为缎铺而得名，这都是当时扬州的繁华去处。至于诗中的"伍少西家"和"戴和美店"，自然是两家名店了。从诗中来看，仅知道伍少西家卖的是绒袜，戴和美店卖的是毡鞋。更详细的情况，便不得而知了。但是，距今不过二三百年的这些著名的老字号，难道会在天壤之间消失得无踪无影，而不留下更多的蛛丝马迹？

后来，我在另一位清代诗人费轩的《扬州梦香词》里，发现了戴和美的线索。费轩是蜀人，寄寓在扬州。他的《扬州梦香词》里有一首这样写道："扬州好，小物寄戈戈。和美觅鞋非假好，清风

郑板桥题咏伍少西

得扇是真圆。子细得君怜。"小注云:"鞋履以戴和美店称极佳;清风馆,扇肆也,扇子有真圆头、假圆头。"似乎扬州的这些名店,总是引起外地人的兴趣,而本地人倒很少去关心和记录它。乡土文化的大量湮没,也许就因为土著民众的熟视无睹吧?我常常想,像伍少西、戴和美乃至清风馆这样的名店,与当时民众生活的联系极为密切,它们不但是商业经济史的一部分,而且也是社会文化史所不可或缺的。可是,为什么历来的知识分子都不愿意去注意这些直接关系到民生的具体事象呢?中国的文人往往更愿意去追求那种大而无当的抱负,而缺少从细微处入手的务实精神,这正是儒家文化的迂阔与悲哀。

关于"伍少西家"的情况,除了董伟业《扬州竹枝词》提到一句之外,后来知道李斗在他著名的笔记《扬州画舫录》里也曾提到。李斗是乾隆年间扬州府仪征县人,他对于"伍少西家"虽然只说了一句话,但多少让我们觉得那时的扬州文人还不都是迂阔的。

李斗是在《扬州画舫录》卷九说到"伍少西家"的。他说,扬州的钞关街因为地脉隆起,高于周围,故又称为埂子上。埂子上两侧多为名肆,"如伍少西毡铺,匾额'伍少西家'四字,为江宁杨纪军名法者所书"。

这句话告诉我们两点信息,一是伍少西家店铺的地址,二是伍少西家招牌的题人。这两点中包含着丰富的文化信息。

伍少西家所在的钞关街,是从古运河码头进入扬州城内的主要干道。因为行人川流不息,故商家多选择此地开店,从而形成了古城扬州在清代中叶的繁华。有一部名叫《风月梦》的清人小说,在第三回里这样描写扬州钞关街的繁华:"旅店灯笼,招往来之过客;铺面招牌,揽经商之市贾。进城人,出城人,呵气成云;背负汉,肩担汉,挥汗如雨。……真是:十省通衢人辏集,两江名地俗繁华!"钞关街的繁华,如同扬州城的繁华一样,在很大程度上得益于它的作为交通枢纽的地理位置。伍少西家的兴盛是由于这里交通发达的缘故,伍少西家的消失同样是由于这里不再是十省通衢的缘故。

伍少西家的匾额是由南京人杨法所题,这又是一个有意思的信息。杨法字已军(《扬州画舫录》误作纪军),原是清代书法家,扬州八怪之一,以写"草篆"见长。现在的店家,常常不惜以丰厚的酬金延请书法名家题写店名,以光大店声。这种商业行为,其实不是今人的发明。即以清代中叶的扬州钞关街为例,"伍少西家"四字由扬州八怪之一的杨法所题,

"戴春林家"四字则由名气更大的明代书家董其昌所题。为"戴和美店"与"清风馆"等题写店名的书家，当也不会是庸常之辈。扬州作为文化古城，似乎商家早就懂得了如何利用文化。"伍少西家"只是文献中留下记录的一例。

但是我们还想了解伍少西家的更多的情况。比如这家老字号的历史究竟有多古老，它的创始者到底是怎样的人，等等。可我又不敢奢望在前人留下的文献里，真能再寻觅到有关的信息，哪怕只是一丁点儿。

不过偶然的事情终于发生了。那是去年的春天，我从一家刚开张不久的书店里淘到一本民国时人写的笔记——《人物风俗制度丛谈》，作者瞿兑之。书中有一则《兰州绒》，记述兰州所产的绒毯最佳，然后引用了孙兆淮《花笺录》里的一段话。这一段话恰好解开了我心中的谜：

> 毡货有称为"伍少西家"者。明陕西人伍姓，开店南京，发卖毡绒货甚佳。永乐中，承办大内铺陈称旨，上喜，御笔亲题曰："伍少西家，令永为世业。"今江宁、扬州一带，此字号甚多，皆其分店。

我能恰好买到这样一本书，书中又恰好引了这样一段话，这一切都像是个奇迹，注定了要解开我心中的谜似的。

看来，伍少西家不仅在今天看来是个老字号，在清代已是老字号。因为它的历史可以追溯到明朝永乐年间（1403—1424）。

伍少西大约是这家老字号的创立者。少西也许是他的名字，也许是他的绰号。明清时代的人，常常把山西、陕西一带的人谑称为"老西"，正如江浙地区的人谑称南方人为"蛮子"、北方人为"侉子"一样。清人叶调元有一首《竹枝词》写道："高底镶鞋踩烂泥，羊头袍子脚跟齐。冲人一阵葱椒气，不待闻声识老西。"此处的"老西"即谓山陕商人。伍家毡铺的老板，或许因为年轻精干，人们不便叫他"老西"，便戏称他为"少西"了吧？我总觉得"伍少西"的名字，同"王麻子"、"狗不理"一样，体现了古人的幽默。

关于伍少西家为明代皇室订做毡货的事，我查了查《明史》，确乎有些影子。《明史·食货志》里，有"永乐中复设歙县织染局，令陕西织造驼毼"的记载。我揣想，永乐皇帝要更新宫中铺陈物件，就把织造驼毼的任务交给了陕西，而陕西官员为了完满地交差，必然要慎重物色一个最有信誉的商家，这个商家就是伍少西家。伍少西家在永乐皇帝那里获得了极大的荣誉，势必要向全国发展，于是南方的重镇江宁就成了伍家势力南扩的首选之地。又因为扬州距离江宁很近，在扬州做盐商的多为陕西人，于是伍家毡铺很快在扬州开设了分店。

伍家毡铺从明到清，不知传承了多少代，但却一直沿用着"伍少西家"这个最简朴而又最响亮的名字。因为在这个看似平凡的名字里，包含着世世代代积淀起来的商业信誉——这是比金子更贵重的东西。每每看到现在的一些浮躁的商家，企图靠不断地变换产品名称来打进市场，我就觉得他们的智商远远不及数百年前的伍少西家。

有关伍少西家的其他资料，可以说是基本没有。但近日读书发现的一条资料，确确实实是有关伍少西家的，却又确确实实难说有什么价值。这是晚清人陈康祺在《郎潜纪闻四笔》中记载的一条"异闻"：

江宁伍少西之妻，十六乳而生三十二子，不杂一女。绍兴潞家庄人王殿臣之妇，亦六产而生十二男。皆乾隆间事。

伍氏的妻子怀孕十六次，每次都是孪生子，共产下三十二个男孩。这种事情在医学上或许有研究的价值。但记录这些异闻的作者却认为，这不是异闻，而是"异瑞"，是盛世才会出现的吉祥之兆。这就又暴露了旧文人的迂腐的毛病。

旧文人的兴趣，是要么放在空洞说教上，要么放在猎异搜奇上，而不大愿意来秉笔直书一个商人的奋斗史。所以，

我们的历史上虽然有过无数的老字号，我们的档案中却绝少有它们的完整记录。中国古代的商业经济，起源甚早而发展很慢，这不能不说是原因之一。

伍少西家既然在乾隆年间接连生了三十二个儿子，这以后伍家的事业为什么不见发展反倒衰败了呢？可见人口的多产并不意味着经济的丰产。事实可能正好相反。

本文写好若干年后，读书时又发现伍少西家资料两条，不忍割爱，抄录于下：

乾隆时人潘荣陛《帝京岁时纪胜·十二月·皇都品汇》云："帝京品物，擅天下以无双；盛世衣冠，迈古今而莫并。……靛青梭布，陈庆长细密宽机；羽缎猩毡，伍少西大洋青水。"此节写的是乾隆年间荟萃北京的各地名店特产，伍少西家及其毡织品赫然列在其中。则伍少西家不但在扬州、南京有分号，在北京也有分号。

光绪时人王孝煃《乡饮脍谈·伍少西》云："伍浩，字少西，为回族伍氏迁金陵始祖。明时入钦天鉴，今墓前有高义坊。乡谚相传有曰：'时运低，遇见伍少西。'谓少西戒人贪厚利，凡事不获欲满，故曰'时运低'也。伍氏子孙至今繁衍。"此节写伍氏家事甚详，包括其民族、迁徙、历官、家风等，可补前文之不足。

二十四桥明月夜

——扬州老字号钩沉之二

戴春林香店

画家戴敦邦先生有一幅作品，上面的题字是『香粉弄多戴春林』。作品描绘的是清代上海的香粉店，那些一家挨一家的店招上纷纷写着『戴春林』、『真正老牌戴春林』、『真正百年老店扬州戴春林』等字样。

据一些资料记载，上海开埠后，扬州、苏州所产的香粉、胭脂、桂花油之类都涌向上海。其中的名店，有扬之戴春林，苏之月中桂。最盛的时候，上海同时有十一家戴春林，三家月中桂。这些香粉店大都集中在昼锦里，也即今上海山西中路中段。

虽然如今的上海已经没有一家戴春林，甚至在戴春林的故乡扬州也极少有人知道这家享誉数百年的明清老店，但我们依然可以想像它当年的显赫。并且，可以从中悟到些什么。

刘半农先生在他的《瓦釜集》里，曾把民间文艺比拟为"清新的野花香"，而把非民间的文艺比拟为"戴春林的香粉香"。他说，我们如果被戴春林的香粉熏得头痛，就该到野外去呼吸一点野花香，以便清脑醒神。显然，"戴春林香粉"在刘半农那里成了一种贵族化或士大夫化的象征。

戴春林究竟是怎样的一家老店呢？它和扬州的历史文化又有什么样的关系呢？也许我们该回顾一下扬州的香粉业。

可以说，二十四桥风月有多么出名，扬州的脂粉业便有多么出名。清人李百川的小说《绿野仙踪》第六十三回里有这样一句话："惟扬州香料比别处的都好。"这句话充分说明了扬州香粉业在人们心目中的地位。扬州历史上有好几家著名的香粉店，如戴春林、张元书、薛天锡、谢馥春等等，而最早的一家便是创始于明代的戴春林老店。戴春林的历史始于明朝崇祯年间，当时正是大明江山岌岌可危而扬州平山堂、苏州虎丘山、南京秦淮河士女如云的时节。当史可法正在浴血抵抗兵临城下的清军时，扬州戴春林香粉却不用一兵一卒就征服了大江南北。

关于戴春林的历史和特色，《片玉山房花笺录》有云：

戴春林香铺相传开自前明，其来已久，货亦最佳。所卖桂花油及一切香料，虽皆取之于苏，而法苏极精。安息香尤妙，香中细篾先埋土中三年，然后取出削制，以此焚香时绝少灰煤，亦无竹气。他香铺不能，故其名独著。

戴春林的历史，是现知扬州香粉店中最早的。入清以后，到康乾年间扬州才有张元书香铺继起，以制"状元香"出名，但其名气在戴春林之下。嘉道年间，扬州又有薛天锡香铺崛起，其香粉行销京城，几乎与戴春林齐名。道光十年（1830），扬州谢馥春香铺开张，其香粉头油，质地精良，诚为后起之秀。到清末民初之际，戴春林等老店相继式微，谢馥春遂一枝独秀。如今的扬州人，大抵只知有谢馥春，却不知道当年还曾有过名驰天下的戴春林了。然而，无论怎么说，"戴春林香粉"

总是三四百年间中国女性最喜爱的东西，是扬州脂粉行业和青楼文化最具象征性的代表，甚至也是明清时代扬州进军全国流通市场的拳头产品。

据李斗《扬州画舫录》卷九载："天下香料，莫如扬州。戴春林为上，张元书次之。迁地遂不能为良，水土所宜，人力莫能强也。"山东巡抚江畹香在主持乡试时，曾以千金与张元书香铺订制香料。香料都做成汉瓦、奎璧等吉祥的形状，凡参加乡试的诸生，每人发给一枚，以图吉利。后来这种香料不断地生产，以供士人需求，并美其名曰"状元香"。乾隆时人王锦云《扬州忆》有"方丈纱笼丞相贵，牡丹诗报状元香"之句，极言扬州香料身价之高。

戴春林香铺设在扬州旧时最繁华的商业闹市——钞关街上。它的店招，据《扬州画舫录》记载说，"戴春林香铺'戴春林家'四字，传为董香光所书云"（卷九）。董香光即董其昌，字玄宰，号思白，别署香光居士，明末著名书法家。《松江志》说他"行楷之妙，跨绝一代。四方金石之刻，造请无虚日。尺素短札，流布人间，争购宝之"。戴春林以一市井店铺，竟能获得这样一位显赫书家的亲笔题名，也可见它是如何见重于当时的士林。有趣的是，这件事后来还引起了晚清学者俞樾的感慨。俞樾的《茶香室丛钞》卷十一有"戴春林家"一条，谈到相传董其昌为戴春林家题写店名的事，说："唐西镇姚致和痧药店，海内所称'姚丸'

扬州谢馥春鸭蛋香粉

者是也。其家'致和堂'三字，亦董香光书。余与姚氏为至亲，昔年登其堂，犹及见之。乱后重开，而董额毁。戴春林之额，想亦未必存也。"俞樾所说的"乱"，当指太平天国战乱。"致和堂"之匾额毁于太平军兵火，"戴春林家"之招牌毁于何时呢？没有人记载。

戴春林香粉在整个清代，是畅销于南北各地的。究其缘故，质量上乘自是不必说的了，但另外也许还有一个不被人们注意的原因，即同遍于国中的扬帮艺伎大有关系。有一种无名氏所撰的《都门竹枝词》，描绘的是清代北京的勾栏风俗。其中有两句咏道："各种秋风不可挡，扬州新到戴家香。"清代是扬州的倡伎和优伶在京师活动最频繁的时代，正是这些"粉头"们对"戴家香"的传播起了推波助澜的作用。在南方的上海也是如此。《海市人妖》是百花同日生所写的一部反映民国年间上海青楼内幕的旧小说，其书第十七回写到嫖客与妓女以"戴春林"和"谢馥春"互相打趣。妓女小玲珑说："我今天轻轻两下，就打坏了你脸上两家店铺。"嫖客傅宪理说："两家什么店铺？"小玲珑说："就是谢馥春和戴春林！"这些嫖客和妓女，用这样的调侃来形容脸上的脂粉狼藉，也算别有风致。上海也一直是扬帮艺伎的重要活动地盘，因而"戴春林"之名也为上海人耳熟能详。

香粉之为用，以女性为多。但是旧时女性不能轻易出门，所以常常是由男人买来转致。扬州戴春林的生意，也因此而兴旺发达。嘉庆间小说《补红楼梦》第三十二回，写花花公子薛蟠"在扬州又买了一千银子货物，带回家去发卖；又在埂子上(即钞关街)，到戴春林家，自己买了好些香货，带回以便送人之用"。道光间小说《风月梦》第二回，写另一个花花公子陆书在扬州"埂子大街，见有许多戴春林香货店，也有的柜台前，许多人买香货的，买油粉的，纷纷拥挤"。这些虽是小说家言，但却是当时扬州社会风情的真实反映。

戴春林是扬州消费文化的产物，也是明清商品流通的产物。

就消费文化而言，再也没有什么比扬州戴春林香粉更有广泛影响的了。郎葆辰《广陵竹枝词》云："袖里金猊手自持，戴家香料乍烧时。昨乘飞轿红桥过，香到郎边知不知？"这是说扬州的风流女郎都好用戴家香料。其实何止扬州女性如此！周生《扬州梦》卷三惊呼："戴春林、薛天锡香料，亦海内驰名！"北京、上海等大城市对戴春林的欢迎是不用说了，连泰州这样的偏僻小城，戴家香料也是供不应求。例如朱余庭《海陵竹枝词》咏道："浙粉常花苏样髻，头油香露戴春林。"注云："戴春林，旧在维扬钞关门，今移泰州彩衣街。"其实泰州的戴春林乃是扬州戴春林的一家分店。由此可见，扬州戴春林同浙江的扑粉、常州的假花、苏州的义髻一样，都曾经平分着泰州城里的春色。

在商业竞争方面，扬州戴春林一直扮演着一个极为活跃的角色。首先，它同王麻子、张小泉等一样，是在民间享有盛誉的老字号。欧阳兆熊、金安清《水窗春呓》卷下云："著名老店，如扬州之戴春林、苏州之孙春阳、嘉善之吴鼎盛、京城之王麻子、杭州之张小泉，皆天下所知，货真价实，不准还价者。……同一货也，何以一家独擅？非有秘授之法，特格外认真耳。"这正是戴春林保持数百年不败的根本原因之所在。然而，商业竞争是残酷的，在商战中很难有常胜将军。正如倪澄瀛《再续扬州竹枝词劫馀稿》所说："薛天锡又戴春林，后起争夸谢馥春。"更有一种不正当的竞争，即冒牌的"戴春林"在晚清时到处招摇撞骗，鱼目混珠。惺庵居士《望江南百调》云："江南好，比户戴春林！一样牌题名士手，几番香醉美人心。脂粉旧驰名。"桃潭旧主《扬州竹枝词》云："浓香阵阵袭衣襟，冰麝龙涎醉客心。真伪混淆难辨认，钞关无数戴春林！"诗人们慨叹的"比户戴春林"、"无数戴春林"，就是清末民初戴春林老店被疯狂假冒的经济无序状态。这种不正当的竞争，不但毁灭了戴春林，也败坏了中国商界的风气。近人孙家振《退醒庐笔记》下卷沉痛地说："华人依赖成性，商业界为尤甚！故如某业何店出名，即冒射某店之牌，冀攘其利。如苏州稻香村之茶食、陆稿荐之酱肉，扬州戴春林之香粉，北京王回回之狗皮膏等，此一市招，彼又一市招，几不辨何者为真，何者为伪。此冒牌之直截了当，不易一字，无所用其巧思者也！"民国十五年（1926）付梓的《江都县续志》卷六《实业考》里，也总结了戴春林由兴而亡的原因：

香粉亦扬州特产，岁销银币约八万馀。昔时戴春林最有名，继起者薛天锡，最后则谢馥春。洪杨乱后，"戴春林"多至十馀家，购物者莫辨真伪，因舍而之薛天锡。近薛天锡亦渐衰微，惟谢馥春贸易称盛。

扬州不以别的产品风行天下，而以女人用的脂粉闻名海内，这原是无可奈何的事。可是这种女人的珍物竟因为被假冒而至于在世间消失，这又是一件令人无可奈何的事。

驰名数百年的戴春林终于寿终正寝了。但是我们只要打开明清风俗史的尘封已久的史册，仍然能够嗅到它那迷醉过好多代人的浓烈香气，感受到它所象征的那种灯红酒绿、纸醉金迷、轻歌曼舞、粉香脂浓的扬州古代文化。可以说，扬州的香粉对于后人感知封建末世的城市风气，无异于一剂灵丹妙药。戴春林以及它的同行们精心研制的香粉，不仅影响了南北各地妇女的生活方式，而且影响了全国许多城市的商业行情。

戴春林的兴衰史，在文化和经济两方面都给后人留下了值得沉思的东西。

二十四桥明月夜

梁福盛漆号

——扬州老字号钩沉之三

在我出生的前一年，即民国三十七年(1948)，扬州的一家老字号寿终正寝了。这就是商家兼作坊的梁福盛漆号，它的全称是「梁福盛仿古漆玩」。

又是仿古，又是漆玩，这些充满了怀旧意味和闲适情调的字眼，被用金字镌刻在"梁福盛"的招牌上，从清同治七年(1868)到民国三十七年(1948)，总共存在了八十年。八十岁，大抵是一个长寿者的年龄。

关于梁福盛，在我的记忆中，只是偶尔听老辈人在谈到旧时扬州的老店时，会提到它。据说在扬州的一些园林中，也还有它家的漆器，可是除非漆器上特别用文字标明，否则一般游客不可能知道。博物馆里应当有它的藏品，但在成千上万的藏品中，注意到它的也只是极少数有心人。现在的扬州青年大多数听说过扬州漆器，却从未听说过扬州曾有过一家荣获巴拿马博览会一等奖的梁福盛漆号。民间的历史，倘无人记录，是太容易被遗忘了。

对于梁福盛的了解，长期以来我仅限于民国十四年(1925)修撰的《江都县续志》卷六中的一段话："漆器自卢葵生后，为扬州特产，销行甚广。其仿制最善者，近为梁福盛。郡城各肆岁销银币约三万，而梁福盛居其半焉！"除此之外，我对于梁福盛几乎一无所知。

及读友人张燕女士所著《扬州漆器史》(江苏科学技术出版社1995年出版)，见她将扬州漆器自汉代至今的流变过程娓娓道来，如数家珍，而书中有关于梁福盛的专节，才使我了解梁福盛的一切种种，并愈益感觉到抢救和研究民间艺术及其历史的迫切。

梁福盛漆号的店面坐落在辕门桥北段，也即我常常经过的国庆路上。它有一座仿古雕花的门楼，有两进坐西朝东的铺面。店堂檐梁至柜台之间，有一块乌亮的黑漆大招牌，用厚螺钿拼槟榔纹嵌成"梁福盛"三个亮闪闪的斗大阳文。沿梁悬挂金字横匾一面，上面镌刻着"梁福盛仿古漆玩"七个大字。左右是一副刻漆楹联："福我家邦，艺通中外；盛尔基业，名振东西"，恰好将"福盛"二字嵌于联首。店面在辕门桥街上，作坊则在店后，即今参府街大升平巷内。

梁福盛的创业人叫梁友善，他是在晚清时扬州市面风雨飘摇的季节创下这份产业的。当时的扬州，盐务早已衰败，百业一片凋零，梁友善偏偏选择了漆器这一似乎无关乎国计民生的行当，并且公然以"仿古"和"漆玩"来招揽顾客。事实证明，梁友善的策划是非常成功的。对于扬州这样一座古城来说，还有什么比追思往昔和摩挲文物，更能迎合人们的心理需要呢？还有什么比鉴赏挂屏和把玩砚盒，更能消磨世纪末的那些无聊时光呢？

光绪年间，虽然维新和革命的思潮在中国大地汹涌激荡，但扬州城仍是一派安宁寂静。梁福盛最兴旺的日子，也就是在这时候。它年产漆器达万件，一时与创业于乾隆年间、当时已传至五代的福建沈绍安漆号齐名。两江总督端方为祝贺慈禧六十寿辰而进贡的一堂花鸟屏风，就是在扬州梁福盛制作的。据说这一堂屏风，由六十多名漆工精心制作了两年多，价值白银两万两之巨！

从二十世纪初到三十年代，梁福盛漆号传到第二代梁体才手上。梁体才字子仁，是个善于审时度势、把握商机的企业家。当时，津浦铁路刚刚筑成，上海一跃而为东南大都会，而扬州因为与铁路失之交臂，沦落成了被近代社会遗忘的地方。梁体才却善于利用上海这个暴发户的交通优势，平均每旬至半月就有一船漆器运往上海，再从上海销往海内外，年销量达二三万件。此时的梁福盛，雇工多达二百馀人，其中多为技艺高超的匠师。梁体才本人，精于髹漆，又擅长管理，他曾投资培养内弟谙熟英语，常驻上海，与外商直接交易。梁氏漆器，借上海水路、铁路之便，信息灵通，销售便利，实非那些蜗居扬城坐井观天的芸芸商家所能望其项背。在近代扬州的店主中，梁体才可称是一位少见的具有现代经营思想的经营家。这使人很难相信他原是个扬州商人——晚清时代的扬州商人。然而，梁体才在盛名之下，富足之馀，又向摇摇欲坠的清朝政府捐钱买得了一个空有其名的"候补五品同知衔"！在这一位扬州近代民族资产阶级代表人物的臀部，我们发现了封建主义烙上的印记。

然而梁体才仍是清末民初扬州商界不可多得的开拓型人才。在国内，他和福建沈绍安并称"南沈北梁"；在国外，他把梁氏漆艺远传到西欧北美。在同一时期，扬州城里有几个商人能和他相比！奇怪的是，关于梁体才及其经营思想，扬州人极少给予注意。如果不是张燕女士在《扬州漆器史》中加以介绍，现今还有几人知道他的名字？

梁体才逝世以后，本应由其子梁国庆继承家业。梁国庆字绍仁，患精神病，不能主持业务，便由其母高氏董理家业。此时，梁福盛作坊的规模从数百人渐减至几十人，家道开始中落。

梁福盛所产的漆器，有挂屏、围屏、台屏、楹联、匾额、招牌、柬盒、捧盒、书盒、麻将盒、什锦提盒、果盘、帽筒、笔筒、砚盒、印泥盒等，也有炕桌、琴桌、太师椅等漆艺装饰的家具。常用的装饰题材，有历史故事、八怪书画、百子图、百美图、百喜图和一些简洁的折枝花卉等。漆器的工艺装饰，有螺钿、骨料、宝石、玉材及八宝灰等。有一种特殊的工艺，是用厚螺壳

梁福盛所获巴拿马国际博览会奖牌

磨成条块，拼嵌出文字图案或贴满漆器表面，因为拼嵌接缝形成的纹理类似墙基的槟榔纹，扬州漆业称之为"槟榔纹螺钿"或"槟榔盒"。

梁福盛的漆器之所以长期保持名牌信誉，价格高于扬州其他漆器作坊而畅销海内外，是因为它恪守严格的制作工艺。它选料讲究，分工细致，制作认真。例如对新漆器的仿古做旧，着色以后罩胶矾定色，待干燥了再遍刷血料水，再以极细的香灰轻拭慢抹，但阳纹处不抹香灰，显出是自然风化而非人工造作。这些工艺绝技，是一代代的工匠在实践中逐渐摸索积累起来的。

梁福盛有不少名工匠，他们的姓名大多数都在流逝的光阴里消失得无踪无影。但有几个人，因为在《扬州漆器史》中提到，他们的事迹还流传至今。

一个叫王东亮，擅长修补古旧漆器。王东亮修补古器，并不贸然下手，他总是对着古器反复端详。然后，突然就拿定了主意，立马调漆涂抹，而极少先打个小样看看。漆膜干固，颜色慢慢显现出来，竟与原器浑为一体，天衣无缝。店主高氏承业以后，将店内外事宜都交王东亮处理。每天早晨，王东亮将每个工人的工作一一分派完毕，便进了富春茶社，沏上一壶茶，叫一碟干丝、几只点心，悠哉游哉，一泡半天。回到作坊，转转作台，做做指点，应酬应酬生意，自己不再动手。收工之后，又进澡堂搓背、捶腰、捏脚。王东亮过着一个标准扬州人所过的"早上皮包水，晚上水包皮"的生活。茶馆、混堂，都不用他掏钱，全部记在梁福盛账下。

另一个叫萧竹平，人称萧聋子。萧聋子能画善刻，有一手默写名人四体书迹的看家本领。他能自写、自刻仿三希堂法帖挂屏。萧聋子常常先吸完几袋旱烟，默默沉思半晌，然后提起笔来在屏面上急速挥洒。接着用刀将主要笔画铲出，再施以勾、刻、挑、抹诸技，转眼之间便在刀的游动处见到了运笔的意趣。萧聋子镌刻的法帖，连断简残篇上的虫蛀、皱折也能一起表现出来，观者无不啧啧称赞。他虽然身怀绝技，却没有家小，终身飘泊。只有在梁福盛找他画漆器上的底稿时，人们才见到他的身影。萧聋子平时的浪迹萍踪，没有人知道。他潦倒邋遢，形影相吊，谁也不知道他在何时、何处亡故。

梁福盛的名工，还有一个潘仁贵，能用薄杉木片胶粘出九层雕漆宝塔的木胎。有一个王红脸，能以周制之法做出百宝漆器。有一个樊麻子，是糅漆的高手。他们当中有些人，一直被以诨号呼来唤去，他们的本名在他们尚存人世时就被人遗忘了。《扬州漆器史》说："正是这样一代一代不为人看重的工匠，延续了扬州的漆文化。"

梁福盛的漆艺作品，曾经荣获南洋劝业会金牌奖章(1910年)、美国旧金山万国巴拿马博览会一等奖章（1915年)等。日军侵占扬州时，勒逼梁家交出这些奖章，未遂。但在"十年动乱"中，梁福盛的所有奖章均被抄去，下落不明，获奖证书全部被付之一炬，化成灰烬。一个有着荣耀和骄傲的老字号，就此被一笔抹去了它仅存于世间的光环。

梁福盛的名字，不仅包涵着精美的技艺和出色的经营，而且折射着时代的需求和历史的沧桑。它的故事不仅应该被写进专门的技术史，而且应该被写进广义的文化史。

二十四桥明月夜

惜馀春茶肆

——扬州老字号钩沉之四

扬州的茶馆曾经很有名。扬州茶馆常常起着好听的名字,例如辕门桥的二梅轩、蕙芳轩、集芳轩,教场的腕腋生香,文兰天香,埂子上的丰乐园,小东门的品陆轩,广储门的雨莲,万家园的四宜轩,等等。细细咀嚼这些店招,在沁人的茶香之外,还让人感受到浓郁的书香。

扬州的茶馆里不但有茶客，也有诗客，不但有茶香，也有书香。典型的便要数惜馀春。

几年前，有朋友给我看一本台北出版的书，是旅台扬州人杜召棠先生所著的《惜馀春轶事》。以一家茶肆之名来作书名，这在我还第一次见到。据《惜馀春轶事》介绍，"酒店惜馀春，设扬州教场北首，屋小于舟，前后仅一间有半。前之半尚设一柜，后之半为设厨案之所，乃于市口接短桁，亦仅容膝。诗人多蝟集之，暮益盛，一灯如豆，户限为穿，莫知其所自。四壁粘贴诗笺，琳琅满目，不啻诗城。门首窗棂间，为各吟社张贴课题处。此四十年前事耳，偶然忆及，情景如在目前"。《惜馀春轶事》写于二十世纪五十年代初，上溯四十年，正当清末民初之际。惜馀春卖茶，兼卖酒，故虽谓茶馆，又似酒店。这家小小的店铺，当时竟吸引了那么多的诗人，以至数十年后还有人因它而著书，这不能不说是一件奇事。

因为读了《惜馀春轶事》的缘故，我每次经过教场时，都想看看它的旧址。但是如果没有知情人指点，我们是无论如何也找不到哪里曾经是惜馀春的。惜馀春的老房子确实还在，它如今是普通的民居。现在要寻找惜馀春，也许不必去教场，而应该到历史里去探求。

至少在扬州，没有一家茶肆像惜馀

> 馀春堪惜惜馀春惜此春馀又几人为我
> 题签成绝笔容鬢风雨太酸辛
> 五十年前小酒家委谈遗事泊天涯而今
> 无限飘零感回首扬州梦已馀
> 苍茫四顾海天空落拓犹存一负翁不信
> 故乡归未得中兴豪傑满江东
>
> 负翁题四

负翁题咏惜馀春

春这样简陋，同时却又在各种书籍中留下那么丰富的记载。许多店堂轩敞、装饰华美的茶楼早被人们遗忘，惟独屋小于舟、仅能容膝的惜馀春仍活在书中，为后人怀念。

惜馀春和他的主人高乃超，具有一种特殊的魅力，以至于近代著名的笔记、野史、小说和地方志中，都有他们的踪影。

郑逸梅先生在《艺林散叶》第3616条写道："扬州有一肴馆，名惜馀春，主人高乃超，固风雅士，诗人墨客，都觞咏其间。"关于高乃超的风雅，陈邦贤先生在《自勉斋随笔》里说得更详细："扬州有一位高驼子，他在教场里开惜馀春，每天备点简单的酒菜，招待一般诗友。高先生生平无他嗜好，独好做诗，他专喜和一班诗人接近。那善于做诗的人，大都是穷愁潦倒，每天都在那里吃酒吟诗，写下账来三节结算，上节拖到下节，今年拖到明年。高先生便把惜馀春几个老本，都送给扬州的诗人了！"高驼子就是高乃超，因其背佝偻，故人称高驼子。据《自勉斋随笔》说，吴淞有个周木匠能做诗，曾著有《木屑边闲吟》。扬州的高驼子虽是茶馆老板，同样好诗，曾著有《滑稽诗话》。周木匠和高驼子，都属于山野和市井中的风雅之士。

高乃超并不是扬州人，而是福建长乐人，因先人在扬州做官，后来便举家迁至扬州。据说高乃超起初开的是一家酒店，名可可居，生意甚好。因为他好诗，经营不善，以至酒店倒闭，才又另开了一家惜馀春茶肆以维持生计。他的这一段经历，在徐珂的《清稗类钞·文学类·高乃超诗钟好嵌字》中有记载："高乃超，名超，闽人。其先世为扬关榷吏，遂家于扬。尝于扬之教场，设可可居小酒肆，营业日起，乃增益资本而扩之。闽人好作嵌字诗钟，高尤嗜之，日夕集文士从事吟咏。其司簿籍之某，亦能诗能棋。有客过其门，辄闻咿唔之声。店小二报账，而居停与司账者方闭目推敲，其营业遂因诗钟以败。"诗钟是一种特殊的诗，只有两句，像对联一样。做这种诗必须限定时间，在规定的钟点内完成，故称"诗钟"。诗钟为有闲文人做的文字游戏，高乃超身为生意人，不但自己沉湎于此，还把账房先生等也拖下水，酒店怎能不倒闭呢？高乃超的事迹本应写入《清稗类钞》的"农商类"或"饮食类"才对，而今却写在"文学类"中，这充分体现了他的迂阔与浪漫。

要说高乃超对饮食毫不关心，也未必。据说可可居的小笼点心和千层油糕，都是高乃超首创并且名噪一时的。现在扬州的点心和油糕依然享名，也许同高乃超有关。但可可居还是没有能够维持下去，因为高乃超的兴趣不在点心和油糕，而在诗钟和灯虎。他每天在店门口悬挂诗钟的题目和灯虎的谜面，谁能对出便免费招待酒肴。这样一来，生意看起来非常红火，实际上却入不敷出。有意思的是，当可可居酒楼退而改为惜馀春茶馆之后，主人高驼子却依然故我。从前他把可可居的账房先生陶冶成了能文之士，现在他又把惜馀春的店小二熏染成了行吟诗人。董玉书先生在《芜城怀旧录·补录》里有一段生动的描述："高乃超，闽人，背伛偻，人以高驼称之。初来扬，设肆于教场小玲珑素食馆故址，名可可居，以小笼点心及油糕名于时，盖其首创也。性好风雅，尝悬诗钟、谜语为号召，中者饷以卮酒，佐以菜肴。好事者亦麇集，营业称盛，遂迁居怡亭旧址，扩充其业。局面稍大，一人兼顾不及，而又多无聊文人积欠酒资难偿，以致失败。驼翁仍不耐久闲，复缩小范围，于教场北首复业，改名惜馀春，市招风先生书，售食品价廉味美。其志不在谋重利，而在结文字缘，一时诗人、酒人相与聚集，觞咏无少辍，驼翁亦顾而乐之。酒保胡三，亦被熏染，能为短章小诗，诚佳话也！"当时高乃超的儿子在海军中已少显贵，想把高乃超接到上海赡养，但高乃超不肯离开惜馀春的拮据然而风雅的生活。

高乃超的形象，曾被文人写进小说里。例如李涵秋先生在《广陵潮》第八十八回中，写云麟与小安二人来到惜馀春。"他们正在谈话的当儿，云麟一眼瞧见柜台里有个驼子，一手剥虾仁，一手在那里同人对弈，心里很为纳罕，随问小安道：'这驼子是店里什么人？'小安道：'他就是个店东。你不要瞧不起他，他也会做两首歪诗，下两手臭棋。从前因为好风雅，把资本完全蚀得干干净净。目下可算在此躲风雨，他

惜馀春旧址

營業寫真

茶博士（一頑）

茶館做個茶博士。一天到夜沖開水。鋼壺一把手不離。還要掃地指端凳子聞茶館。時有官場來，士驚欲呆，何況茶堂。分正副，有人兼掛正堂衔。

事無不可對人言

茶博士圖

仍然不改他的常态。'云麟道：'此人倒亦难得，倘遇见做小说子的，把他的所有事实写入小说里面，倒是好好的材料！'

小安道：'如果有人代他做小说，他还不是感激涕零么？三代下惟恐不好名，他偏生因好名而受累……'"实际上，就在李涵秋做《广陵潮》时，另一位扬州文人李伯通也做了一部《邗水春秋》，同样把高驼子写进了小说里。广陵和邗水都是扬州的别称，高驼子又是扬州名人，自然成了描写扬州风光的长篇说部中不可缺少的点缀。《邗水春秋》（一名《丛菊泪》）第一回中写道："照例，冶春后社的宴会、酒席都归惜馀春饭馆包办。这开饭馆的老板，称做高橐驼。这橐驼便驼得可怕，走起路来，脊背朝天，头勾到地。莫瞧他不起，他倒是个吟诗作对的雅人。先前他筹措出一注大大的赀本，开了一爿大大的酒肆，生意很是不错。不料，驼兄有雅，对于一般文人墨客，无不逾格垂青。酸哥哥饮咮起来，是肚皮尽撑，同他讨起账来，十个便有九个把胡须一抹，笔笔皆是汤账！弄得驼兄亏蚀不起，只好缩小范围，在教场支了个两间门面，招牌叫做惜馀春。"高驼子虽然吃了"酸哥哥"（即酸秀才）们的许多亏，但到头来仍喜欢同他们打交道。因为他的身份虽是老板，本色却是诗人。也许就由于他迂得可爱，文人们才乐于在笔下一再写他。

譬如，在四十年代的《申报》上，创造社的新文学家洪为法先生在连载的《扬州续梦》中，一连写了三篇回忆惜馀春的文章。在《惜馀春》里，说到高驼子对于应征的诗人均发给奖品，第一名是茶一壶、面一碗，第二名是茶一壶、干丝一碗，第三名是茶一壶，第四名以下是信封几只、信纸几张等。老板的慷慨和诗人的穷酸，历历如在目前。在《惜馀春续记》里，说到一些落拓文人欠了高驼子的债，过后境遇好转起来却依然不想还账。倒是追随高驼子多年的伙计胡三真是义气，他回乡卖掉自己的几亩田，来支持主人开店。这令人想起古代传奇中的义仆或侠士，为朋友敢于两肋插刀。在《惜馀春三记》里，写了常来惜馀春的一些畸零之人，如薛万岁、刘大令、金三花子、汪大头、蒋门神、王老太之类。薛万岁每晚醉后便唱"皇帝万万岁，小的天天醉"；王老太喜欢人家奉承她"面若桃花"；还有一位秀才短张，好用假典欺人，人或问其出处，便笑谓"何必认真"！这些都好像让我们亲眼看到了惜馀春里的情景，甚至清末民初时扬州的社会风情。

扬州历史上的无数茶馆，都随着岁月的流逝，永远地消失了。民国《江都县续志》卷三十《杂录》写道，"扬州茶肆，老辈藉为论文之地，北门外下街抱山河、乐名为最古，阮文达公饮茗处也。稍后者，为校(教)场停云、竹炉轩、观盛亭等，今之少年已无知者。观盛亭后改为怡亭，光绪季年又改为可可居。主人高姓，名乃超，闽人，长者也。一时文士，多聚其所。后主人以折阅闭门，而别设小肆于其北，曰惜馀春云。"这虽是比较简略的几句话，高乃超和他的惜馀春却真可以说是载入了"史册"了。

近人倪澄瀛先生有一首《再续扬州竹枝词》咏道：

驼子先生高乃超，每逢文士必召邀。

馀春可惜须当惜，双鬓星星已渐凋。

诗人写这首诗时，高乃超仍在世，但已垂垂老矣。他的惜馀春是在抗战之前宣告歇业的。之后，高乃超在苏州养老，直至离开这个世界。

当我们从扬州教场走过时，我们仍会想起那个驼背诗人高乃超，和他的诗人沙龙惜馀春，以及流传于扬州民间的一首歌谣："教场惜馀春，驼子高先生；破桌烂板凳，满座是诗人！"这个时代仿佛离开我们很远很远了。

二十四桥明月夜

陈恒和书林

曾经为扬州陈履恒访书过眼

——扬州老字号钩沉之五

扬州的刻书和卖书，一直很有名。

而在近代，要数陈恒和书林最出名了。

《陈恒和书林》

书林的创始人陈恒和先生,于光绪九年(1883)出生于扬州城东南郊的杭集。据说他的祖籍是江苏丹阳,自高祖时迁至江都。陈恒和少年时代就很聪颖,读书识字,日见长进。他是在舅父的指导之下研习目录学的。系统的目录学知识,使他日后在古籍的鉴别和整理方面得心应手。

杭集有刻书的传统,许多人家世代以雕版印刷为业。杭集的雕版工匠,足迹遍及江浙各地,称为"扬帮"。陈恒和在这种乡风的熏陶之下,也走上了业书谋生的道路。

陈恒和先是学会了修补古书的技术,同时做一些季节性的黄历生意。在三十岁那年,应上海忠厚书庄老板李紫东之招,去专事古书修补工作。李紫东精通版本之学,对宋元旧籍,如数家珍。陈恒和得以亲聆指教,数年之间,已精熟于版本目录学和古旧书业务。

民国十二年(1923),陈恒和年届不惑。他从上海回到扬州后,便立志创设一家书店。书店以自己的姓名为号,称"陈恒和书林"。书林的地址原在大儒坊,即今甘泉路共和春饭店处,规模甚小。后来,他举债八百元,在教场街南买下一处房屋,规模遂有所扩大。

陈恒和书林以经营古旧书籍为主,后来也兼营新书,以及文化用品。那时的教场,是扬州城最繁华的地方,陈恒和书林在这里逐渐发展起来,影响也越来越大。

陈恒和一边经营书店,一边搜集乡邦文献。扬州原是人文荟萃的地方,历来的骚人墨客都留下了不少著述。但因为种种缘故,文献的散佚十分严重。陈恒和意识到,他有责任对乡邦文献做些搜集刊刻之事。他在《扬州丛刻》里这样自述道:

窃考吾扬《艺文志》,其涉及一郡掌故之书至多。而断简遗篇,零落殆尽;或已为丛书所收入者,非重金莫能致。其单行本流传既尠,而传钞本及稿本则尤易湮沦。不及时裒而聚之,刻而布之,则一瞬间将与尘埃飘风而俱逝。余幸业于此,力之所能即责之所在也,曷敢不勉!

陈恒和作为一个书贾,而有这样强烈的文化责任感,这是他远远超出一般读书人的地方,也是他个人魅力之所在。

陈恒和是从民国十八年(1929)开始着手《扬州丛刻》的编选雕版工作的。他从文献的价值出发,不论作者是否名人,只要书的内容关系到扬州的历史文化、典章制度,便予以收录。凭借多年经营古旧书籍的经验,陈恒和在编刻《扬州丛刻》时抓住三个重要环节:其一,从自己历年搜集珍藏的大量旧书中,遴选出二十四种书目,内容都是关系扬州并且切民国十八年(1929)开始进行,历时五年,至民国二十三年(1934)方告完成。为了支付巨大的雕版费用,陈恒和几乎投入了多年的积蓄,但仍难以为继。在为难之际,陈恒和商议于其妻杨恒娘,杨氏听罢,毅然脱下发簪、耳环等首饰,易资以助其夫,才使得此事得以继续。这一感人的情节,使人联想到清代扬州学者焦循为了购买一部自己想要的书,阮囊羞涩,而其妻阮氏慨然将随嫁的珍珠为质相助的事。

《扬州丛刻》 共收文献二十四种,即:李斗《扬州名胜录》四卷,焦循《邗记》六卷,吴绮《扬州鼓吹词序》一卷,刘文淇《项羽都江都考》一卷,杨丕复《扬州舆地沿革表》一卷,戴南山《扬州城守纪略》一卷,王秀楚《扬州十日记》一卷,于邺《扬州梦记》一卷,乔吉《杜牧之扬州梦》一卷,倪在田《扬州御寇录》三卷,郑章云《扬城殉难续录》二卷,汪鋆《扬州画苑录》四卷,董伟业《扬州竹枝词》一卷,黄鼎铭《望江南百调》一卷,曹璿《扬州琼花集》五卷,王观《扬州芍药谱》一卷,阙名《广陵小正》一卷,源印《扬州茱萸胜览》一卷,阙名《扬州水利论》一卷,张鹏翮《治下河水论》一卷,叶机

陈恒和书林刻本

合实用的;其二,在各种不同的版本、传本、稿本中,精选出最善的本子,这些善本都经过仔细的考辨鉴别;其三,令其子履恒担任校勘之责,严防在雕版过程中出现鲁鱼亥豕现象。有此三点,《扬州丛刻》的质量也就有了保障。

以陈恒和书林名义刊行的《扬州丛刻》,是近代史上扬州地方文献的第一次大规模汇刻。这一浩大的文化工程,自

《泄湖水入江议》一卷,俞正燮《高家堰记》一卷,齐召南《运河水道编》一卷,阮先《扬州北湖续志》六卷。综观以上著述,或写扬州名胜古迹,或录扬州风物民情,或述扬州历史地理,或记扬州词章诗赋,或论扬州河防水利。说《扬州丛刻》是一座集中了扬州地方文献精华的宝库,并不过分。特别值得一提的是,《丛刻》中的一些著作,原来是稿本,后来已经散佚。只是因为被《丛刻》收录,它们才得以流传至今。

《扬州丛刻》的刊行,得到了学者的好评。陈延韡先生在《扬州丛刻·序》中赞扬道:

> 陈君恒和,以业书自隐于市肆。慨然念此,乃裒集先哲以扬人而述扬事者为书若干种,合刊之,为《扬州丛刻》。于是吾郡之掌故,与纪吾郡掌故之前贤,皆得托以不朽!夫使人不朽者,天必以不朽报之,则千秋后之陈君,其必不居常熟毛、姑苏席两氏之后也!

明末汲古阁毛氏、清代扫叶山房席氏,是历史上著名的刻书家。把陈恒和书林同他们两家并举,这个评价是极高的。

除了《扬州丛刻》之外,陈恒和书林还刊印过蒋超伯的《通斋全集》等书。陈恒和本人又曾撰写了《扬州掌故书录》二卷,并准备将其他扬州文献陆续雕版印行。正在这时,抗日战争爆发,陈恒和先生因脑溢血突发于民国二十六年(1937)秋天去世,享年五十五岁。

陈恒和书林由陈恒和之子陈履恒继承。

陈履恒于民国四年(1915)生于杭集。他十岁入塾读书,十五岁随父学习古书修复和版本鉴别。十七岁时,陈恒和将他送到南京萃文书店随姑父学艺。他姑父朱甸清所开萃文书店是当时有影响的古旧书店,曾刊行过《珍书掃寻灵》等书。陈履恒在这里进一步学习版本目录之学和古书经营业务。约二三年后,返回扬州主持陈恒和书林的业务。

陈履恒经营的陈恒和书林,继承了父亲以收售古书旧书为主的传统。同时,他又开拓新的业务,兼营文具和课本,特别是进了许多新书。经营范围的扩大,使书店的业务日益兴旺,但也多少削弱了自己的特色。谢国桢先生在《扬州纪游》一文中曾记叙了他在扬州访书的情形,说:"走过了两三条窄巷后,到辕门桥一家书店里访一点旧书,可惜这一家很有名的陈恒和旧书店已经卖起新书和文具来了。主人陈君很和蔼的给我找出几本旧书来,刘文淇、刘恭甫的手稿,也都断烂不全,不禁教我失望。"书店要生存要发展就必须拓宽经营范围,读者为买到自己喜爱的书籍却喜欢书店永远保持住经营的特色。这是一个难以两全的问题。

陈履恒是一个精明的书店业主。他善于从古书堆里挖掘出具有较高价值的善本和珍籍。他曾从泰州书商沈本渊处高价购得《杜诗言志》手稿本。此稿本无撰者姓名及著作年代，他根据凡例、序言及纸色等情况，推断为明遗民于康熙年间写成，并联系清代文字狱的背景解释了作者不敢署名、书稿不能付梓的原因。他的分析和判断后来为专家所证实。这部书稿阐发了杜诗忠君爱国之志，探索了杜诗的思想性和艺术性。后由广陵古籍刻印社出版，行销海内外，江苏人民出版社又据此出版了点校本。

陈履恒在扬州市区居士巷某藏家发现了太平天国时佚名手稿《咸同广陵史稿》。这部手稿经太平天国史专家罗尔纲先生考证，是太平军占领扬州时期的活动的重要记录，其价值远在倪在田的《扬州御寇录》之上。书稿系撰者根据亲身经历和见闻著成，记事比较客观公正，在一定程度上反映了当时的历史真相。罗尔纲先生亲为此书撰写考证、评介文章，并在扬州援引此书作了学术报告。后来广陵古籍刻印社刊刻了此书，为太平天国史的研究提供了宝贵的新资料。

陈履恒一生好学不倦。他对版本目录学方面的书籍如《书目问答》、《贩书偶记》、《四库全书总目》等，极为熟悉。据说《贩书偶记》一书，他几乎能够背得出来。他生平喜爱交游，往来多学者名流，如陈含光、洪式良、章石承、孙龙父等。陈含光曾撰联赞他："君家再世精目录；我辈得来增眼明。"他性格开朗，诙谐风趣，遇事不拘小节，举止有名士风度。他惟有对书绝不苟且马虎，凡经他手的善本，他会在书前钤上"曾经为扬州陈履恒访书过眼"一印。这些年来，我得到两种书，一种是青木正儿的《中国近世戏曲史》，一种是叶昌炽的《藏书纪事诗》，两书首页的右下方均极其清晰端正地钤着"曾经为扬州陈履恒访书过眼"一印。

陈恒和书林于1956年并入扬州古旧书店。

1981年10月9日，陈履恒先生同他的父亲一样因脑溢血突发去世，终年六十七岁。

二十四桥明月夜

二分明月情结

什么地方的月亮最明呢?

故乡。

什么地方的人对月亮怀有不解的情结呢?

扬州人。

在扬州,总是有说不完的关于月亮的故事。前些年,有人给扬州起过一个颇富诗情画意的雅号——月亮城。这个雅号能否得到别人的认同我不知道,但我知道扬州人自己很喜欢这个名字。月亮城,一个月光如水的城,一个月白风清的城,一个月色朦胧的城,真是很美的。月亮城,不管别人是不是这样称呼扬州,都表明扬州人对于月亮怀有一份执著而坚贞的情结。

作为一座城市，用自己的一个城门的命名来纪念一位并不著名的古代诗人，这样的例子古今中外并不多见。但扬州有一个城门就是用唐代诗人徐凝的名字命名的。徐凝并不是唐代最有名的诗人。扬州人纪念他，只是因为他写过一首诗，这首诗使得扬州人与天上的明月结下了不解之缘，使得扬州城有了个徐凝门。

徐凝是睦州(今浙江建德)人，元和中官至侍郎，《全唐诗》存其诗一卷。关于徐凝的轶事简直少得可怜，但扬州人稍有文化的莫不知其大名，而即使是不识字的扬州人也都知道扬州的徐凝门和徐凝门大街。

徐凝写的那首诗叫《忆扬州》，七绝，只有四句：

萧娘脸薄难胜泪，桃叶眉长易得愁。
天下三分明月夜，二分无赖是扬州。

瘦西湖月观

萧娘不知道具体指谁，自南朝以来，诗人常以萧娘泛指男人所恋的女子。桃叶本是王献之的爱妾，在这里也是泛指男人心中的所爱。在诗人徐凝的笔下，佳人的泪眼，美女的愁眉，都无不令人肝肠寸断，梦绕魂牵。最奇特的是，普天之下总共三分月色，倒有二分被扬州独占，面对这二分明月，却教人爱也不是，愁也不是。

徐凝将天下月色划为三分，又将其中二分归于扬州。这样的奇思妙想，只有走火入魔的诗人才会有。然而偏是这样的荒诞之语，赢得了扬州人的心。"二分明月"，从此成为扬州的代称。

月亮与扬州的故事还有很多很多。

唐人张若虚写过一首著名的《春江花月夜》，用磅礴的气势写下了"春江潮水连海平，海上明月共潮生"的壮阔意境。这位同样是以写月亮出名的诗人，其作品被闻一多先生誉为"诗中的诗，顶峰上的顶峰"。然而尽管张若虚是扬州人，他的名字在扬州却远不如徐凝那样家喻户晓。

宋代贾似道镇守扬州时，适逢上元节张灯，有人摘了两句古诗作为对联挂在灯门两侧："天下三分明月夜；扬州十里小红楼。"众人观后，都以为非常贴切。这两句诗，都是前人咏扬州的。不过用这样的好诗句为贾似道粉饰太平，未免可惜。

元朝扬州有富室赵氏，建了一座明月楼以宴宾客，一时题咏甚多，但主人都不满意。恰好赵子昂偶过扬州，主人邀他作客，赵子昂便挥笔题了一联："春风阆苑三千客；明月扬州第一楼。"主人赵氏大喜，好好款待了赵子昂一番。惟明月楼故址，早已不知所在。

明人汪廷讷，写过不少戏曲剧本，其中有一部杂剧叫《广陵月》最为著名。杂剧写唐代将军韦青，在街头与歌女张红红结识，后来红红被召入宫，两人依依惜别。安史之乱后，韦青避难至扬州，在月色下巧遇流浪的红红。两人在扬州邂逅，倍觉扬州的月亮显得皎洁和温柔。

扬州的月亮，就这样牵动着诗人的情愫，和恋人的情怀。

然而扬州人最钟爱的，还是"二分明月"这个字眼。曹寅《即事》诗云："二分明月扬州梦，一树垂杨四百桥。"惟有"二分明月"的说法，才能最完美地表达扬州人对于月亮的情结。

当我们走进庄严肃穆的史公祠里，我们会看到这样一副楹联——"数点梅花亡国泪；二分明月故臣心。"二分明月成了史可法悲壮结局和崇高人格的圣洁象征。

当我们漫步在今天繁华热闹的广陵路上，我们会发现一座幽静别致的清代

扬州月

私家园林——"二分明月楼"。二分明月成了园主人逃避喧嚣和追求澹远的精神寄托。

当我们打开清代扬州文化史册时，我们会发现那时扬州曾经有过这样一个诗人沙龙——"二分明月社"。二分明月成了诗人们抒写心声和吟唱自然的灵感源泉。

当我们走进历史深处，我们还会遇见一位自称为"二分明月女子"的扬州名妓陈素素。陈素素是清初扬州人，工诗，善画，能度曲，她的诗集题为《二分

个园透风漏月厅

明月集》。正如历史上无数的薄命红颜女子一样，陈素素也有一段凄婉悲凉和曲折坎坷的人生故事。她先是沦落风尘，成为在青楼中倚门卖笑的月下神女。后来巧遇莱阳姜仲子，以为能够寄托终身，便做了他的小妾。殊不知，小妾的地位毫无保障，不久她就被一个豪强夺去。姜仲子因思念陈素素而寝食俱废，遣心腹之人暗中送信给素素，表示对她的爱至死不渝。陈素素面对使者不胜悲痛，截断自己的指环请使者捎给仲子，以示"必还"（环、还同音）之意。姜仲子得到断环，感泣不已。

清人朱素臣根据陈素素的故事，写了一部戏曲传奇，题作《秦楼月》。《秦楼月》长达二十八出，以"月"来譬喻扬州女子陈素素，自然是赞美她高洁、美好的意思。剧中写陈素素游苏州虎丘，在真娘墓前题词一首。书生吕贯见到素素的题词，便心仪其人。不料有匪徒将素素劫至山寨，意欲让她做压寨夫人。素素誓死不从，触石毁容，以明心志。后来吕贯友人刘岳攻破山寨，救出素素，几经波折，始得娶归。戏剧的结局，是使得残月变成了满月。虽然作者的思路未能跳出才子佳人的俗套，但剧中以"秦楼月"来歌颂一个风尘女子的高风亮节，仍是难能可贵的。

陈素素的《二分明月集》中，有诗词六十首，内容多写青楼女子的悲惨遭遇和寂寞心情。其《述怀》写道：

妾非农家女，少小在芜城。
十三学刺绣，十五学弹筝。

乱离不自持，非意失吾贞。
百年一遭玷，谁复怜我诚。
伤哉何所道？弃掷鸿毛轻！

从诗中可以知道，素素自幼生长在扬州城里，"芜城"即是扬州。她是在扬州瘦马家长大的，因而从小就受到女红、文艺等严格教训。她是在社会的动荡中失去贞洁的，因为她无法在乱世中保全自己。她对自己的前途充满了悲观情绪，认为自己的被遗弃就如同鸿毛一样微不足道。

陈素素的生卒年没有记载。她的《二分明月集》刻于康熙年间，她在诗中又有"乱离不自持"之句，可见她是由明入清的人。一个经历乱世又堕入风尘的女子，却偏以"二分明月"自许，可见她虽身处泥淖之中却一直坚守着心灵的纯洁。

在陈素素这样一位出淤泥而不染的女子身上，也许最能体现"二分明月"的冰清玉洁与侠骨芳心。我见过清人蒋敦复写的一首《秦楼月·二分明月女子小影》，其中有"扬州月，碧天秋思，玉人愁绝"和"瑶台别，满身风露，广寒宫阙"之句，诗人是把"二分明月女子"比作广寒宫中的嫦娥的。在二十四桥上听箫声，看明月，能够让人忘掉红尘的喧嚣与浊世的烦恼。

自古以来，二分明月属于扬州，这几乎是没有什么疑问的。但其实又不然。据清人方濬师《蕉轩续录》卷一"二分明月"条载，早在元代，济南也曾有过"二分明月"的美称。元代的著名诗人萨都剌在《寄李溉之》诗中咏道："天下三分秋月色，二分多在水心亭。"水心亭在济南大明湖上，原为李溉之所筑。凭借萨都剌的诗，济南也是有"二分明月"之典的。而且，平心而论，萨都剌在文学史、诗歌史上的地位都要大大超过徐凝。

奇怪的是，尽管萨都剌比徐凝有名，但他用"二分明月"来歌咏济南的事却少为人知，济南人也从不以此自诩。而徐凝的诗尽管大半不为世人所知，他那写"二分明月"的两句却为天下传诵，更为扬州人所珍视。

这正是扬州人与济南人的微妙不同吧？对于济南人来说，他们有着北方人特有的强悍的体魄、豪爽的性格、尚武的民风和火一般的热情，他们也许更崇拜燃烧着的太阳。登上泰山极顶迎接喷薄而出的红日，正是体现了齐鲁大地所特有的阳刚之美。与此形成鲜明对照的是，扬州人具有南方人特有的纤弱的身材、贞静的品性、好文的习俗与水一样的柔情，他们或许因此才更喜欢凝冻着的月亮。来到湖水之滨观赏空明皎洁的冷月，也正是体现了江淮古城所特有的阴柔之美。

月华如洗，那是扬州城的精魄。

二十四桥明月夜

品味『扬州气』

大抵一个地方的人,都具有一种习气。『扬州气』自然是指一般扬州人常有的习气。

品味"扬州气"

二十世纪三十年代初,朱自清先生在英国游学。这一年的"双十节",旅英的中国人举行纪念集会,朱先生也参加了,但心情很不愉快。我看到后来发表的《朱自清日记》(1931年10月10日)这样写道:"下午开国庆纪念,殊无聊。王景春演说,官僚气之至!""会场中王昭隽君与主席为列,殊无聊。其人尚未脱扬州气也!会场空气本尴尬,经此一事,益觉别有滋味矣。"

朱先生两次用"殊无聊"这样的字眼来形容那次集会,可见其厌恶的程度之深。后一个"殊无聊"是针对一位王君与主席为列一事而发的。从文意看,王君显然不够资格坐主席台,而他偏去坐,故朱自清先生觉得殊为无聊。有意思的是"其人尚未脱扬州气也"这句话。王君自是扬州人无疑,然而什么是"扬州气"呢?

"气"就是习气、作风、脾性,大抵为后天养成,多与当地的历史传统和现实环境相关。在习惯上,称为"某某气"的似乎多带贬义,如江湖气、绅士气、书生气、脂粉气、流氓气等等。"扬州气"也不能例外。它所指的应当是扬州人性格中最有特点、最易流露,而且是负面的、消极的东西,这是没有问题的。品味"扬州气"滋味,对于进一步了解扬州,认识扬州人,重构扬州文化与扬州风格,其实都大有益处。

"扬州气"一说,平时很少有人谈到。但是我想,朱自清先生这样说并非是空穴来风。

例如,《扬州画舫录》中提到过"扬州气习"一说。据书中说,清代扬州人喜欢把琼花同牡丹栽种一处,习以为常。泰州人亦有此习,因为泰州在历史上曾隶属扬州,"则其扬州气习未除,已可概见"。

又如,《古今小说精华》中提到过"维扬风气"一说。书中说,曾国藩初任两江总督时,扬州市面十分萧条。后经曾国藩改革盐务制度,扬州盐商东山再起,才得以"宫室、车马、衣服、饮食,力抚维扬风气"。

又如,《淞隐漫录》中提到过"维扬结习"一说,已与朱自清先生所说的"扬州气"非常接近。"维扬结习"指那种狭隘、固执、偏颇的性格。据书中说,扬州女子郑满仙,光采艳发,丰姿婀娜,"个妮子绝无倔强气,一洗维扬结习,甚难得也"。

再如,《南巡秘记》中提到过"扬州本色"一说,其意则同"维扬风气"相似,都是指追逐豪华、新潮、时髦之意。据书中说,清帝南巡时,扬州绅商"但豫备富丽之行宫与新鲜之歌剧,以保存扬州本色"。

木兰寺石塔

扬州气习、扬州本色、维扬风气、维扬结习,说法虽然有异,其实都是概指扬州人的风俗秉性。这种风俗秉性的总体特征,就是追求一种浮华的气象,并且乐此而不疲。在前人的著述中,除了上面提到的几种说法之外,还有一个字眼同"扬州气"最接近的,那就是"扬气"。

清人把那种爱出风头、爱赶时髦的作派,称为"扬气"。例如《品花宝鉴》第二回写道:"京里的戏,是甲于天下的。我听得说,那些小旦,称呼相公,好不扬气!"清末京中士大夫好狎男伶,称为相公,以至一时蔚为风气。故伶人被呼为相公,竟感到"好不扬气"!"扬气"一词,源于明清时扬州盐商的奢华作风。《夷患备尝记》曾对"扬气"一词做过这样的解释:

作事轩昂,向曰"扬气"。以江南盐商,扬州为多,其作事尽事奢华也。

扬州在明清两代富甲天下,扬州盐商之豪富尤为全国各地商人之冠。用腰缠万贯、挥金如土等常见的成语来形容他们的富有,犹嫌不足。我只想举出一件事实,即长期以来,两淮盐课几乎占了历代王朝盐税收入的一半!所以,扬州盐商的生活方式,不仅影响着扬州一地,还辐射到全国各大城市,乃至穷乡僻壤。"扬气"便是世人对于扬州盐商倡导起来的奢侈豪华风气的概括,也是对历史上扬州的主流文化形态的概括。

同"扬气"一样,扬州气习、扬州本色、维扬风气、维扬结习等等也都是前人企图对扬州传统人文精神所作的种种概括。朱自清先生所说的"扬州气",正是这一系列概括的赓续。

品味"扬州气",有时竟觉得它是无处不在的。这从外地人给扬州人所起的绰号,也能看出来。

许多地方的人,都有共同的绰号。如《解学士诗》中说,江西人叫"腊鸡",苏浙人叫"盐豆",云贵人叫"蛮子",福建人叫"土狗",四川人叫"尖老鼠",湖广人叫"臭干鱼"。《青泥莲花记》中说,杭州人叫"福儿",苏州人叫"呆子",常州人叫"欧爹",扬州人叫"没耳朵",真州人叫"火柴头"。《养和室随笔》中说,陕西人叫"豹",山西人叫"瓜",山东人叫"胯",河南人叫"鲈",两广人叫"蛇",云贵人叫"象",畿辅人叫"响马",江南人叫"水蟹"。《管锥编》中,苏州人叫"空头",常熟人叫"汤罐",宜兴人叫"夜壶",无锡人叫"烂泥磨磨"。等等等等,不一而足。扬州人一向喜欢给外地人起绰号,例如,把北方人叫"侉子",把南方人叫"蛮子",把泰州一带的人叫"冒子",把高邮一带的人叫"落子"等等。作法必自毙,在扬州人大叫别人绰号的时候,自己也得到了不少绰号。其中最流行的是:"洋盘"、"小刁"、"虚子"。

"洋盘"本来应该写做"扬盘"。先前扬州很阔的时候,很多外地名士都向往扬州、崇拜扬州。那时候,扬州人就讥笑那些跟在自己屁股后头的人,叫他们"扬盘",意思就同"乡下佬"差不多。后采情形发生了逆转,扬州人不但失去了讥笑别人"扬盘"的资格,反而被别人讥为"洋盘"了。"扬"字变成了"洋"字,这一变化表明扬州人从天之骄子变成了土里土气的"乡下佬"。

"小刁"的意思是只从小处着眼,但和精明有所不同。精明未必不顾大局,"小刁"却只想到一己私利。精明是反复权衡后作出的决策,"小刁"只是一种鼠目寸光的短期行为。精明是科学和智慧,"小刁"只是愚昧和卑劣。扬州历史上商人很多,小商小贩的意识可能影响到整个民风。"小刁",说到底就是小心眼、小聪明、小算盘、小气鬼、小家子气、小眼睛眶。

与"洋盘"、"小刁"相比,"扬州虚子"这个绰号更为出名。对"虚子"的最权威的解释,是朱自清先生在《说扬州》里说的一段话。朱先生说:

> 扬州人有"扬虚子"的名字;这个"虚子"有两种意思,一是大惊小怪,二是以少报多,总而言之,不离乎虚张声势的毛病。

首先是大惊小怪,可能因为见的世面太少,所以扬州人对外部世界的新奇事物常常觉得不可思议,因而惊惶失态。其次是以少报多,扬州在近代虽然大为落伍,但先前确实真的阔过,就像《水浒传》中说的"虎死不落架"、《红楼梦》中说的"百足之虫,死而不僵"一样,穷归穷,面子却要撑住,因此就不免打肿了脸充胖子。

扬州人的这些绰号，都是外地人叫起来的。既然是绰号，自然带有几分玩笑的意思，不能完全当真。但是平心而论，这几个绰号也确实揭露出了扬州人性格的某些弱点。

别人怎样，我们也盲目地跟着怎样，结果别人的长处没有学到，自己的长处反倒丢了，这不是"洋盘"吗？一事当前，不通盘考虑，不从长计议，而是头痛医头，脚痛医脚，结果因小失大，因少失多，被称为"小刁"也应该。至于一方面孤陋寡闻，坐井观天，另一方面又装模作样，妄自尊大，还有比"虚子"更好的称号吗？

从某种意义上看，"扬气"、"洋盘"、"小刁"、"虚子"都是对扬州人传统心理机制中的劣根性的非常形象的概括。

"扬气"的反面是谦逊，"洋盘"的反面是自强，"小刁"的反面是大度，"虚子"的反面是务实。扬州并不是没有谦逊、自强、大度、务实的人，但只有当我们彻底摆脱了"扬州气"的时候，我们才能建设一个更美的扬州和更强的扬州。

二十四桥明月夜

扬盘·苏意

——关于扬州、苏州与江南文化

江南文化具有一种特殊的气质。它不像中原文化那样过于厚重，也不像闽粤文化那样带着蛮荒之气。它不像中原文化那样过来，它显得相当的开放。同南人比较起来，它又显得相当的正统。它富丽却未必堂皇，精明而失之纤巧。它是以市民、商人、文士为主体，经过漫长的岁月而孕育形成的一种文化。

扬舟盘·苏意

在江南文化圈里，有许多重要的城市。最能代表江南文化的精髓的，应当是扬州和苏州。南京和杭州都是旧京，因而多少有了几分帝王气，从而失却了江南文化的平民色彩。上海则更像一个大商埠，买卖场中的喧闹，早已冲淡了江南文化的书卷气。至于其他一些城市，似乎都不能与扬、苏二州同日而语。

扬州和苏州有很多相同的地方，正如钱钟书先生在《管锥编》中所说的那样："苏州、扬州历来号繁华胜地，明清文士艳称其水软山温、金迷纸醉。"但扬州和苏州又有许多不同的地方，这就是为什么在文化艺术的众多方面，都同时存在着"扬帮"和"苏帮"的缘故。

山水的明媚，物产的富饶，文风的昌盛，舟楫的便利，人性的灵秀，使扬州和苏州在江南文化圈中得天独厚。这些，养成了两地大体相同而又表现各异的都市习气。这种都市习气属于江南文化的一部分。而集中地反映这种都市习气的风神的，有两个字眼，即"扬盘"和"苏意"。

先说"扬盘"。

朱自清先生在《说扬州》中这样写扬州人：

他们还有个"扬盘"的名子，譬如东西买贵了，人家可以笑话你是"扬盘"；又如店家价钱要得太贵，你可以诘问他，

"把我当扬盘看么？"盘是捧出来给别人看的，正好形容耍气派的扬州人。

可见，"扬盘"原是耍气派的扬州人嘲笑别人的话，尤其是嘲笑没有见过世面的乡下人的话。在扬州评话的著名书目《清风闸》里，就有一个想在城里混事的乡下老头儿，"敝姓杨，草字是个盘字"。杨盘想在城里混出个人样儿来，但第一个回合就让城里的流氓皮五辣子敲诈去了仅有的二百文，只得落荒而逃。这个土头土脑的"杨盘"，正是拟人化了的"扬盘"。"扬盘"一作"洋盘"，但这是后来的事。曹聚仁先生在《静静的运河》一文里，精彩地描述了从"扬盘"到"洋盘"的悲剧性的演变过程："百年以前的扬州人，如何得风气之先，雄视中华，把我们'南蛮子'看作'扬盘'的。想不到仅仅一条津浦路，一条沪宁、沪杭甬路，几条大轮船，便把扬州倒栽下来了；扬州人一变而为江北人，到上海来做'洋盘'了。"曹先生特地解释说："沪语所谓'洋盘'，沿'扬盘'之旧称，指土头土脑的乡村人而言。"他在《我与我的世界》里又说："从前扬州人把外面的人叫做'扬盘'，后来，上海人又把扬州人看作是'洋盘'了。"陆澹安先生在《小说词语汇释》里说，"洋盘"就是指"不精明不内行而易受愚弄的人"，大抵不错。"洋盘"一词的流行，当在清末民初之

际。《负曝闲谈》中说："且说京城里有个阔公子，姓孙，排行老六，正是北边人所谓'冤桶'，南边人所谓'洋盘'。"《梨园佳话》中说："京师专重徽班，而其人亦皆兼善昆曲，故徽班中专门名词亦往往杂以吴语，如呼喊短速唱曰'马前'，呼纨袴学唱曰'洋盘'之类，至今剧界犹沿其称。"从"扬盘"到"洋盘"，虽然仅一字之差，却反映了百馀年来扬州的地位由盛而衰的急剧变化。

再说"苏意"。

钱钟书先生《管锥编增订》第191页说：

> 晚明常言"苏意"，谓虚浮无实，即"空头"之旨。《尺牍新钞》二集卷八周文炜《与婿王荆良》："……来作吴氓，当时时戒子弟，勿学苏意。"周亮工《赖古堂集》卷一一《闽茶曲》第五首："歙客秦淮盛自夸，罗囊珍重过仙霞。不知薛老全苏意，造作兰香诮闽家。"……"全苏意"即谓"全失本色"……李渔《意中缘》第一一出阁人黄天监诨曰："替做新郎忒燥脾，不赀；洞房花烛尽堪陪，苏意。""苏意"谓阁人娶妇，浪得虚名。

那么，"苏意"其实就是指苏州人只务虚名、不讲实际的浮华习气。在明代晚期，凡是盲目地赶时髦、出风头的，时人均讥之曰"苏意"。关于"苏意"的记载，除了钱钟书先生在《管锥编》中所列举的那些外，还可以作些补充。如明人薛冈《天爵堂笔馀》卷一说："'苏意'非美谈，前无此语。丙申岁，有甫官于杭者，答窄袜浅鞋人，枷号示众，难以书封，即书'苏意犯人'，人以为笑柄。转相传播，今遂一概希奇鲜见动称'苏意'，而极力效法，北人尤甚。北宋末慕江南风景，创花石纲，内廷皆作白板黄茅，野桥村店，则'苏意'之不宜效法，而宜痛禁，明矣。"把标新立异地穿"窄袜浅鞋"的人当作"犯人"痛打并且游街，不免煞风景，但于此亦可见当时人对"苏意"的反感。明代浮白斋主人《雅谑》有"苏意"条，说："一座中有麻城人脸麻者，与苏州人逊坐。麻城人曰：'照苏意，苏坐可也。'苏州人曰：'照麻意，麻坐可也。'相视不觉失笑。"照此，"苏意"和"麻意"都是为当时人所调侃的字眼。此外，清初石天基《传家宝·吉征》中，又有"不学苏意"一条，说苏意"轻嘴薄舌，不离帮闲；吃茶烧香，总属狡狯"。《吉征》中所列各条，都是所谓"训世至言"，作者认为"持以观人之居室行止，凡于事条符合者，其家必然兴旺，自有富贵福寿之应；或于事条违背者，其家必然衰败，自有贫贱祸妖之应"。而去祸避凶、富贵兴旺的第一条，竟是不学苏意。

"扬盘"和"苏意"看起来是并不相干的。"扬盘"指的是摆架势，"苏意"指的是赶浪头。"扬盘"讽刺人没有货色却硬摆空架子,"苏意"嘲笑人不求实效却偏赶新浪潮。但是,《梨园佳话》里被呼为"洋盘"的京师纨袴子弟,学唱徽腔、昆曲,无非是为了以新异炫人,未尝不是"苏意"。《天爵堂笔余》里被斥为"苏意"的杭州浮浪少年,因穿窄袜、浅鞋,竟至被当作犯人枷号示众,真正是个"扬盘"。"扬盘"和"苏意"的表现不同,实质却是一样的,就是华而不实。

作为江南文化的典型的扬州和苏州,就是这样同中有异、异中有同的两座古城。

她们的历史上,有太多值得骄傲的东西。在这两座城市做过地方长官的,有不少是第一流的诗人。如韦应物、白居易、刘禹锡做过苏州刺史,王禹偁、欧阳修、苏轼做过扬州知府。谁能理得清他们留下了多少流风遗韵!

她们都是历史文化名城,向来对自己的"历史"和"文化"十分珍重。她们不但把自己的历史和文化铭记在心里,而且要把它们高悬在城门,以昭示行人。苏州有座胥门,是纪念吴国大夫伍子胥的,伍子胥在筑阖闾大城时"相土尝水,象天法地"而成为苏州的光荣。扬州有座徐凝门,是纪念唐代诗人徐凝的,徐凝因写了"天下三分明月夜,二分无赖是扬州"两句诗而成为扬州的骄傲。

她们都是水乡,因而都像水一般的灵秀。水多,桥也就多,她们在唐代就以桥多而闻名于世。扬州有著名的"二十四桥",沈括在《梦溪笔谈》里实录了二十三座。苏州号称"三百九十桥",陆广微在《吴地记》里实录了十八所又三十二所。每一所桥都引发过骚人的诗兴。

她们的清秀的自然景观和深厚的人文传统往往是结合得非常完美的。蜀冈的清明,虎丘的中秋,构成了江南风俗图卷中最绚烂的画面。张宗子写扬州蜀冈清明云:"长塘丰草,走马放鹰;高阜平冈,斗鸡蹴鞠;茂林清樾,劈阮弹筝;浪子相扑,童稚纸鸢;老僧因果,瞽者说书;立者林林,蹲者蛰蛰。"袁中郎写苏州虎丘中秋云:"每至是日,倾城阖户,连臂而至。衣冠士女,下迨蔀屋,莫不靓妆丽服。重茵累席,置酒交衢间,从千人石上至山门,栉比如鳞,檀板丘积,樽罍云泻。远而望之,如雁落平沙,霞铺江上,雷辊电霍,无得名状。"读之均使人神往。

在诗风和书香的熏染之下,这里的纤夫农妇都是诗人。金埴《不下带编》卷四:"相传有扬州一纤人自言能诗,舟载达官,命咏桅灯,立成之:'百尺竿头蜡烛悬,绛纱笼罩火珠圆。仙人掌上一轮月,太华峰头十丈莲。紫气渐冲霄汉表,文光直射斗牛边。臣查贯月朝天阙,正是台星达帝前。'官厚礼之,延为馆师,后其人登第。"龚炜《巢林笔谈》卷五："传闻吴县有农妇,素不识字,见蛛网飞花,忽得句云:'蜘蛛也惜春归去,网着残红不放飞。'不知信否?姑志之。"虽说都是传闻,未尝不是佳话。

因为经济的富足和文化的昌盛,扬州人和苏州人的感官都变得非常的敏锐和细腻。他们创造出许许多多很小巧、很精致、很好玩但又没有多大实用价值的东西来,例如盆景、刺绣、玉雕、装裱、糕点、园林、评弹等等。而所有这些,扬州的和苏州的都有些小小的区别,她们称为"扬帮"和"苏帮",也即扬州派和苏州派。对于粗犷质朴的北方人来说,大概根本没有耐心分辨这些微妙的区别。但是扬州人和苏州人有这种耐心。扬州人把个园中的几座假山区别为"春"、"夏"、"秋"、"冬",苏州人把司徒庙里的几株古柏区别为"清"、"奇"、"古"、"怪"。没有闲情逸致,是无论如何也办不到这

扬州的茶馆

些的。

　　这两座城市里都有许多的闲人。这在别的城市里大约很少如此。洪为法先生在《扬州续梦》中写有"闲人"一节，说昔日扬州繁华"迄今所能遗留给扬州人的却只剩了一派悠闲之态"，在扬州人中间"更有若干终日出入茶社，却终年不作一事的闲人"。包天笑先生在《钏影楼回忆录》中写有"葬事"一节，也感叹"苏州那时也真太安闲了，屈指计之，有数种人"，一种是绅士，一种是富家子弟，还有一种"就是属于我辈号称所谓知识阶级了"。这些闲人，每天的事情就是喝茶饮酒，打牌拍曲，逛逛瘦西湖，跶跶观前街。

　　闲人们每天的必修功课，是上茶馆喝茶。因此，江南文化的一道特殊的风景，就在茶馆里。朱自清先生在《说扬州》里谈道："扬州最著名的是茶馆；早上去下午去都是满满的。吃的花样最多。坐定了沏上茶，便有卖零碎的来兜揽，手臂上挽着一个黯淡的柳条筐，筐子里摆满了一些小蒲包，分放着瓜子、花生、炒盐豆之类。又有炒白果的，在担子上铁锅爆着白果，一片铲子的声音。得先告诉他，才给你炒。炒得谷子爆了，露出黄亮的仁儿，铲在铁丝罩里送过来，又热又香。还有卖五香牛肉的，让他抓一些，摊在干荷叶上；叫茶房拿点好麻酱油来，拌上慢慢地吃。也可向卖零碎的买些白酒——扬州普通都喝白酒——喝着。这才叫茶房烫干丝。"苏州的情形与此相似。包天笑先生《回到苏州》写道："苏州向来吃茶之风甚盛，因此城厢内外，茶馆开得极多。有早茶，有晚茶。所谓早茶者，早晨一起身，便向茶馆里走，有的甚于洗脸、吃点心，都在茶馆里，吃完茶始去上工，这些大概都是低一级的人。高一级的人，则都吃晚茶，夕阳在山，晚风微拂，约一二友人作茶叙，谈今道古，亦足以畅叙幽情。"

　　喝茶之外，便是听书。扬州和苏州都曾经有过很多的书场，每天下午开讲评话和弹词。在这两座城市中生活过的人，除了女人，男人绝少没有去过书场。许多人直到老了，还记得少年时代听书的情景。陈汝衡先生在《我是怎样研究和写作说书史的》一文里说："我在小学时代，就有喜欢听书的习惯，经常在星期天和假日向家里人索钱往书场听艺人说唱。我是江苏镇江人，但在仅隔一条江的苏北扬州长大。当时扬州开讲评话的有王少堂的《水浒传》、康国华的《三国演义》等，说唱'弦词'(等于江南苏沪的弹词)的名家也不少。说书场所集中在扬州的'教场'和一些窄而深长的小巷里……"陈先生后来写出中国第一部《说书小史》，同他少年时代在扬州听书的经历是有关系的。叶圣陶先生在《"说书"》一文里说:"因为我是苏州人,望道先生要我谈谈苏州的'说书'。我从七八岁的时候起,私塾里放了学,常常跟着父亲去'听书'。到十三岁进了学校才间断,这几年间听的'书'真不少。'小书'像《珍珠塔》、《描金凤》、《三笑》、《文武香球》,'大书'像《三国志》、《金台传》、《水浒》、《英烈》,都不止听了一遍,最多的到三遍四遍。"叶先生虽然不是研究说书的,但他认为听众在书场里除了"欣赏说书人的艺术"之外,也能"同时得到种种的人生经验"。

我相信,扬州和苏州已经把江南文化中的消费艺术发挥到了极致。大到衣食住行,小到琴棋书画,扬州和苏州都有成套的实践和相应的理论。"扬盘"和"苏意"的流行,从一个侧面表明了以扬州和苏州为代表的江南文化在全国范围内所得到的认同。明季宫中的家具是从扬州运去的,而服饰则仿效苏州。清代皇家花园,从苏州、扬州的私人园林中得到借鉴。当昆曲从苏州的昆山唱向全国的时候,扬州菜馆也在南方和北方遍地开花。珠泉居士《续板桥杂记》写秦淮风月说:"院中衣裳妆束,以苏为式,而彩裾广袖,兼效维扬。"沈从文先生在《中国古代服饰研究》中说:"《红楼梦》一书中王府大宅布局,虽为北京所常见,但叙述到妇女衣着如何配套成份,都显明是江南苏州扬州习惯。据故宫藏另一雍正十二妃子图绘衣着,可知这时期宫廷里嫔妃便装已完全采用南方式样。"江南文化以其特有的魅力,征服了全国,从皇家、王府,乃至市井、青楼。

江南文化凭其潇洒和新潮走向全国,她在显示自己的精致和绮丽的同时,也暴露出了自己的铺张和糜费。这样,无论是"扬盘"还是"苏意",都实际上反映了人们对她的两重心理:一方面,人们羡慕她的美好和舒适;一方面,人们又不能不拒绝她的矫饰和挥霍。

二十四桥明月夜

依旧闻门来

要在扬州寻找苏州人的踪迹,并不算太难。据说扬州城里现在还有一处林黛玉住过的老屋,黛玉本是苏州姑娘,她是随着父亲林如海为官两淮巡盐御史,寓居扬州的。但这仅仅是传说。最保险的办法是到城南渡江路去,那里有一条古老的苏唱街,曾经是清代康乾年间苏州戏子聚居的地方。

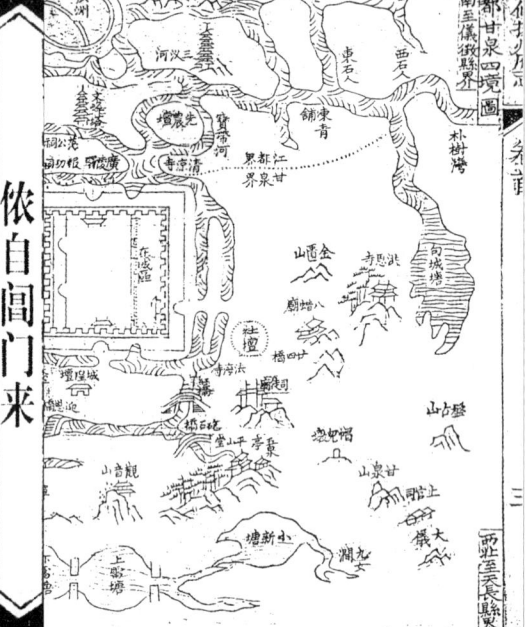

这几年，不断有外地电视台来扬州拍摄有关戏曲的片子，我总是建议他们去苏唱街拍些镜头，因为这条街是清代戏曲繁荣的见证。李斗在《扬州画舫录》里说，"城内苏唱街老郎堂，梨园总局也"，就是指的这条老街。如今街名未变，但走在街上，已经听不到当年盈耳的吴侬软语了，而且连苏州人聚居的老郎堂的确切地点也难以指认。大约一个月前，我陪中央电视台戏曲频道的导演再访苏唱街，忽然听得一位老居民说，他知道老郎堂的所在。转过几个弯之后，果然见到一处深宅。细问之后，才知道是"老人堂"而非"老郎堂"，据说"老人堂"是旧时慈善机构的所在。可是我倒更愿意相信，"老人堂"也许就是"老郎堂"的讹音，民间相传，不无所本。但即便这些深宅真的曾经住过两百年前来自苏州的伶人，现在他们也早已离我们远去。昆山腔的袅袅音韵，和那些苏州人的款款腰肢，一起走进了历史的记忆深处，只留下了"苏唱街"这个令人感喟的地名。

经常听一些扬州人或者苏北人说，他们的祖先来自苏州阊门。起先不以为然，后来看到有些县志和家谱也这么说，就觉得不能不信。例如，《盐城县志》记载，朱元璋登基后不久，为了报复苏州、湖州、杭州一带绅民对张士诚的拥戴，遂以移民垦荒为由，将江南四十万人丁驱赶到苏北，留下了一段众说纷纭的历史公案。又如大丰县发现民国时修纂的周姓家谱，一是《淮南周氏家谱》，一是《盐城周氏宗谱》，都说那里的周氏是明初由苏州阊门迁来苏北的，而这些家谱始修于乾隆八年（1743）。两年前，我在扬州天宁寺古玩市场偶尔淘到两部扬州旧族谱。一部是《维扬江都马氏族谱》，光绪辛卯年（1891）重修，赫然记载着马氏从北方"徙居江南苏州阊门数百余年"，"迨及明初，燕王南下，兵戈扰攘，子孙星散，或居江北"。另一部是《江都王氏族谱》，民国丁卯年（1927）重修，则说其始祖曾经"隐于姑苏阊门"，"清朝定鼎，奉诏迁维扬东乡石家庄"。历史上苏州向江北的移民，是一个无法否定的事实。而这些来自"阊门"的苏州移民后裔，也的确在扬州的文化史上留下了他们的印痕。

最值得一说的是《水浒传》的作者施耐庵。施耐庵系扬州府兴化人，原籍却是苏州。此说最早见于咸丰四年（1854）陈广德（字懋亭）所撰《施氏谱序》："吾兴氏族，苏迁为多。白驹场施氏耐庵先生，生于明，洪武初由苏迁兴化，复由兴化徙居白驹场。其第二世处士君，杨一鹤先生曾为作墓志铭。及于施氏之自苏施家桥来迁，即场之田庐复名以施家桥。"也有人不同意这种说法，认为施氏自苏州迁来未必可信。他们的理由是：所谓"吾兴氏族，苏迁为多"带有某种推测的成分。据今移民学专家统计，江淮一带数十县市的多数居民皆自称明洪武年间迁自苏州阊门，可是一个阊门，哪有这么多居民可迁？很可能阊门只是朝廷设置的一个难民遣送站，将各地难民、战俘集中于此，再分别遣送到江淮各州县。那些移民可能有原籍苏州者，也可能有原籍其他地方而经过苏州阊门迁来者。然而即便是这种不同意见，也并没有否定施耐庵有从"阊门"出发移居兴化的可能。换言之，施耐庵纵然不是"原籍苏州"，却有可能"来自阊门"。饶有兴味的是，施氏在苏州的祖居"施家桥"，在乾隆年间编撰的《吴县志》里也有考。《吴县志》说，苏州"城外十八巷"，其中就有"施家巷，在怀胥桥北"。

如果说施耐庵的苏州原籍尚需存疑的话，那个写了《浮生六记》的沈复的苏州籍贯却是勿庸置疑的。沈复是苏州人，但在扬州生活过很长一段时间，尽管十分贫困潦倒。前些年，我忽来兴致，多次寻访过沈复在扬州的寓所故址，以及他妻子芸娘在扬州的墓地。前不久，冯其庸先生来扬州参加红楼梦国际研讨会，我和他多次谈论《浮生六记》，得知他对此书的评价甚高，也曾在扬州寻找过芸娘的墓地。近日读冯先生的《祝贺俞平伯全集的出版——在俞平伯全集出版座谈会上的发言》，才明白他和《浮生六记》一书的深厚渊源："我受俞老发蒙的另一部书是《浮生六记》。抗战开始后，我失学在家种地，无书可读，也不知从哪里弄到了《浮生六记》，还是俞老校点整理的。前面有《序》，就是收在全集里的那篇。记得那本书，前面还有苏州沧浪亭畔沈三白旧居的一张照片，还有沈三白的一幅画。可惜这本书在解放初丢失了。我自从读了《浮生六记》后，更加加深了对俞老的印象，对《六记》本身也是百读不厌。书中记载沈复曾在我家附近的东高山住过，我还为此而到东高山寻访遗迹，但未能得其影踪。书中还记到陈芸死后葬扬州金桂（匮）山之麓，后来我到了扬州，专门到金桂（匮）山去调查，也杳无踪迹。前好些年，我忽然在上海博物馆看到了沈复画的冒辟疆的水绘园图，真是奇遇，我即拍了照片。这张画，记得就是俞老整理本里面用的。冒辟疆是顺、康时人，沈复生于乾隆二十八年（1763），当然是为冒氏的后人画的。沈三白恰好生于曹雪芹死后一年，如按阳历算，是在同一年，即1763年2月12日曹雪芹死，同年11月23日沈复生。两个才子，一样的文笔，死生相续，也是一段佳话。"

说来也巧，一个星期前的那天晚上，我们和冯先生在扬州迎宾馆偶然谈到《浮生六记》与扬州的关系。冯先生说，

《浮生六记》是《红楼梦》之后的又一部伟大的作品,外国学者对它有深入的研究,甚于国内的学者。芸娘葬身的扬州金匮山,他多年前曾经和当时的扬州市长钱承芳先生去寻找过,但无功而返。我说我前些年几经周折,已经找到了金匮山的确切地点,并且确知芸娘就葬在那里,后来还写有一篇《寻找芸娘》记其经过。冯先生念念不忘此事,遂在次日命我带路,乘兴前往。我们一行——包括报社记者、电视台记者、会议主办者和冯其庸先生,从瘦西湖往西,穿过里下河农科所,再向西行。我印象中的金匮山,就在那不远的地方。殊不料,穿过里下河农科所墓园之后,我记忆中的那座荒芜的小山已经完全不见,一条新开拓的南北通衢——维扬路兀然横亘在眼前。凭借着模糊的记忆,金匮山当还在南面,问了在路旁劳动的当地姑娘,果然。于是请她带路,南行不到半华里,见路东有一片杂树丛生的土冈,她说那就是金匮山。接着我们沿一条河边小道,找到一个名叫金村的地方,又问一位老农,承他带领我们到村子后面。老农指着南北两堆黄土坡,说:"这就是金匮山,本来有树头那么高,现在只剩下了这些。"村子后面的路很不好走,或者说根本没有路,全是高低不平的土旮旯。但是冯先生居然兴致勃勃,一直随着大家走到被铲平了的金匮山中央。他主动提出,要和大家在这里合影留念——在我印象中,这是几天中间惟一由他提出要合影的一次。一路上,冯先生再次谈起《浮生六记》和芸娘。他赞美沈复的优雅文笔,说自己受《浮生六记》的影响很深。他赞美芸娘是个既有文化修养又有新潮思想的女性,说这在当时很是难得。他还建议,扬州应该在金匮山修建一座芸娘墓,

苏州阊门

供天下的仰慕者前来凭吊。同行的扬州人也都觉得，有必要在扬州郊外为那位苏州女子重建墓庐。因为农民大量取土的缘故，金匮山现在只剩下两个小土堆，我希望冯其庸先生的建议能够使人们手下留情！

记得顾颉刚先生的《苏州史志笔记》里有《兴化人祖籍多苏州》一条，写道："孔大充及其夫人杨质君，皆兴化人，告予兴化人祖先多于明代自苏州迁去，皆云老家在阊门。予谓自苏州迁去甚有可能，明太祖得天下后大量移民，使众寡略等，自宜以江南之庶调剂江北之荒。然谓所移者皆阊门居民则殊不可信。"顾先生回忆说，他民国初年到北京，和友人游八大胡同，见到南方来的妓女都操苏白，问起她们的籍贯，都说是苏州。再问她们家居何处，又都说是阊门。但进一步问她们里巷时，她们便瞠目无言了。"盖此诸人以居勾栏故，能学吴侬软语，然足未履苏州，自不能知苏州之里巷；所知者，交通中心、市廛最繁盛之阊门耳。"这和许多移民的后代说自己的先人来自"山西洪洞大槐树"颇为相似。有民谣云："问我祖先在何处，山西洪洞大槐树。祖先故居叫什么，大槐树上老鸹窝。"这首直到今天仍在山东、河北、河南、江苏、安徽一带为许多百姓耳熟能详的民谣，所反映的便是发生在明朝初年的，我国历史上规模最大、时间最长、范围最广的一次大移民事件。关于山西洪洞移民的原因，民间最普遍的传说就是胡大海复仇的故事：胡大海在参加元末农民起义军之前，家境贫寒，曾在河南一带以讨饭为生。因其长相狰狞，百姓见了都有些害怕，即使家有剩饭也不敢给他。后来，胡大海成为大明王朝的开国元勋，他要做的第一件事便是要到河南复仇。朱元璋念其功勋卓著，特准他在河南杀一箭之地。可无巧不巧的是，胡大海一箭正好射在一只大雁的尾巴上，这只大雁中箭后一飞千里，胡大海于是跟着一路杀将过去，直杀得河南、山东一带几乎没了人烟。朱元璋知道后悔之晚矣，只得由山西迁民充实河南、山东二省。胡大海在《明史》中有传，是确有其人的，但却是一位勇武仁义之士。这一传说固然是不实的，但山西洪洞移民却确是与元末明初的战乱有关。

山西的向外移民，只是明清时代移民规模较大的一次。事实上，移民在明清两代是普遍的现象。明初将苏南人口大量迁徙至苏北，规模也不算小，这些移民便被称为"苏迁户"。

"苏州阊门"和"洪洞槐树"一样，就这样永远留在了后人的记忆中，留在了扬州城的记忆中，也留在了人口迁徙和文化交流的历史记忆中。

二十四桥明月夜

扬州俗语札记

我一直对扬州的方言俗语感兴趣，觉得方言俗语最生动地体现了人的文化心理和审美情趣，是其他学问所不能替代的。

扬州的方言已有人作了研究，但扬州的俗语还未见专门的著作。方言和俗语的区别，似乎前者侧重于辨音，而后者侧重于释义。如果这样理解没有大错的话，那么我承认，我的兴趣其实主要在扬州俗语，而不在扬州方言。

《扬州俗语札记》

"高妈"即保姆

俗语,大约也就是熟语、俚语,可能还包含一部分谚语。读书之余,偶有所得,便信笔写来,略作考索阐释,名之曰《扬州俗语札记》。

"高妈"不姓高

前几天有个朋友打电话给我,说他正在看一本小说,叫《哀感扬州罗曼史》,梅汝恺著,湖南文艺出版社出版。他问我看过此书没有,我说寒斋有此书,但未曾细看。于是他就谈到了书中写的"高妈",以及作者对"高妈"的解释。恰好我也对"高妈"一词感兴趣,便找出书来翻到那一节。

关于"高妈",老扬州人都知道,过去是对年龄较大的女佣的通称。我以前有家邻居用过一个农村女工,姓李,但大家都叫她"高妈"。《扬州方言词典》中收有这个词,释文是:"旧时对中、老年女佣的通称(不论是否姓高)。"解释得很清楚。

但《哀感扬州罗曼史》对"高妈"另有说法,认为"高妈"就是"农村乡妇为贫穷所逼,不得不别夫抛家自愿进街跟雇主做临时老婆"。这种所谓的临时老婆又称门坎内人。书中写道:"'门坎内人'在扬州通称叫'高妈',缘何叫'高妈',渊源已不可考,然'高妈'的称谓代表着执事者的够格身份,'门坎内人'也就以被称'高妈'为幸。"普通的女佣并不等于是雇主的临时老婆,即或少数女佣是如此,也不能以偏概全。"高妈"的意思,应当还是《扬州方言词典》说得对。

可是中老年女佣为什么叫"高妈"而不叫"王妈"、"刘妈",《扬州方言词典》也未加解释。这的确难以考证。我联想到扬州评话中的家人或伙计,不论他本来叫什么名字,都常常唤作"高升"。

"高升"是吉利话,自可理会。那么既然男仆叫"高升",女仆也就叫"高妈"了吧?但这只是我的揣测。

"高妈"一词的怪诞,在易君左《闲话扬州》里已说及:"谈到这里顺便要说一件奇闻。在扬州雇女工,已出嫁的叫做'高妈',未出嫁的叫做'莲子',无论姓张姓李,你只能按她是否出嫁的性质,一律喊她做莲子或高妈。你如果喊她做张妈或李嫂,或是像我们敝县的口气称她一声'李家姐儿',她不独不高兴,而且实行不答应你。"易君左也说到,"高妈"有门坎内的和门坎外的之分。不过现在扬州的风俗,不但没有"门坎内的",连"高妈"的叫法也愈来愈听不到了。

"莲子"是什么

有一位想写小说的朋友说,考证是没有价值的,小说才有价值。他不知道,小说只是模仿真实,考证却是触摸真实。即使是小说家,也离不开对于普通名物的正确把握,否则便无法表现生活,至多用"我这是虚构"这句话来掩饰自己知识的贫乏。姚雪垠先生在《李自成》里写有人吃辣椒,他不知道辣椒这种东西是明末刚从南美洲传入中国的,直至清初尚不食用,只供观赏而已。细节的不真实,往往影响整部作品的艺术性。

我这样说的意思,是强调考证的不容易。例如易君左在《闲话扬州》中说,扬州人对于未出嫁的女工,一律喊她做"莲子"。这就是很难考证的一句扬州土话。结过婚的女佣叫"高妈",未出嫁的女佣叫莲子,究竟是什么缘故呢?为什么叫"莲子"而不叫"英子"、"兰子"这样同样常见的女孩的名字呢?这种风俗是从何时开始,又在多大范围内流行?能说作这样的研究是毫无意义的吗?

关于"莲子"的意义,《扬州方言词典》列了两个义项:"一,莲的种子;二,特指干的莲子。"这两个义项都与我们说的无关。惟"小莲子"条云:"旧时对年轻未婚女佣的通称。"

用"莲子"来称呼未婚女佣的用法,我只见汪曾祺提到过,可见这种说法影响到了高邮。汪曾祺在自传体系列散文《逝水》中写了一节《大莲姐姐》,描述了这种风俗:"大莲姐姐可以说是我的保姆。她是我母亲从娘家带过来的。她在杨家伺候大小姐——我母亲,到了我们家'带'我。我们那里把女佣人都叫做'莲子','大莲子'、'小莲子'。伺候我的二伯母的女佣人,有一个奇怪称呼,叫'高脚牌大莲子'。不知道怎么会这样称呼,可能是她的脚背特别高。全家都叫我的保姆为'大莲子',只有我叫她'大莲姐姐'。"

可惜的是,汪曾祺也没有对"莲子"作更多解释。我们只是由此知道在"莲子"之前可以加上大、小等等形容词。

徐渭在著名的《四声猿》里写过一个妖艳的少女与玉通和尚的故事,少女的名字叫做红莲。这个故事流传甚广,以至于"红莲"几乎成了妖艳少女的通名。"莲子"也许与红莲的故事有些渊源。

略谈"门槛里"

"门槛里"一词除了见于《闲话扬州》和《哀感扬州罗曼史》,还能够追溯得更早。比如晚清时人宣鼎在《夜雨秋灯录》卷七里说到一件扬州旧事,开头有这样一段:

> 半截美人宋氏,甘泉人。……生有殊色,不施脂粉,不作时样妆。以裙下双趺不作弓月样,故人皆呼为"半截美人",其实即近今所谓"黄鱼",所谓"门槛里",又所谓"大脚仙"也。

宋氏是甘泉人,也就是扬州人。这一段话表明,清代扬州人也把某一类女佣称作"门槛里"的。虽然《清稗类钞》的"门槛里"条中说的是金陵风俗,但这一风俗显然并不限于金陵。譬如"辣子"一词,在清代专指泼皮、无赖,《红楼梦》里说南京人称泼辣的人为"辣子"(如凤姐叫凤辣子),《清风闸》里也说扬州人称泼辣的人为"辣子"(如皮凤山叫皮五辣子)。南京和扬州的风俗有不少相同之处,并不奇怪。

"门槛里"的意思,是指那种表面上是佣人而实质上是小妾的女仆。从字面上看,它和北方话"屋里的"有些相似。当然,"屋里的"是指妻而不是妾。从内容上看,它同古代所谓"门户人家"更为接近。如元曲《风光好》里正旦说:"我想俺这门户人家,则管迎宾接客,几时是了也呵!"《金线池》里丫环说:"我这门户人家,巴不得接着子弟,就是钱龙入门。"又如《醒世恒言》中写道:"瑶琴是我亲生之女,不幸到你门户人家,须是软款的教训,他自然从愿。"这里的"门户人家"都指妓院。"门槛里"和"门户人家",在指封建社会受迫害、受欺凌的女性这一点上,是共同的。它们的不同之处,前者是半公开的,而后者是公开的。

如今回顾这些历史上的名词,心里常感到沉甸甸的。我虽然不想发思古之幽情,但历史确乎是不应该忘记的。但愿"门槛里"一类的病态现象只是历史而已。

杂忆"一人两只眼"

清明那天去茅山扫墓，按照习俗在祖父墓前烧了纸钱。望着桔红色的跳跃着的火焰，就想起了小时候听祖父讲过的一句古老的谶语"一人两只眼"。

水火无情，先人们一直幻想在水灾和火灾来临之前有某种预兆。祖父讲过这样的故事：有一天，一个繁华的集镇上忽然来了个疯疯颠颠的人。这人口中不断重复着一句话："一人两只眼。"镇上的人谁也不理会这个疯子的话。一个人自然有两只眼睛，难道会有三只眼睛么？但是第二天，这个集镇上发生了一场大火，损失异常惨重。突然有人想起，失火前一天那个疯子不断叨念着的话"一人两只眼"，正是个"火"字！他是警告人们将有火灾要发生的，可是谁都没有领会他的意思。祖父讲的故事充满了神秘的意味，"一人两只眼"这句谶语或预言也便铭刻在我的记忆中了。

后来我才知道，这句谶语流传得很久、很广。

晚清时储树人在《海陵竹枝词》里谈到泰州坡子街的一次大火："一人两眼祸频经，坡子街成火字形。"诗后有注说："坡子街数被火灾。道光元年(1821)，有人频呼于街侧曰：'一个人，两只眼！'翌日火兴，乃悟其为火谶也。"

另一位晚清人宣鼎在《夜雨秋灯续录》卷三《王母阁》中，也谈到一次火灾的故事。他说，在沸水之隈，长湖之曲，有一座高大巍峨的王母阁。有一天夜里，"湖边渔人夜起撒网，见有一蓬发男子执竿挂灯笼前驱，一戴花妇人持叉中行，一白须老人曳杖随之后，且行且呼曰：'一人两只眼！'行入阁下杳矣。"不一会，王母阁起火，化为灰烬。

类似的故事还见于许多古人笔记中。比较早的是唐人段成式在《酉阳杂俎》前集卷二里记载的一件异事。与后世流传的谶语有所不同的是，唐人用"八人"来暗示"火"字。据《酉阳杂俎》载，有个翟天师，名叫乾祐，晚年常常预言将来的事。他曾到夔州闹市，大声说："今夕当有八人过此，可善待之！"但人们听了并不领悟。这天夜里，大火焚烧了夔州的数百户人家。人们这才知道："八人，乃火字也。"

谶语的迷信色彩是应该摒弃的，但古人的防火意识却是值得记取的。

话说"三步两个桥"

扬州旧时城中多水，水多桥也就多。清初时扬州人有口语为"三步两个桥"，意思是数步之遥，便能见到两座桥。这句话很可以为"二十四桥就是二十四座桥"的说法张目。

"三步两个桥"至迟在清中叶之前就成为扬州城里的一个地名，其址在杨胡子巷附近。《扬州画舫录》卷九云："双桥巷，一名杨胡子巷，中有古墓道，砖桥二，相距三武。江春名之曰'三步两个桥'，刻石嵌桥旁砖墙上。"《扬州梦香词》又咏之曰："扬州好，新旧二城遥。郎住连墙双脊庙，妾家三步两条桥。莫道路蹊跷。""三步两条桥"就是"三步两个桥"，诗词讲平仄，故作者把"个"字换成了"条"字。

今杨胡子巷附近并无水道，自然也无桥梁。但数百年前这里却是有河有桥的。扬州许多地名都称某某桥，如蒋家桥、辕门桥、卸甲桥等等，当初都是有桥的。因为河流在历史上被填没，如今只遗留下桥名，所以往往令人不解。史公祠藏有一幅清初"扬州十日"的幸存者史典所绘的《追远图》，图中有一张孺人在宛虹桥下投水自尽。可知当年宛虹桥下确实有河。而今宛虹桥之名仍在，却不过是一条老街巷罢了。

"三步两个桥"一语使人想到古代扬州的确是一座水城。唐人咏扬州的"园林多是宅，车马少于船"距今已逾千载，未免过于遥远。而"三步两个桥"的清代距今不过数百年，城市里的河道水系消失之快，真令人痛惜！

"三步两个桥"下的水，大约在嘉庆年间已经干涸。当时人林苏门在《邗江三百吟》卷一"双桥巷标题石额"条中说："(双桥)巷在新城内北河下，来往虽通，而比屋而居，几有对面不能容之象。内有二小桥，无水，相距不过数武。巷口题名石上，以儆行人。"诗云："小巷深深锁寂寥，居人反作旅人招；请看白石留青紫，三步须防两个桥。(原注：此巷旧名三步两个桥。)"

随着城市改造的步伐，越来越多的旧街巷、老河流在瞬间就消失了。但是，"三步两个桥"仍会存在于我们的记忆中，让我们遥想当年扬州的风情。

闲谈"四盘一暖锅"

四盘冷菜，中间放一个暖锅，这像什么呢？像瘦西湖上的莲花桥(俗称"五亭桥")。的确，清代的扬州人就是把莲花桥叫作"四盘一暖锅"的。成语云：秀色可餐。扬州人把美丽的莲花桥比喻为"四盘一暖锅"，正合秀色可餐之意。

莲花桥建于乾隆二十二年(1757)。当时乾隆帝要再次南巡，两淮巡盐御史高恒就组织名工巧匠在湖上大兴土木。莲花桥的得名，是因为它建筑在莲性寺北的莲花埂上，故以莲花名桥。但一般老百姓，都喜欢叫它五亭桥。

几百年来,莲花桥历尽沧桑,形制也几经变化。最初的莲花桥,桥上的五个亭子似乎是彼此独立、不相衔接的。我见过一幅清人的画,画中的五亭桥,五个亭子并不联成一体。太平天国时期,五亭桥毁于兵火,只剩光秃秃的桥基。我又见过一幅晚清人所绘的劫后五亭桥画卷,桥座上什么亭子也没有。至光绪、民国时期,五亭桥才得以逐渐恢复旧观,而原来桥亭上盖的蝴蝶瓦也换成了黄琉璃筒瓦。近几十年,五亭桥一再得到精心的修缮,现在我们看到的五亭桥是它几百年沧桑史上最美丽的。

五亭桥下共有十五个券洞。民间相传,每至中秋之夜,可以从每个券洞中见到一个月亮。换言之,如果观赏者站在某处不动,同时能见到十五个月亮在水中。传说只是传说,实际上却是不可能的。五亭桥的十五个券洞分别位于桥的正面、背面、侧面,以一人之目力,绝不可能同时将所有券洞尽收眼底,那么同时见到十五个月亮也就只不过是美好的传说而已。类似的传说别地也有。如苏州宝带桥,桥下有五十三个拱形桥洞。苏州人相传,在每年八月十八日子夜,每个桥洞中都有一个月影。苏州人称此为"串月",据说看起来像一串月亮似的。其实,只要水面是平的,月亮的影子便永远只有一个,怎么可能同时有

"四盘一暖锅"即莲花桥

五十三个月亮的倒影呢?

莲花桥之美,并不美在同时看到十五个月亮的倒影。它的庄重,它的灵秀,它的独特,正如园林专家陈从周说的那样,要"细细的咀嚼"才能领略。"咀嚼"也即秀色可餐之意。

"四盘一暖锅"之谚最早见于清人沈复《浮生六记》卷四:"南北跨一莲花桥,桥门通八面,桥面设五亭,扬人呼为'四盘一暖锅'。"也许扬州多美食家,故有此妙喻吧!

漫话"三山不出头"

扬州没有山,但历来相传扬州有三座山。扬州的"三山"从清初时起,似乎就很有名。如康熙间诗人李国宋《广陵竹枝词》云:"髻子三山高又低,广陵城下水东西。"同时代人王式丹《扬州乐十曲》亦云:"扬州乐,春色偏三山。"直到清末民初,倪澄瀛还在《再续扬州竹枝词劫馀稿》中咏道:"记得三山俗谚留,埋头尘市几春秋。而今莫再谈江阮,好让虾蟆出一头。"他似乎把所谓"虾蟆山"也算在"三山"之内了。

"三山"到底指哪三座山呢?各家说法不一。

一说指康山、巫山、倚山。如李斗《扬州画舫录》卷九云:"扬州有'三山不出头'之谚,谓康山、巫山、倚山也。康山在江春家,巫山在禹王庙,倚山在蒋家桥东酒肆内。"同书卷十二和光绪《江都县续志》都提到"三山"即康山、巫山、倚山。

一说指平山、浮山、康山。如梁章钜《浪迹丛谈》卷二云:"扬郡无石山,仅三土山,平山、浮山及康山是也。"所谓平山,指平山堂所在之蜀冈。所谓浮山,也即巫山,相传在扬州旧城禹王庙内。林苏门《邗江三百吟》卷一有"禹王庙浮山"条云:"庙在旧城。所谓浮山者,城内三山之一,山在土下,如赭如铁,可见者有方丈之地焉。"

又一说指浮山、康山、骆驼岭。如徐谦益《扬州风土记略》卷上云:"扬城本有'三山不出头'之说:一、浮山,在县西五十步禹王庙前,有石出地,高三尺许,状如铁,不生草木,以其浮于地上,故名;一、骆驼岭,在县北,以地形相似名之,今江都儒学在焉;一、康山,在城内东南隅,相传为开河积土所成。"

上述诸"山",现在大抵均无迹可寻。"康山"本是挖河堆土而成的,如今犹剩康山街地名,但地势坦荡如砥。"骆驼岭"即今八怪纪念馆前的驼岭巷,地势稍稍隆起,称之为"岭",真是匪夷所思。"浮山"原来仅仅浮出地面而已,何"山"之有!而"倚山"居然在蒋家桥东的一家酒店内,其大可知。

谚云"三山不出头",表明这些"山"的高度均不足一人高!其中,"平山"要算最为高峻,故号称"蜀冈"。扬州人把这些小土丘都称为"山",究竟是出于夸张,还是出于幽默呢?我宁可相信是出于后者。

释"扬州人没耳朵"

时光的流逝,使得很多广为人知的

俚语变成了无生命的东西。比如"扬州人没耳朵"、"高邮人黑屁股"、"镇江人大舌头"之类的俚语，逐渐从人们口头消失了。

"扬州人没耳朵"一语，我问过许多扬州人，他们都说没听过。这是很自然的，但又有些可惜。这毕竟也是一种历史文化现象。

这句话最早见于宋人洪迈著的《夷坚支志》。书中说，江淮闽浙风俗，各地都有公讳，如杭州人忌说"福儿"，苏州人忌说"呆子"，扬州人忌说"没耳朵"，真州人忌说"火柴头"等。宣和年间，真州人在扬州迎接新太守。因为扬州是府城，真州(今仪征)是属邑，故扬州人轻视真州人，有意戏弄他们。扬州人在烧茶水时，故意弄出烟来，于是有人就大声喊道："今天贵官请客，怎么不烧好草，却烧火柴头？"连喊数声，以讥笑真州人。这时真州人说："长官喊了几遍，你们怎么不听，有耳朵没耳朵呀？"扬州人听了大惭。据《夷坚支志》原文，说是"扬州讳缺耳"。

此后，明人姚旅在《露书》中又提到这句俚语："俗谓扬州人为无耳朵。"书中还讲了一个笑话：扬州人陆无从与丹徒人邬佐卿相见于王世贞处，陆无从问对方的姓，邬佐卿回答姓邬。陆无从说："是乌龟的乌吗？"邬佐卿答："是有耳朵的。"邬的回答显然是反嘲扬州人的。

尽管"扬州人没耳朵"只是一句笑谈，无人当真，但细细想来它总不会毫无来由。

清人石成金在《俗语正讹》中曾对这句话作过解释，他认为此语乃系"扬州琼花无二朵"的讹传。"无二朵"与"无耳朵"音同，故引起误会。石氏原文写道：

俗云："扬州人没耳朵。"此讹也。要知扬州人个个有耳，并无没耳者，此人(按指没耳朵之人)何来乎？予闻老人云："扬州琼花无二朵。"盖琼花只扬州一株，且一株只开一花，昔欧阳公因造"无双亭"。此乃极赞其天下独美也。

石成金是清初扬州人，他的解释是很有道理的。把"无二朵"讹为"无耳朵"，并且从宋到清流传了几百年而无人觉察，这种民间文化现象是既有趣味又发人深思的。也许还有许多广为流传的说法，其实只是些误会吧！

解"高邮人黑屁股"

这次谈的题目，似乎不太雅，但它确乎与文学有关。看过清代著名小说《镜花缘》的人，不知道有没有注意到第三十二回开头林之洋猜谜语的一段情节。林之洋说道："俺又猜着几个国名，请问意为臀部,所以"黑尻"也仍是黑屁股之意。

在另一部清代小说《梼杌萃编》的第九回中,又有一句话:"因为绪太尊是高邮人,亨太尊叫他'黑屁股'拿他开心,他也直认不辞。"

我小时候常听大人说起"高邮人黑屁股"这句俗话,同高邮人开玩笑。但是高邮人何以会获此雅号,百思不得其解。

后来看到了高邮人汪曾祺先生写的《陈泥鳅》一文,才让我茅塞顿开。汪曾祺写道:

邻近几个县的人都说我们县的人是黑屁股。气得我的一个姓孙的同学,有一次当着很多人褪下了裤子让人看:"你们看!黑吗?"我们当然都不是黑屁股。黑屁股指的是一种救生船。这种船专在大风大浪的湖水中救人、救船,因为船尾涂成黑色,所以叫做黑屁股。说的是船,不是人。

原来,"黑屁股"是指高邮的一种船,而不是指高邮人。这一说法在民间演绎为一个故事。《扬州民间故事集》中有一篇采风文章,题目叫《为何高邮船黑屁股》。大意说,乾隆皇帝下江南时,看见高邮人在船上剥稻壳,就问为什么。一位老人回答说,这是进贡的大米,所以要剥掉壳子。乾隆这时游兴正浓,就说:"以后你们高邮进贡大米就用不着剥壳

高邮人汪曾祺

老兄……,'高邮人'可是'元股国'?"主人回答:"是的。"于是把赠物都送过来。唐敖不解其中缘由,悄悄问道:"请教舅兄,'高邮人'怎么却是'元股国'?"林之洋答道:"高邮人绰号叫作'黑尻',妹夫细细摹拟黑尻形状,就知俺猜得不错了。"

因为元通玄,意为黑色,所以"元股"即是黑屁股之意。尻音考,平声,

子了。"众人听了目瞪口呆,不知他是什么人。当知道他是皇帝时,又问他上京进贡时怎样才能识别是高邮的船呢？乾隆想了想说："你们把船的屁股涂成黑的,就会知道了。"

高邮的船把尾部涂成黑色,除了作为一种标志以外,还有没有其他作用,这只能让专家来回答了。

"清明不看牌,死了没人抬"

我是从来不看牌的。十几年前买过一本《怎样打麻将》的书,想学习一点关于麻将的知识。但至今也没有看完,书却不知道放到什么地方去了。现在清明又到了,忽然想起扬州的一句谚语,叫"清明不看牌,死了没人抬"。这句谚语见于徐谦芳《扬州风土记略》卷下：

> 扬谚有云："清明不看牌,死了没人抬。"以致清明日,为樗蒲之戏者特多。

从这一段记载可以知道扬州旧时赌博的风气是很盛的。"樗蒲"本是古代的一种博戏,方法是用掷骰来决胜负,但骰的制作法久已失传。后来泛称赌博为"樗蒲之戏"。过去扬州民间都把赌博叫做"看牌"。牌的种类,大约主要是麻将、排九和纸牌,扑克是后来才引进的舶来品。

这几种牌的打法,我基本上不懂,因此也无话可说。我只是记得小时候看祖母经常打麻将、排九和纸牌,一打就是一个下午,似乎有瘾。清明前后天气不冷不热,正月刚过又没有什么事做,大家就都打牌。当然,那都是赌钱的。

扬州人的看牌与别地有些不同。例如麻牌的成法,在清代有些特殊的规则,这在《扬州画舫录》里有记载。又如纸牌的打法,也和别处不一样。金安清在《水窗春呓》卷下曾谈到"扬人好作叶子戏"。据他说,从清道光时起,扬州的叶子戏(即纸牌)就比别处多出两张。一张上面绘着一株桃树,摸到这张牌的人即使全赢了也算全输,于是大家对此牌无不痛骂；另一张上面绘着一位桃小姐,摸到这张牌的人即使全输了也算全赢,因此大家对此牌宠爱有加。

这种情形是怎么出现的呢？原来,所谓"桃树"、"桃小姐"是影射当时的两江总督兼两淮盐政陶澍及其女儿的。道光年间,清政府改革两淮盐法,把原来的"纲盐制"改为"票盐制",致使扬州盐商一夜之间从富翁变成乞丐。盐法改革是由陶澍建议并且推行的,扬州盐商把一切怨恨都集中于陶澍一人身上。纸牌上的"桃树"谐音陶澍,又用"桃小姐"辱及其女。有的扬州纸牌还把陶澍绘成"梁山泊强盗"。可见赌博史也折射着一个时代的经济变化与风气变迁。

"苏州片，扬州刀"

古董的复制、仿造、做假、作伪，在中国已有相当长的历史。就书画的作伪而言，自明清以来，在全国曾形成若干有名的中心。古董行内有一首流行的谚诀，道是："苏州片，京师相；江西裱，扬州帮；开封货，长沙装；后门造，一炷香。"这是对全国旧时古董作伪情形的大致概括。

江南的古董作伪，主要在苏州和扬州。两地所产的假古董，世称"苏州造"、"扬州造"，又称"苏州片"、"扬州刀"。两地作伪手段之高明，方法之巧妙，做假之逼肖，作伪之乱真，据说即使行家里手，也常常防不胜防。片、刀，皆极薄之物，用以形容其锋利无比、所向披靡也。

苏州的制造假古董，历史很悠久。《万历野获编》、《履园丛话》都有记载。

扬州的古董作伪，也不逊色。《花随人圣庵摭忆》一书引姚茫父的话说："凡古肆所售，十七八伪而一二真，大抵书画伪品，多出维扬。"古董做假的方法是秘密的，外人不得而知。但我看过一些书中也介绍过具体方法，那"工艺流程"相当复杂、精密，不能不承认也是一种"学问"。我曾想搜集中国古代各种造假的方法，写成一本书。也真有一家出版社来约稿，但我惟恐有教唆之嫌，婉言谢绝了。现在资料都已散失，只约略记得一些。

大约宋代人已经掌握玉的做旧方法。他们将新玉琢成器皿，采一种草汁染它，再用新鲜的竹枝燃火烧烤，新玉就变得红润深沉，宛如古玉。到明清两代，玉工发明了更巧妙的方法，即使再劣质的玉，也能经过特殊的加工，使之变红、变黑，成为美玉。

扬州至迟在清初已有"伪贾"的名称。所谓"伪贾"，用清初扬州人石成金在《传家宝》中的话来形容，就是"利用智术，贩盐加之以灰，贩米加之以水，贩漆加之以油，诸如此类"。阮元虽是著名学者，年老告归扬州后，也买过假古董。有一次阮元在扬州买到一只古铛，锈色绿如瓜皮，以为必是秦汉古物。一日，阮元宴客，用古铛盛鸭，不料铛忽然有声，随之土崩瓦解，始知是用泥和纸制作的伪品。

"苏州片"与"扬州刀"的作风之异，有一点应当说说。苏州作伪者在造假古董时，总是力求让假货不留任何痕迹。而扬州作伪者与此相反，他们制造赝品时必定要在某隐蔽处故意留下破绽，以便他日有所识别，这是"扬州刀"的特色。

"柴龙水虎粪阎王"

《自勉斋随笔》是上海书店出版的"民国史料笔记丛刊"中的一种，作者是镇江人陈邦贤。书初版于1947年，如果不是重刊，我们是很难读到它的。

这本书最有意思的地方，是记载了许多近代轶事。因为作者是与扬州一江之隔的镇江人，其中也有不少扬州掌故，例如提到的扬州人物就有耿六姑、龚午亭、卢殿虎、许蔼如、高驼子、任仲敏、袁缺唇、任孟闲、李涵秋、李更生、王少堂等。其中有一节，题为"柴龙水虎粪阎王"。乍一看很怪，细读觉得很有意思。标题本是一句扬州俗语，因此我就把这段文字撮抄如下：

现在的人称汽车叫做市虎，市虎是常常肇祸的，人看见了它，如看见阎王的一般，个个人都设法远避他。扬州有一句俗语，叫做"柴龙水虎粪阎王"。这俗语是怎样来的呢？就是因为扬州的钞关太拥挤了，挑柴的、挑水的、挑粪的都要从钞关走。挑柴的一担接着一担，如龙一般，所以叫做柴龙。钞关除旧历元旦以外，从来没有干过。因为挑水的非走那里经过不可。人见了水担子来了，必定站在旁边让它，所以叫做水虎，言其汹涌如虎的一般。至于挑粪的来了，好像现在行路的人看见汽车一般，很远的便趋避了，所以说它如阎王的一般，言其"屎"和"死"同音，"怕屎"就是"怕死"。自从福运门开了以后，钞关的拥挤，已经比较好多了。

扬州钞关的繁忙，在明清文人笔下多有表现。我曾经在一本书中专门谈到它的热闹，其中引用的资料有十余种，仅明清长篇小说中描写到扬州钞关的就将近十种。但那些描写都没有"柴龙水虎粪阎王"这般生动。

它使我们回想起旧时扬州的生活场景：烧饭用柴禾、锅灶，每到饭时，家家烟囱冒出浓淡的炊烟；吃水必须雇人从城外的河里担，许多健壮的挑夫一辈子就靠给人家挑水为生；便溺主要靠马桶，有固定的农夫进城来担粪下乡，每逢年底腌大菜时，那些农夫会给城里人家送来大白菜以示酬谢，俗称"马子菜"……

随着煤炭、煤气的普及，扬州的"柴龙"早已消失了。自来水通到千家万户之后，"水虎"也早已不见了踪影。至于"粪阎王"，也早在抽水卫生设备面前败退了。

顺便说一句，"屎"（shǐ）和"死"（sǐ）在扬州话、镇江话里同音，但在普通话里并不同音。

"有钱到处是扬州"

苏州和杭州的人，常常引"上有天

堂,下有苏杭"这句古谚以自炫。实际上"苏杭"是指广义的江南,并非专指苏州和杭州。扬州在地理上属于江北,在文化上却属于江南。因此,扬州也是一直被目为"天堂"的。例如,元人张养浩《玉香球花》云:"神仙在此,何必扬州。"汤式《忆维扬》云:"羡江都自古神州,天上人间,楚尾吴头。"这都是把扬州比喻为"天堂"的。

除此之外,明代又有一句俗语,叫"有钱到处是扬州"。这句俗语把古代扬州的富庶、繁华、舒适形容到了极致。语出明人张存绅编著的《雅俗稽言》卷五"扬州"条:

> 扬州唐时为盛,有"扬一益二"之语。十里珠帘、二十四桥风月,其气象何如!张祜诗:"十里长街市井连,月明桥上有神仙。"王建诗:"夜市千灯照碧云,高楼红袖客纷纷。"徐凝诗:"天下三分明月夜,二分明月在扬州。"其盛如此!语曰:"有钱到处是扬州。"盖其盛有自来矣。

唐人笔下的扬州之盛,多见于诗歌中。明人心中的扬州形象如何,一般人往往不甚了了。明代对于扬州而言,是并不那么繁盛的,上不能与唐并举,下不能与清比肩。但是"有钱到处是扬州"一语出自明人笔下,自然不无道理。

两淮盐商盛于清代,实始兴于明代。由于明政府实行新的盐务政策,鼓励了大批秦商、晋商和徽商来扬州经营盐业,由此而造成了中国古代史上扬州的最后一次大繁荣。盐商对扬州的影响是极为巨大的,除了经济和文化,还潜移默化了人们的意识。但是对于两淮盐商与扬州的关系,我们以前比较重视清代,却有意无意地忽略了明代。明代为什么流传"有钱到处是扬州"的俗语?我们不妨看看明人的诗。

在明代,何处商人最富呢?李攀龙《三洲歌》云:"何处估客豪?扬州估客豪。"

在明代,什么地方最乐呢?唐尧官《乌栖曲》云:"长檣大舶江烟薄,岁岁扬州恣行乐。"

在明代,哪里是让人忘记故乡的地方呢?高启《估客词》云:"上客荆州商,小妇扬州娼。金多随处乐,不是不思乡。"张以宁《扬州》云:"误喜扬州是故乡,故乡南去越山长。越山三月花如海,倚门应说到维扬。"

由于明代盐商的豪富与奢华,扬州成了当时人们流连忘返和乐不思蜀的"天堂"。

"扬州虽好,不是久恋之家"

《金瓶梅》第八十回写西门庆死后,家中已乱作一团,各人都自怀鬼胎。李桂卿、李桂姐趁吊问之机，悄悄对西门庆的小妾李娇儿说："俺妈说，人已是死了，你我院中人，守不的这样贞节。自古千里长棚，没个不散的筵席。……，常言道：扬州虽好，不是久恋之家。不拘多少时，也少不的离他家门。"李娇儿听了，果然暗中让李铭将家中财物盗出，最后她自己也离开西门庆家，重新过起了神女生涯。

值得注意的是"扬州虽好，不是久恋之家"这句"常言"。明代人心目中的扬州究竟怎样，在这句"常言"中可以略窥一二。

古典小说中形容一个地方是极乐世界，似乎常用"某某虽好，不是久恋之家"的套话。

《水浒传》第六回写花和尚鲁智深与九纹龙史进一起剪除了崔道成、丘小乙两个歹人，又在他们为非作歹的瓦罐寺里取足了金银、吃饱了酒肉，最后放了一把火。"凑巧风紧，刮刮杂杂地火起，竟天价烧起来。智深与史进看着，等了一回，四下火都着了。二人道：'梁园虽好，不是久恋之家。俺二人只好撒开。'"于是两人连夜赶路，史进投奔少华山，鲁智深自往东京。

"梁园"是汉梁孝王刘武所筑的园囿，为游览和宴客的场所，故址在今河南开封东南。一时名士如枚乘、邹阳、司马相如等，都曾是梁园的座上宾。

《西游记》第九十六回写唐僧师徒四人来到铜台府地灵县寇员外家，受到了热情丰盛的款待。八戒贪图享受，不愿离开寇家，说："放了现成茶饭不吃，清凉瓦屋不住，却要走甚么路，像抢丧踵魂的！"三藏骂他说："泼孽畜，又来报怨了！常言道：长安虽好，不是久恋之家。待我们有缘拜了佛祖，取得真经，那时回转大唐，奏过主公，将那御厨里饭凭你吃上几年，胀死你这孽畜，教你做个饱鬼！"八戒这才不再言语。

"长安"是我国的古都，即今陕西西安。从汉至唐，长安都是政治、经济、文化的中心。

"扬州虽好，不是久恋之家"与"梁园虽好，不是久恋之家"、"长安虽好，不是久恋之家"，对我们认识古代扬州的地位是极有意义的。

"上扬州，拢湾头"

最近有一位朋友批评我，说我闲谈的俚语之中，有一些是他没听说过的。他建议我谈一些大家知道的。比如，这次谈的"上扬州，拢湾头"，便是这位朋友的"命题作文"。

朋友的话自然要听，但我也不得不解释两句。俗语、谚语、俚语的流行，有一定的地域限制和时代限制。不可能有一句话到处都流传，永远都流传。一旦背景发生了变化，俚语的现实生命便消亡，从而变成了历史。但作为历史的俚语也仍然有意义，我们今天重提历史上的俚语自然也仍有意义——这一点似乎毋庸多说了。

湾头在扬州城东北，旧称茱萸湾，以盛长茱萸树而得名。古运河至此转弯，故名湾头。湾头是古运河上的重要码头，古代人从运河北上或南下，都必须经过这里。唐诗人刘长卿有《送子婿崔真甫、李穆往扬州》云："落花逐流水，共到茱萸湾。"清乾隆帝有《蜀冈》云："茱萸湾口进轻舫，平山堂上聊徘徊。"都表明茱萸湾是扬州的

"湾头"即茱萸湾

门户甚至象征——到扬州去必须经过茱萸湾，到了茱萸湾就象征着已经到了扬州。在这个意义上，可以说"上扬州，拢湾头"只是客观地表述了一个古代交通的实际情况。

晚清时，由于运河水系的变化，和南北交通格局的变革，湾头码头逐渐冷落。它不再是繁忙的市镇，也不再是人们从北方南下扬州时的必经之路了。在这种情况下，"上扬州，拢湾头"这一俚语显然就过时了。现在扬州人所说的这句俚语，常常用来形容人说话、办事不干脆、不直捷，而是绕弯子、兜圈子，这明显是含有贬义的。

我不知道"上

扬州,拢湾头"这句话是从什么时候开始流传。假设是在晚清以前的话,那么它原来可能并不含有贬义。那时候的湾头,对于从北方来扬州的人来说,事实上是没法不"拢"的。他不经过湾头,怎么能到扬州?而对于从南方来扬州的人来说,当然无需先到湾头之后再到扬州。但湾头那时既是繁华的古镇,或者南方人觉得既到了扬州,何不再"拢"一下湾头呢?如果是这样,那么这句话就应当是湾头昔日繁华的见证了。

"锅不热,饼不靠"

今年以来,有一首名叫《常回家看看》的歌唱得很欢。走在街上,经常听到小店铺里的大喇叭高声唱这首歌,叫街上的行人赶快回家去给老父亲捶捶背、同老母亲谈谈心什么的。

我一开始也觉得这首歌不错,很平易近人。歌里唱的确实都没错,我并不想批评这首歌。只是我在心里想到两个问题:第一,儿女经常回家看望父母,本是中华民族传统道德的 ABC,现在一首宣传道德 ABC 的歌曲引起了社会上这么大的反响,是不是社会的基本道德水准出了问题?第二,这首歌是要求儿女孝敬父母的,谁来写一首歌要求父母对儿女做些什么呢?虽然大多数父母都能养育自己的儿女,但并不是所有的父母都完全称职。现在大家都把儿女作为教育的对象,做父母的是不是也该受教育?

扬州民间有句俗话,叫"锅不热,饼不靠;娘不亲,子不孝"。铁锅如果没有烧热,面饼就不会贴在锅上。父母如果不关心儿女,儿女也就对父母缺少感情。这个道理其实是十分浅显的,但在世俗生活中又常常被有意无意地忽略或回避。

中国人似乎总是在教育儿女要无条件地孝敬父母。"二十四孝"都是给儿女做榜样的。鲁迅对这一套很反感,他最恨的是"郭巨埋儿"。汉代有个郭巨,家里贫穷,为了孝顺母亲,他就打算埋掉儿子,以便少一个人吃饭。妻子不敢违抗他,他就去掘坑。当坑掘到三尺多深时,忽然发现一坛金子,上面写着"天赐孝子郭巨"等字样。郭巨的儿子因此幸而没有被活埋掉。鲁迅少年时代家中十分破落,他当时担心的就是被父亲埋掉,而且父亲在掘坑的时候又未必能掘出一坛金子来。鲁迅在《朝花夕拾》中说,《二十四孝图》是"以不情为伦纪,诬蔑了古人,教坏了后人"。

无条件地宣扬"孝",为了"孝"而不惜牺牲儿女的性命,这是一种以父母为"本位"的意识。在一些动物种群中,当饥荒来临时,动物为了保证种群的繁衍,是宁可牺牲父母的性命,而让儿女活下去的。但是自认为有"文化教养"的人类，倒往往会做出反文化的事情来。所以我每听到《常回家看看》的歌时，就想到了"锅不热，饼不靠；娘不亲，子不孝"这句话。

"扬一益二"考

在古代流传的谚语中，没有比"扬一益二"更为扬州人所熟知的了。最近读美国人谢弗写的巨著《唐代的外来文明》，书一开头便描绘唐代扬州如何繁盛，并说："虽然殷实繁华的四川成都素来以优雅和轻浮著称，但是在当时流行的'扬一益二'这句格言中，还是将成都的地位放在了扬州之下。"这位美国学者把"扬一益二"称做"格言"。"益州"是成都的古称。

那么这句"格言"最早见于何处呢？

就我个人所见，唐代人笔下似乎没有完整地出现过这句话。最早提到这句话的，是北宋司马光主编的《资治通鉴》卷二五九："扬州富庶甲天下，时人称'扬一益二'。"过了大约一个世纪，南宋洪迈在《容斋随笔》卷九又提到这句话："因其商贾如织，故谚称'扬一益二'，谓天下之盛，扬为一而蜀次之也。"

唐人虽然没有说过"扬一益二"的话，但表达过同样的意思。如晚唐诗人杜荀鹤在《送蜀客游维扬》一诗中说："见说西川景物稠，维扬景物胜西川。"这也就是"扬一益二"的意思。

把"扬一益二"的意思表达得同样明显的，是另一位唐代人卢求，他在《成都记序》中说："大凡今之推名镇为天下第一者，曰'扬益'，以扬为首，盖声势也。"他差一点就要说出"扬一益二"这句话了。

扬州人是最喜欢引用这句古谚的。如清代阮元在《扬州隋文选楼记》里，谈到隋唐时人曹宪时说："尔时扬州称'扬一益二'，最殷盛。"时至今日，在介绍扬州的文章中，引用这句古谚已是十分常见的了。

但似乎很少有人对这句谚语质疑过：在唐代，扬州与成都到底谁更繁盛呢？

在一些学者看来，唐代的扬州并不总比成都繁盛。在《全唐文》中有这样的话，扬州同益州相比，"扬不足以侔其半"。也就是说，有些唐人认为扬州还比不上益州的一半。已故任中敏先生则说："在唐代，扬、益二州的文化，经常竞赛。时而称'扬一益二'，时而称'益一扬二'，未有定案。"（见《扬州曲艺论文集》序）

因此，扬州人在引用"扬一益二"一语时，应该谦虚谨慎一些，绝不要盲目自大。

"波斯献宝"考

扬州人有"波斯献宝"一语，常指别人搬弄、炫耀自己的宝物，语意略含讥讽。

波斯即今伊朗，汉代时已与中国通商。唐时的扬州多波斯商人，许多波斯人甚至以扬州为家，在此生儿育女。《集异记》中说，唐代开元年间，有一位"波斯胡"在扬生子，又去睢阳经商，忽然得了重病，在病中还念念不忘回扬州去。这位"波斯胡"说："异乡子抱恙甚殆，思归江都。"江都即是扬州。今扬州东郊尚有波斯庄。据说波斯人能识宝，故有"波斯献宝"一语。曾见扬州出土文物中，有一胡俑跪着，双手高举托盘，盘中有宝物，当是"波斯献宝"的形象化说明。

但是"波斯献宝"的文字出处，至今未见有人考证。

偶见清初徐述夔所著《八洞天》卷四有云："……那婴儿颈项下一团毛，又像献宝的波斯。"似乎表明当时已有"波斯献宝"一语。徐述夔是江苏东台人（一作泰州人，按东台本泰州地，后析置为县，故其籍贯存二说），其域旧时系属于扬州管辖。

最先出现"波斯献宝"四字的，可能是清中叶扬州人浦琳所著的《清风闸》一书。该书第四回写道："小继自恃其能干，时刻将银子叫人代他称，如波斯献宝一般，称过他又收起来，如此不止一次。"孙小继的银子本来是可以自己去称的，他故意"叫人代他称"，实际上是为了炫耀富有。书中形容他"如波斯献宝一般"，可见其用法与今天完全一样，是含有讥讽之意的。

"波斯献宝"一语是否为扬州特有，还很难说。民国初年有一本名为《海市人妖》的通俗小说，作者为"百花同日生"。其书第三十回中写一个姓李的人"流浪到了上海，因为会说几句湖南京话，连北京土著都说得不像他，上海人便都当做波斯进贡来的异宝"。照此，当时上海也流行着"波斯献宝"或类似的俗语。但后来见到《民国旧派小说名家小史》，才知道"百花同日生"正是扬州作家张秋虫："张秋虫，笔名有薑公、一泓、百花同日生等，原来他诞生于旧历二月十二日，世俗称这天为百花生日，一称花朝，他生得其时，才有这隽雅的别署。"看来"波斯献宝"仍是扬州人爱用的俗语。

"北安西兑"考

明清两代，扬州的盐商最多，也

最富。其中一些大盐商,在全国都是数得上的。例如,清代流传着"北安西亢"、"南马北查"等口碑,所指的都是当时显赫的盐商。只是由于时光流逝,绝大多数人已经不了解这些口碑的具体所指了。

"北安西亢"中的安氏和亢氏,都曾在扬州做过大盐商。

"北安"指安岐。安岐字仪周,号麓村、绿村、松泉老人,本是朝鲜人。他的经历富有传奇性。他是跟随朝鲜贡使来到中国京城的,此后便留居中国。在一个偶然的机会,他破译了已故相国明珠家窖金的秘密示意图。在明珠后人的同意下,挖出窖藏的金银。他以此为本,往天津、扬州两地经营盐业,几年之间就成了富甲天下的巨商。安岐有钱,也有文化。他喜欢收藏书画文物,并著有《墨缘汇观》一书,详细记录了他经眼的历代书画名作。安岐在扬州的故居,即今安家巷一带。安家巷,就是因安岐而得名的。

"西亢"指亢其宗及其家族。亢家的原籍在山西平阳,兴起于明代末年。他家的暴发也富有传奇色彩。据说李自成攻进北京城后,获得无数金银财宝,撤出北京时就把大量财宝埋藏在某秘密地方,以便将来东山再起时作为军饷。后来有人挖到这笔财宝,亢家就是其中之一。金庸的小说《雪山飞狐》,也提到这件事,但没有点明是亢家挖到了

财宝。亢家在扬州经营盐业,与安氏齐名。他家的花园旧址,在小秦淮附近。据《扬州画舫录》记载,亢家沿城阴构园,临河造屋一百间,扬州人呼为"百间房"。至乾隆年间,亢家已传五代,此时亢氏主人是亢其宗。据说亢家的衰败也很有传奇性。乾隆帝得知亢家为全国首富,意欲籍没其家,但苦于找不到借口。有人献计说,不如让亢其宗做管理河工与盐务的官。在清代,管理运河事务和两淮盐务的官是个肥缺,权力很大,责任很大,开销也很大。亢其宗做官不久,即被查出河、盐均亏空。朝廷就以此为罪名,抄了亢家。从此以后,赫赫扬扬数百年的"西亢"便成了历史。

《扬州画舫录》卷九云:"亢园在小秦淮。初,亢氏业盐,与安氏齐名,谓之'北安西亢'。"即指此。

"南马北查"考

清代著名的儒商,南方有扬州马氏,北方有天津查氏,时人有"南马北查"之谚。李斗在《扬州画舫录》卷十二曾写道:"论诗有'南马北查'之誉。"即谓此。

扬州马氏是指马曰琯、马曰璐兄弟,他们的祖籍在安徽祁门,世代在扬州经商。到马氏兄弟时,其家以园林、藏书名满天下。马氏园林的故址,在东关街南,

最盛时有景十二处,即:小玲珑山馆、看山楼、红药阶、透风透月两明轩、石屋、清响阁、藤花庵、丛书楼、觅句廊、浇药井、七峰草堂、梅寮等。其中以小玲珑山馆最为出名。此前,苏州有园名玲珑山馆,马氏仿之,故称为小玲珑山馆。馆中曾有玲珑石,具透、绉、瘦、漏、秀之奇。马氏兄弟虽是盐商,但极风雅。他们好藏书、爱养士,家中的丛书楼藏书十余万卷,江南士子多来楼中读书。旧时国人藏书,往往秘不示人,像马氏这样将藏书公开借与人读的,真如凤毛麟角。后来清廷编纂《四库全书》,向民间征书,扬州马氏丛书楼是征书的主要对象之一。马氏兄弟与当时文士如全祖望、杭世骏、厉鹗、金农等交谊很深,经常在经济上接济这些寒士。他们自己也是诗人,马曰琯著有《沙河逸老小稿》,马曰璐著有《南斋集》。他们还刻书,所刻之书工整秀丽、赏心悦目,世称"马版"。在扬州盐商中,马氏兄弟代表了盐商的风雅的一面,他们的气质、情趣,被后人誉为"小玲珑山馆之风"。

天津查氏是指查为仁、查为礼兄弟,原籍宛平,世居北京,因经营盐业致富。查氏在天津建造园林,名水西庄。水西庄同小玲珑山馆一样,四方名士川流不息,诗文之会常年不断。有一些名士(如厉鹗),南下时住在扬州马氏家中,北上时就住在天津查氏家中。一时之间,南马北查,传播人口。查氏兄弟是盐商,也是文人,查为仁著有《莲坡诗话》,查为礼著有《铜鼓书堂遗稿》。

南马北查生活于所谓"康乾盛世"。时代的太平,促进了经济繁荣和文化昌盛,以致盐商们都如此儒雅。这在今天仍对我们有不少的启示。

《鹿鼎记》中的"辣块"

根据金庸先生同名小说改编的电视剧《鹿鼎记》,正在电视上播放,剧中主人公韦小宝几乎成了家喻户晓的英雄。

但韦小宝其实是一个小人物,与《清风闸》中的皮五辣子相似,身上有不少流氓气。据《鹿鼎记》第六回说,韦小宝本想冒充福建人的,但是他"说话中有扬州腔调",一口扬州话便成了韦小宝的标志。

韦小宝最常说的扬州土话是"辣块妈妈"。例如第六回中,韦小宝颤声道:"不……不是!辣块妈妈的,当……当然不是。"心中一急,扬州话冲口而出。第七回中,祁彪清问韦小宝做太监做了多久,韦小宝道:"什么多久了?半年也还不到。我原是扬州人,却给他捉到北京来了。辣块妈妈的,臭鳖拜,死也要上刀山、下油锅、滚钉板、穿骨头的贼鳖拜!"一连串扬州骂人的言语冲口而出。另外,第三十回中,韦小宝听一人说话带着扬州口音,倒有三分欢喜,心道:"辣块妈妈,你跟我可是老乡哪。"

"辣块"就是"那块"、"哪块"。扬州土话说"你是哪块人",其音如"你是辣块人"。在普通话中,只有"那儿"、"那里",没有"那块",更不说"辣块"。因此,自晚清以采,"辣块"就成了别地人识别扬州人、讥嘲扬州人的话柄。略举二例:

晚清小说《九尾龟》第一百八十回:"我生平最不赏识的就是扬州人,如今见了许多的扬州螃蟹,满口'辣块''辣块'的……"

民国小说《情海春潮》第五回:"那个丫环莲香倒还伶俐,做事也极巴结,只是她一口江北土音,'这块''腊块'的,委实难听。"(腊块、辣块音同)

在清代中叶之前,未见有人嘲笑过扬州话,相反,林黛玉也是用扬州话作诗押韵的。到了晚清,扬州话音调依旧,却忽然成了苏南人嘲笑的对象。其实,任何语音本身都无所谓雅俗,方言的地位高低说到底是取决于该地经济地位的高低。真正的知识分子并不轻视任何方言。词人丁宁《南歌子》曾缀扬州土语云:"却道鬼庄,那块顶风凉。"词中的"那块"也即是"辣块"。

《南歌子》里的"紧干"

扬州近代女词人丁宁的名字,现在很少有人提到。张中行先生前几年却专门写了一篇《丁宁词》来介绍她,并认为"她的值得赞许之处",就是"出语平易"。这里有个典型的例子,是丁宁用"扬州土语"写过一首《南歌子》词,词中使用了"偏生"、"滴溜"、"兜搭"、"那块"等扬州土语。《南歌子》最后一句是:"清溪虽说没多长,可是紧干排遣也难忘。"

"紧干"的意思是"怎么"、"怎样"。扬州人问"那件事怎么样",其音为"辣件事紧干"。"紧干"似乎也是扬州土语中最有特色的词之一,我们不妨追溯一下它在文献中的踪影。

在丁宁《南歌子》之前,民国时人徐谦芳在《扬州风土记略》卷中曾把它记录为"怎干"。书中说:"不知其事,问曰'怎干'。"徐氏是扬州人,我们看不到他对扬州土语有何歧视。

往前追溯,清代道光、咸丰时人周生在《扬州梦》卷三里曾以"怎干"的发音来赞美扬州语音之美。书中写道:"语轻则清,吴语清滑,扬语清隽,皆从舌尖上流转也。土语云'怎干','怎'读如'紧',市中小儿处处皆是。"周氏是镇江人,生当清季之前,故他把扬州土语与苏州土语是看得一样好听的。

再往前追溯，我们可以从乾隆间人钱德苍编辑的《缀白裘》第十一集中，发现这个词当时是十分流行的。它的读音，由于快读而合音成"姐"。在《缀白裘》第十一集的《请师》剧本中有这样的台词："王法师，你又不害病，姐的只管哼？""姐"即"紧干"的合音。《扬州方言词典》有"井干"条说，该词"在口语中常合音成'简'。简、姐二字音近，都是"井干"或"紧干"的合音。

《缀白裘》所收均为清代中叶南方舞台上最流行的戏曲剧本。"姐"（紧干）在当时戏曲舞台上的流行，表明那时扬州土语在南方是得到广泛尊崇的，这与那时扬州的经济地位是完全相称的。但是到了清末或清末以后，我们便无法想像在苏州、南京等地的舞台上仍会使用"姐"（紧干）这样的扬州土语。方言的地位取决于该地的经济地位，我越来越相信这一点。

关于"老鸦语"

扬州民间曾流传一种暗语，称"老鸦语"。这种"老鸦语"只有圈内的人才能听懂，而且各行各业的说法不尽相同。"老鸦语"实为一种流行于扬州市井的"切口"，也是一种特殊的"俗语"。

关于扬州的"老鸦语"，因只流行于下层社会中，所以向来无人记录。偶见胡朴安先生在二十年代所编的《中华全国风俗志》下篇卷三里有一篇《扬州老鸦语》，言之甚详，弥足珍贵，便抄录如下：

"扬州老鸦语，产于三十年前。发明者为某钱庄之总管吴某。始只闻于钱业中人，局外人不得而知也。今则下流社会人多操之，彼等视为一种寻常白话。故茶

老鸦语即暗语

坊、酒肆中，莫不有此种声浪。往往他乡人初至扬地，常受彼等之谩骂而不得知。兹择其寻常多用者，录述如下，亦考察风俗者所需知也。"

"如谓一曰夜明珠，谓二曰耳朵边，谓三曰散花，谓四曰狮子猫，谓五曰乌梅果，谓六曰隆冬，谓七曰棋盘，谓八曰斑毛，谓九曰劈子，谓十曰省油灯，谓百曰绷子，谓千曰浅水流，谓万曰玩意仗；谓眼曰安南红，谓耳曰耳头边，谓鼻曰并头莲，谓手曰寿州，谓足曰肿头间，谓肚子曰总都府，谓儿子曰奈河桥（亦曰枝子花），谓头曰斗兽，谓眉毛曰昧良心、冒失鬼；谓是曰丝瓜（亦曰出州），谓无曰本色，谓好曰号条，谓他曰托盘，谓你曰泥笔，谓我曰鹅黄，谓吃曰纸糊，谓小曰小鸟，谓大曰打扫，谓狠曰更亭，谓要曰腰刀，谓玩曰弯环，谓多曰哆啰麻，谓帕曰巴豆；谓父曰闹佛，谓嫂子曰扫帚枝子，谓未出阁之姑娘曰古凳盖，谓妍头曰襄阳号俢，谓妓女曰标头；谓来曰癞狗，谓去曰区区，谓吉曰绉皮，谓钱曰欠草，谓大洋钱曰秧蛾，谓茶曰叉头枝，谓饭曰番瓜花，谓鬼或龟曰桂花枝，谓老实可欺者曰亚佛，谓睡觉曰垂头蒿儿菜。"

"老鸦语"似乎也有规律可寻，即代用词的首字与所指的本字谐音。这种方法大约清初就有扬州市井小儿用过。费轩在《扬州梦香词》中写道："扬州好，年少系相思。恼我闲情清曲子，当人戏语湛弯儿。别个不曾知。"词中的"湛弯儿"，也即类似于后来的"老鸦语"。《扬州梦香词》对于"湛弯儿"有这样的说明：

"湛弯儿"，市井小儿语也。如云三则曰散鲜花，七则曰砌花台，妈则曰骂玉郎——盖取第一字之讹音也。

"湛弯儿"和"老鸦语"都带有"行话"、"黑话"的色彩，使人联想到威虎山上土匪们说的 "天龙盖地虎"、"宝塔镇河妖"。它们的功能，主要在于让圈外的人听不懂，而圈内的人则可以当别人的面进行秘密交流。这种语言的产生，有其独特的历史条件和乡土背景。帮会的横行、商业的欺诈、人与人之间的互不信任以及由此形成的社会风气，都是"扬州老鸦语"产生的原因。"湛弯儿"和"老鸦语"的名称，则显示了它们迂曲、灰暗的特征。

关于"流儿言"

在《乡土》第三期上读到一篇文章，叫《"流儿言"初探》。文章说，在江苏省的部分瓦木、糕点、浴室工人以及摊贩中间，流传着一些俚语，扬州人称之为"流儿言"。如：头叫"各奔山"，肉叫"娇皮嫩"，耳叫"金针木"，肚叫"撑船摆"，等等。文章认为，"流儿言"是同我国传统的文明语言习惯格格不入的，因而它会消失。对此我有些不同想法，写出来就正于方家。

扬州人所谓"流儿言"，其实是汉语的一种修辞手法。按照陈望道先生的分类，这种修辞手法叫做"藏词"。陈望道所著《修辞学发凡》给"藏词"的定义是："要用的词已见于习惯的成语，便把本词藏了，单将成语的别一部分用在语中来替代本词的，名叫藏词。"这是一种很古老的修辞法。例如古人把三十岁称为"而立"，就是因为《论语》中"三十而立"这句话已成为成语，故而用"而立"来代替"三十"了。

上海人常用"猪头三"一语形容陌生、异类的人，这是用的"猪头三牲(生)"这个成语，藏去了"牲(生)"字。《沪苏方言纪要》说："此为称初到沪者之名词。'牲'、'生'谐音，言初来之人，到处不熟也。"

清人褚人获《坚瓠二集》说，黄生因为"掀唇"，人呼"小黄窍嘴"。他在一个寺中读书。有一次和尚送面来，因面烫手而落地。于是黄生笑道："光头滑、光头浪、光头练、光头勒。"暗藏了"面汤搕忒"四字。而和尚也应声说："七大八、七青八、七孔八、七张八。"暗藏了"小黄窍嘴"四字。

我幼时在扬州常听祖父说："打半斤'三六'去。""买几块'二不栏'来。"起先不知什么意思，后来才懂得，"三六"指酒(九)；"二不栏"指干子(豆腐干；扬州有"二不栏干"之语，意为尴尬)。又，香烟常称为"一铺狼"，因为有"一铺狼烟"的熟语。

这种修辞方法诙谐的风味很浓厚，我以为它是中国劳动人民幽默性格的表现。事实上，它和其他一些来自民间的语言一样，已经被文学家们带入"大雅之堂"。如果有少数人用它来表达不正确的思想，那么这并不是这种修辞方法不好，而是因为这些人的思想不健康罢了。很明显，对于思想不健康的人来说，即使运用的语言十分"规范化"，不健康的思想也一样能得到充分的表达。譬如，用《"流儿言"初探》中的例子：有人未到下班时间就想溜回家吃饭，他如果说了一句很"规范"的话："肚饿了，走吧！"他的这种不遵守劳动纪律的思想就不该指责了吗？这同用"撑船摆、忍饥受、鸡毛掸"(暗藏了"渡、饿、帚"三字，谐音"肚饿走")的修辞方法有什么关系呢？

《"流儿言"初探》一文断言："这些'流儿言'是和我国传统的文明语言习惯格格不入的。"并说"这种'流儿言'，将会消失"。对于这种意见，我实在不敢苟同。

二十四桥明月夜

朱自清故居寻踪

邵伯埭情思

在扬州城之北,大运河之东,有一个风光秀丽、人烟稠密的古镇——邵伯。它的得名,是因为一千五百年前晋代谢安在此筑埭以利民生,后人追思其德,比于周之召伯,故名其地曰邵伯。又称邵伯埭、邵伯堰、邵伯驿、邵伯镇。

自古以来,邵伯就是南北通航的必经之地。唐李翱《来南录》、宋楼钥《北行日录》、元刘一清《行程记》、明归有光《壬戌纪行》、清程穆衡《燕程日记》诸书,不仅记述了在邵伯的旅程,而且抒发了他们的思古幽情。

邵伯又是一个人文荟萃的地方，历代诗人为它吟哦过许多美妙的诗章。如苏东坡《邵伯梵行寺山茶》云："山茶相对阿谁栽？细雨无人我独来。"晁补之《视邵伯埭新堤》云："桃欲呈红柳弄阴，麦田青已没鞋深。"萨都剌《邵伯舟中》云："远客行舟秋色里，谁家吹笛月明中？"李东阳《夜过邵伯湖》云："苍苍雾连空，冉冉月堕水。"王士禛《邵伯舟中》云："野戍寒虫乱，回堤古庙斜。"

作家、学者朱自清先生，就在这繁华而美丽的古镇上，度过了两年的时光。朱先生是四岁时随家由海州移居邵伯，六岁时又随家从邵伯迁入扬州城里的。短短的两年时间，无疑给幼年的朱自清留下了难以磨灭的印象。以至于在他离开邵伯四十多年后，还能在《我是扬州人》一文中，真切地回忆起"四岁的时候先父又到邵伯镇做小官，将我们接到那里"的情景：

在邵伯住了差不多两年，是住在万寿宫里。万寿宫的院子很大，很静；门口就是运河。河坎很高，我常向河里扔瓦片顽儿。邵伯有个铁牛湾，那儿有一条铁牛镇压着。父亲的当差常抱我去看它，骑它，抚摸它。镇里的情形我也差不多忘记了。只记住在镇里一家人家的私塾里读过书，在那里认识了一个好朋友叫江家振。我常到他家顽儿，傍晚和他坐在他家荒园里一根横倒的枯树干上说着话，依依不舍，不想回家。这是我第一个好朋友，可惜他未成年就死了；记得他瘦得很，也许是肺病罢？

万寿宫、运河堤、铁牛湾，这都是邵伯人非常熟悉的。谁能想到，这些孩提时代留下的印象，竟会随着朱自清先生走南闯北经历大半生而未尝忘怀呢？

幼年朱自清住过的万寿宫，祀宋许旌阳真君，其址在今邵伯轮船码头北侧。万寿宫是清乾隆八年(1743)江西官商修建，至乾隆十三年(1748)竣工的。道光二十七年(1847)重建，徐玉丰有《召伯埭重建万寿宫记》，董醇隶书勒石。朱自清先生说，万寿宫前的"河坎很高"，意思是说河堤高于万寿宫及周围民居。这种情形大约在清代道光年间已是如此。而在此之前，万寿宫和周围的民居是高于运河堤的。因为运河床不断增高，运河堤也不得不增高，才形成了运河堤比万寿宫高的局势。清咸丰间董醇所撰《甘棠小志》卷四云：

今海内通都大邑及村市聚落，凡江右人所萃处，必建万寿宫以祀，冀可却灾沴而利风涛，千四百馀年来如一日。其在扬州邵伯埭则重修于乾隆十七年(1752)，而前无可考。距余家至近，门临运河，金堤壁立，拾级而下至庭，计卑于堤顶者九尺五寸。自道光辛卯(1831)后，堤屡加，及寻。无怪乎长老所云："昔之民居高出堤上者，今皆可登堤而俯瞰也！"

当初，当幼年的朱自清登上高高的古运河堤，用他那稚嫩的手向河心

邵伯铁牛

扔去瓦片，古运河水因而被激起一朵朵小小浪花的时候，这位未来的诗人一定快乐无比吧？可惜的是万寿宫今天已不复存在了，而朱先生看过、骑过、抚摸过的铁牛仍在。

铁牛，一称铁犀，系清初镇水之物。王振世《扬州览胜录》卷四有"邵伯埭之大铁犀"条写道：

铁犀在邵伯埭南，俗称其地为铁牛湾。清康熙四十年（1701），张文端公鹏翮铸以镇水者。先是，康熙三十八年（1699）六月，邵伯更楼水决为塘，长五十六丈五尺，水深四丈，难堵塞。三十九年（1700），文端奉朝命下埽堵塞，克日成功。四十年（1701），置铁犀一座镇之。……迄今二百余年，铁犀完整如故。身伏于地，润而有光，腹中空，扣之微有声。土人以其年久有神，遇有疾疫，辄往祷焉。

铁牛身上有铭文二篇，一篇撰于康熙四十年（1701）："维金克木蛟龙藏，维土制水龟蛇降。铸犀作镇奠淮扬，永除昏垫报吾皇。"一篇撰于咸丰二年（1852）："淮水北来何泱泱，长堤如虹巩金汤。冶铁作犀镇甘棠，以坤制坎柔克刚。容民畜众保无疆，亿万千年颂平康！"铁牛原置邵伯镇南，现高卧古运河边。如果到邵伯寻找与朱自清先生有关的事物，除了到万寿宫的遗址前搜索那残断的砖石，到古运河的高堤上眺望那浩渺的烟波，便只有来摩挲这无言的铁牛了。

关于朱先生幼年时代的好朋友——江家振，虽经热心的人们四处打听他的详细情况，但结果却毫无所得。我们只是觉得朱先生是一个很重友情的人，无论是对朋友，还是对故乡。

天宁街掠影

1903年，朱自清先生的父亲小坡公

将全家搬到扬州,从此在扬州定居。到1948年朱先生在京逝世时,朱家在扬州先后住过七所房子。最先住的地方,是城北的天宁街,亦称天宁门街、天宁门大街。

朱自清先生的弟弟朱国华先生,在《朱自清在扬故居踪迹》一文中回忆说:

1903年—1909年住扬州城内天宁门街,是和同族朱姓同门居住的,我和妹妹玉华都生在这所房子里。因为当时我年岁很小,对于房子内部的结构记不清了。只是在长大以后有几次路过那里,看到那座房子的大门很宽广,门楼里面有八扇屏门,从大门外的街上向北望去,已看到天宁门的城门了。

谈到天宁街的历史,在两百年前李斗写的《扬州画舫录》里已见记载。如《扬州画舫录》卷四说:

拱宸门在新城西北,亦曰天宁门;城内天宁坊,亦曰天宁街,名起于城外之天宁寺也。

天宁街口乃古天宁寺山门旧址,旧有华表,俗称牌楼口。牌楼高二十丈,额曰"朝天福地"。宇下蝙蝠以万计,又称其地为"万福来朝"。柱下栖乞儿数百。迨改建新城,寺在城外,华表遂废。

今天宁寺距拱宸门数武,门内为天宁街,长三百馀步。

另《扬州画舫录》卷九又记载说:

钞关至天宁门大街,三里半。近钞关者谓之埂子上,上为南柳巷、北柳巷,至天宁门,谓之天宁门大街。

由此可见,天宁街或天宁门大街至少有二百年以上的历史了。这条古老的街今天还在,一般称为天宁门街。

几十年来,天宁门街的景观发生了许多的变化。石板路变成了水泥路,旧房屋改建了新房屋,从前站在街上就能望见的天宁门城楼也早已拆掉。朱家在这里曾经住过六七年的房子,现在几乎没有踪迹可寻了。

正如《扬州画舫录》所说的,天宁门街的名字是来自天宁寺。天宁寺距离天宁门街北首只有几步路。从前站在天宁门街北望,望见的是天宁门城楼,现在城楼不复存在,一眼便看见红墙黑瓦的古天宁寺了。

天宁寺相传为晋太傅谢安的别墅。后舍宅作寺,初名"谢司空寺",宋代政和年间易名为天宁寺。千馀年来,这座古刹留下的佳话实在不少。据说东晋时,尼泊尔高僧佛驮跋陀罗曾于此译《华严经》。宋建炎年间,金兵攻占汴京,高宗南逃扬州,驻跸于此。明建文年间,寺僧道彝和尚奉使东渡日本。清康熙、乾隆两朝,圣祖、高宗南巡,都在此建行宫。《红楼梦》作者曹雪芹的祖父曹寅,曾奉旨在寺内设立书局,主持刊刻《全唐诗》。寺中又曾建过与北京文渊阁和文源阁、沈阳文溯阁、热河文津阁、镇江文淙阁、杭州文澜阁等齐名的文汇阁,庋藏《四库全书》一部。郑燮、金农、李鱓等扬州八怪画家,都在这里盘桓过。天宁寺确实可以说是扬州古城的一处胜地了。

然而待朱自清先生来到扬州的时候,扬州历史上最辉煌的时代已经过去了。不但《四库全书》在太平天国的战火中灰飞烟灭,清代皇帝的行宫也早已只剩了断壁残垣。朱先生在《说扬州》这篇文章中回忆说:"自己从七岁到扬州,一住十三年,才出来念书。"他在从七岁到十三岁的六七年间,每天看到的也就是由极盛转为极衰的古天宁寺。天宁寺的盛衰史,也是扬州城的盛衰史。那衰败,不仅是经济的、政治的,同时也是文化的、艺术的。在天宁门街看到的一切,不能不给少年朱自清以深刻的印象。所以后来他在《说扬州》里,一面批评易君左先生的《闲话扬州》"将扬州说得太坏",一面又批评曹聚仁先生的《闲话扬州》"未免说得太好"。朱先生说:"也不是说得太好,他没有去过那里,所说的只是从诗赋中、历史上得来的印象。这些自然也是扬州的一面,不过已然过去,现在的扬州却不能再给我们那种美梦。"这一番感喟,无疑是包含着朱先生少年时代在扬州的亲身感受的。

弥陀巷逸事

弥陀巷是朱自清先生在扬州城里居住过的第二个地方。朱国华先生在《朱自清在扬故居踪迹》中写道:

1909年—1913年,由天宁门街迁居弥陀巷内中段西面小巷内,巷口有一口水井。大门对面有一堵照壁,照壁后便是东西绵延的瓦砾山。大门向北,门槛很高,入大门通过门楼,进屏门有一方小天井,向西进入二门,便是一个三合院。朝南三大间是正房,我们父母兄弟姐妹都住在里面。隔着天井,对面有三间较小的屋,是祖父母的住房。向西通过厢房旁的甬道,又有一个小天井。南边是厨房,北边有耳房一间,供勤杂人员居住。当时住在小巷内只有两户。西邻王姓是自己的房子。他家儿子王仁寿,从小经常和大哥二哥一道玩。1947年清明节,我从苏南返扬扫墓,路过弥陀巷,想去看望王大哥,走到他家门外,看见门上还是贴着那副"雅韵追摩诘,风流步右军"的对联,我很高兴,叩门进去,只看到他的老伴和爱女,问起王大哥在哪里工作?他的老伴回答:"还是吃笔杆子饭,不过他已在泰兴另成家室,不想回来了。"我听了不禁怅然,深有"门庭依旧,人事已非"之感。

弥陀巷今犹在,位于扬州城北。巷因原有弥陀寺而得名,故又称"弥陀寺巷"。"弥陀"是阿弥陀佛的简称。《广弘明集》卷二十八(上)有北齐卢思道《辽阳山寺愿文》,其中说:"愿西遇弥陀,上征兜率。"这里的"弥陀"就是指阿弥陀佛。"阿弥陀佛"是梵语译音,意为"无量"。阿弥陀佛也译作无量清净佛、无量光佛或无量寿佛。据李斗《扬州画舫录》卷九载:

　　百岁坊,即弥陀寺巷。

这"百岁坊"的别名,也许就来自"无量寿佛",因为扬州民间有"长命百岁"的口彩。弥陀巷距天宁门街不远。《扬州画舫录》卷九说:"天宁门街东小巷通弥陀巷。"

弥陀巷的名称很容易教人联想到这是一个香烟缭绕的地方。但其实弥陀寺早已不存。远在清初的时候,这里就已经不再是佛家的清净之地,而变成市语喧哗的所在了。康乾间人董耻夫在《扬州竹枝词》中写道:

　　书词到处说隋唐,
　　好汉英雄各一方。
　　诸葛花园疏理道,
　　弥陀寺巷斗鸡场。

这首诗是说,清初扬州城里说书艺术非常发达,艺人们到处踞坛讲史,诸葛花园、疏理道、弥陀寺巷、斗鸡场这些街巷都有书场。

弥陀巷真有它奇特而又值得骄傲的历史。这里建过敬神的寺院,有过娱人的书场,还住过一个画鬼的名家——扬州八怪之一的罗聘。罗聘字遯夫,号两峰,别署花之寺僧。原安徽歙县,其先辈已迁居扬州,遂为扬州人。罗聘以画《鬼趣图》名于世。但他虽曰能白日见鬼,其实还是以人为模特儿的。鲁迅先生在《捣鬼心传》中谈道:

弥陀巷

清朝人的笔记里，常说罗两峰的《鬼趣图》，真写得鬼气拂拂；后来那图由文明书局印出来了，却不过一个奇瘦，一个矮胖，一个臃肿的模样，并不见得怎样的出奇，还不如只看笔记有趣。

世界上本来并没有鬼，罗两峰不过是借画鬼来讽喻当时社会罢了。他的那些出名的《鬼趣图》，就是在弥陀巷里一幅一幅画出来的。弥陀巷中的罗两峰故居，称为"朱草诗林"。朱草是一种红色的草，可作染料，方士附会为瑞草。汉代东方朔《非有先生传》有"甘露既降，朱草萌芽"之句。但王充在《论衡·异虚》中已表示怀疑："朱草、蓂荚，皆草也，宜生于野，而生于朝，是为不吉。何故谓之瑞？"罗两峰把自己的居处命为"朱草诗林"，不过是寄托一种美好的愿望罢了。罗两峰有《香叶草堂诗集》，其妻方婉仪号白莲，亦能诗。这样看来，诗林二字是当之无愧的。

"朱草诗林"今仍在弥陀巷中。近人王振世《扬州览胜录》卷六"画师罗两峰故宅"条云：

朱草诗林，罗山人两峰故宅，在彩衣街弥陀巷内，今名其地为小花园巷。仪征金氏所居即其故址。山人名聘，字两峰，号花之寺僧，清乾隆间人，金冬心先生弟子，画梅画佛，皆师冬心，所为小诗亦逼肖。妻方婉仪，字白莲，并工诗画。山人尝画《鬼趣图》，当时海内名流题咏殆遍，如蒋心馀、程鱼门两太史，张船山太守，均有题诗，散见集中。著有《香叶草堂诗集》，其版本极精，今藏于宜宜斋碑帖肆，有印本可购。

"朱草诗林"的内部建筑，今人朱江先生《扬州园林品赏录》述之甚详：

〔朱草诗林〕在弥陀巷内小花园巷东首四十四号宅内，系清代扬州绘画名家罗两峰故居。园在住宅西偏，坐北朝南，有精舍两间；坐西朝东，又有客室一事。西南依墙筑半亭，上悬"倦鸟巢"三字匾，乃"真州吴让之书题"。亭与客室之间，接以短廊。沿园之东墙，修廊一折，北与精舍相连。廊南壁，辟一门，东与厅堂相通。是园虽甚小，其意实大。清乾隆年间，杭郡老画师金农，曾经在此作过画。罗两峰与其妻方白莲，及其子允绍、允缵，皆擅画梅花，成一家风格，人们称为"罗家梅派"。方婉仪也卒终于此。后"朱草诗林"转鬻于仪征金氏，并有所增筑。

据《扬州园林品赏录》载，在弥陀巷内，尚有另一处"震氏朱草诗邻"，"乃清朝甘泉知县震钧致仕之居址。因慕罗两峰之为人，邻于罗氏故址，并颜其居曰'朱草诗邻'。今已无实迹可考。"

少年时代的朱自清先生，在弥陀巷里住了大约四年之久。弥陀巷中关于神、

皮市街

人、鬼的种种遗闻轶事,给了他怎样的影响呢？朱国华先生在《对大哥朱自清青少年时期的回忆》一文中曾说：

> 当我家住在扬州弥陀巷时,祖父菊坡公年老中风,半身不遂,走动需人搀扶。那时大哥十三四岁,常常帮助家人将祖父搀到大门口坐在高门槛上,让他散散心,深得祖父母的钟爱。

先生不信神,也不信鬼,但他却具有最纯朴的也是最完美的人格。先生为弥陀巷的历史增添了最新的佳话。

南皮市杂俎

朱家从弥陀巷迁出后,便安家到了扬州新城的南皮市街,在这里住了两年左右。朱国华先生在《朱自清在扬故居踪迹》一文里说：

> 1913年—1915年,住南皮市街,这是一所很古老的房子。大门东向,门板和门沿是用铁皮包钉的。通过大门楼便是八扇屏门,进了屏门,过了院落,便是大

学时经常住在大厅旁边厢房里。在后进内宅西南另有一座两层楼房，不住人，由房主堆置一些家具什物。西北角通过厨房有后门通向真君巷。

所谓"南皮市街"，也即皮市街的南段。皮市街，顾名思义，原是因商业集市和行业作坊取名的街道。扬州有很多这样取名的街巷，如漆货巷、石灰巷、雀笼巷、打铜巷、糖坊巷、灯笼巷、买卖街、翠花街、缎子街、彩衣街，等等。有些巷名乍看不易解，如"兜兜巷"。清人梁章钜在《归田琐记》卷一"兜兜巷"条中写道："在扬州日，间与钱梅溪谈邗江故事，梅溪曰：'余近寓居之西，俗呼兜兜巷，此名颇雅，不知始于何年？可入诗否？'余记得《柳南随笔》中有此事，一时不能口述，归而检书，始得之。……扬州有兜兜巷，巷甚隘，而路径甚多。居此巷者，妇人多以做肚兜为业。"可见兜兜巷是因为生产肚兜而得名的，这正如同《金瓶梅词话》写西门庆因开设专一发卖各色手帕汗巾儿的店铺，所以连一条巷子也改称手帕巷一样。

皮市街，自然因为它曾经是皮货市场集中的地方。这大抵在清代中叶以前就已如此，因为《扬州画舫录》已提到皮市街的名称。其卷九有云：

徐宁门至罗湾止，计二里。由徐宁门至蒋家桥，为徐宁门大街；由蒋家桥至罗湾，为皮市街。

接着又说："自徐宁门始，路东为樊家店、杨胡子巷、土地堂巷、洪水汪巷，东折火星庙巷，北折蒋家桥，入皮市街。"下注："近南者为南皮市，近北者为北皮市。"那么"南皮市"的街名距今也至少有二百年以上的历史了。

虽说南皮市按理应有很多皮货店，但历史的变化非常惊人。不但今天从这里找不到一家皮货店，而且在近代的著述里也很难寻到一点皮货店的影子。

当二十世纪二十年代朱自清先生住在南皮市街的时候，那时南皮市最出名的一家店铺，是云蓝阁，专售各种纸笺、扇面等文化用品。云蓝阁是一家有浓厚的传统文化气息的店，壁上很讲究地挂着当地名人的字画。民初董玉书所著《芜城怀旧录》卷二载：

闵小白，名寰，歙县人，两淮盐知事，寓居盛世岩关东牌坊巷。性孝友，工六法，人物花卉，并能入品。……昔云蓝阁纸铺画壁有其墨迹。《云海楼诗》云："云蓝建小阁，画壁求名公。"注云："云蓝阁笺扇肆，在南皮市，曾请府君及王小某及释莲溪诸公画壁。"

云蓝阁不但经营传统的中国纸，还适应时代潮流销售外国货。民初孔庆镕所著《扬州竹枝词》有一首写道：

邮政传书薄海通，
宛如万里共长风。
云蓝阁里东洋纸，
巧制蛮笺尺一通。

在当时相当闭塞的扬州城里，云蓝阁能打破世俗的偏见，率先进口洋货，也真需要一点勇气。

当时正上中学的青年朱自清，一定到过云蓝阁。或许还曾买过云蓝阁的纸笺，并在壁上名人字画前流连过吧？

琼花观寻梦

凡是知道扬州的人，大约没有不知道琼花的。扬州有琼花，好比洛阳有牡丹，北京有红叶，日本有樱花，欧洲有玫瑰。但牡丹、红叶、樱花、玫瑰都以数量众多取胜，琼花却以"维扬一株花，四海无同类"闻名。

最先著录琼花的宋人王禹偁，写过一首《后土庙琼花》诗，其序云："扬州后土庙有花一株，洁白可爱，其树大而花繁，不知实何木也，俗谓之琼花。"王禹偁说到的"后土庙"，即后来的琼花观，在扬州城东。琼花观前的街，因观而得名，就叫琼花观街。朱自清先生家就在琼花观街住了七八年之久。朱家在扬州的七处住宅中，琼花观街的这处住宅是与朱自清先生关系最为密切的。朱国华先

琼花观

生《朱自清在扬故居踪迹》回忆道：

1915年——1922年夏季，住琼花观街东首，西距芍药巷约一箭之遥。大门南向，通过大门内门楼，进入屏门，是一个长方形的院落，南面有耳房三间。向北通过果园，东面有住房三进，当时是房主孙姓居住的。我家住在西边，进入东向的二门走过花圃，前面是一座朝南的大厅，后面有两进内室。由二门内花圃通过八角门向北弯进，走过长长的火巷到达厨房，厨房有三大间，开启了后门，通过芍药巷中段的银锭桥。这座住房和大哥关系最为密切，因为大哥中学毕业、入京考北大、和武氏大嫂结婚生子、在第八中学担任教务主任，都是住在这座房子里的。我认为，如将这座房子定为"朱自清故居"，是最合适不过了。但我的侄子朱闰生前两年特地到扬州访问，才知此房已

经改建成工厂，破坏了原有的风貌，当然不可能再定为故居来纪念了，这是很可惋惜的。

琼花观街的这处住宅，后来成了工农制鞋厂的所在地，里面的房屋已全部拆去。据李亚如先生《朱自清故居访求记》一文说："这座房屋在未拆以前我曾去过，大厅是鞋厂的仓库，后面有座楼，是裱糊鞋骨的地方。"现在，琼花观街已经拓宽为琼花路，不但朱家故居已经无迹可寻，连朱先生常常行走的琼花观街也不复存在了。

但是，琼花观街的这处住宅给朱自清先生的印象却是美好而深刻的。在朱先生的文章中，很少谈到在扬州的居处，惟独在《看花》这篇散文里，曾经谈到琼花观街的房子：

　　家里人似乎都不甚爱花；父亲只在领我们上街时，偶然和我们到"花房"里去过一两回。但我们住过一所房子，有一座小花园，是房东家的。那里有树，有花架(大约是紫藤花架之类)，但我当时还小，不知道那些花木的名字；只记得爬在墙上的是蔷薇而已。园中还有一座太湖石堆成的洞门；现在想来，似乎也还好的。在那时由一个顽皮的少年仆人领了我去，却只知道跑来跑去捉蝴蝶；有时掐下几朵花，也只是随意弄着，随意丢弃了。

《看花》是1930年写的，这时朱家离开琼花观街已经八年。可是我们从朱先生的娓娓叙述中，仍可感到他的几分眷念，几分乡思。

朱自清先生的家，离琼花观很近。朱家住在这里的时候，原来十分壮观的琼花观已只存三清殿和琼花台。琼花台上原有无双亭，据说是宋代大文学家欧阳修在扬州任太守时所建。琼花台早已荒芜不堪，历代到此流连的骚人墨客几乎都乘兴而来,扫兴而去。孔尚任有《琼花观》诗，说："琼花妖孽花，扬州缘花贵。花死隋宫灰，看花真无谓！"毛奇龄有《琼花台》诗，说："何年创此琼花台？不见琼花此观开！"他们探访过琼花观后的失望情绪，真是溢于言表。《儒林外史》作者吴敬梓，晚年曾流寓于扬州琼花观附近。他常常踯躅在荒芜的琼花台前，悲悼自己的坎坷身世亦有类于琼花。吴敬梓侄儿金兆燕有《甲戌仲冬送吴文木先生旅榇于扬州城外登舟归金陵》诗，其中说："峨峨琼花台，郁郁冬青枝；与君攀寒条，泪下如连丝。"——这些关于琼花观的轶事，朱先生一定从书中读到过，或听父老们谈论过吧？

朱国华先生说，他家住的地方"西距芍药巷约一箭之遥"，芍药巷如今还在。芍药巷的得名，与扬州历史上盛产芍药有关。宋人孔武仲《芍药谱》说："扬州芍药名于天下，与洛阳牡丹俱贵于时。"据沈括《梦溪笔谈·补笔谈》卷三载，宋代庆历年间扬州"有芍药一干分四歧，歧各一花，上下红，中间黄蕊间

禾稼巷

之。当时扬州芍药，未有此一品，今谓之'金缠腰'者是也"。当年赏花的四人，在其后三十年中都成了宰相，这就是"四相簪花"的著名故事。自宋代以后，扬州的芍药一直很出名。姜夔《扬州慢》词中有"念桥边红药,年年知为谁生"之叹，塞尔赫《白芍药》诗中有"风暖月明娇欲堕，依稀残梦在扬州"之咏——遥想朱先生当年执教于北京，每当看到丰台芍药时，也会想到扬州的芍药吧？

禾稼巷旧闻

在扬州旧城，有不少与明代开国元勋常遇春有关的小巷。如常府巷，相传常遇春府第在此。《嘉靖惟扬志》云："戊戌（1358）春，以常遇春为江南行省都督马步水军大元帅，旋师淮东。今扬州城小东门内有常府，遇春所居也。"在常府巷附近，有粉妆巷，相传常夫人梳妆于此；有实惠巷，相传常府设厨房于此；又有禾稼巷，相传常府建谷仓于此。这些巷名一直沿用至今。而禾稼巷，便是朱自清先生家曾经居住过的地方。

朱国华先生在《朱自清在扬故居踪迹》一文中说：

1922年夏季——1922年秋季，住南门街禾稼巷，这是一座朝南的三间两厢的房子，我家搬进去只住了半年，大哥也没有去过。

查季镇淮先生的《朱自清先生年谱》，在1922年中，朱先生主要是在杭州、台州两地教书，但这年暑假朱先生曾"自杭州携眷回家"。如果朱国华先生的记忆不错，那么朱自清先生的暑假便不是在禾稼巷度过，而是在琼花观街度过

的了。尽管朱先生没有住过禾稼巷里的家，但禾稼巷作为朱家在扬州的故里之一，似乎仍值得一谈。

禾稼巷如果真的得名于明初常遇春大元帅家的谷仓，那么它的历史已有六百年之久。现在我们比较容易见到的记载，是在李斗《扬州画舫录》卷九里：

旧城南门至北门三里半，近南门者谓之南门大街，近北门者谓之北门大街，中谓之院大街。自南门始，路东为南门左城脚、薛副使巷、寿安寺巷、堂子巷、禾嘉巷。

在"禾嘉巷"下有小注："通张家桥，巷内路北为缸巷、粉妆巷，出常府巷至常府桥、永丰巷，通小东门左城脚。"这说明禾稼巷的名称最迟在清中叶以前已经存在。只不过李斗把它写成了"禾嘉巷"，"嘉"与"稼"本是同音的。

又有人把禾稼巷写成"何家巷"。民国间董玉书《芜城怀旧录》是继李斗《扬州画舫录》之后的又一部记述扬州风物的书，其卷一写道：

甘泉县何麦村大令卸任后，寓居何家巷。继居者汤春舫，亦曾摄甘泉县篆；春舫原籍常州，汤贞愍公同族也。今其地改为平儿院。

僻巷中忽然住进了前后两任县太爷，于是马上变得热闹起来。臧谷《续扬州竹枝词》云：

禾嘉巷口聚书差，
开道旗锣执事排。
闲著衙门偏不进，
频年冷落县西街。

这也是因为"地缘人贵"吧。

不过县太爷的府第很快改成了"平儿院"。平儿院即贫儿院，是旧时扬州收养孤儿的慈善机关。在二十世纪三四十年代，贫儿院里常常演出扬州戏，著名扬剧表演艺术家高秀英就在这里登过台。这一回，禾稼巷里虽然又是锣鼓喧天，旗旛拂地，却不是在摆官场上的威风，而是在演戏场上的喜剧了。

禾稼巷附近惟一现存的古迹是"四眼井"。由于这口特别的井有四个井眼，所以即使真有"十五个吊桶打水七上八下"，也不致使绳索难分难解。"四眼井"据说也是常遇春家的，因为常府人丁众多，故掘此大井。——朱自清先生虽未饮过这井中的水，但《背影》里的主人公却一定在这里盘桓过。

东关街览胜

扬州城北有一条东西走向的街道，叫东关街。李斗《扬州画舫录》卷九云："新城东关至大东门大街，三里，近东关者谓之东关大街。"朱自清先生家从禾稼巷搬出后，便住到了东关街仁丰里。朱国华先生《朱自清在扬故居踪迹》说：

  1922年秋季—1930年春季，迁住东关街仁丰里，这是距东关城门不很远，座落在街北的一条不通行的小巷。小巷里住户不多，我家房子的大门东向，通过门楼和两扇屏门，进入内宅。这是一座有串楼的庭院。楼上下南向各三大间，是正房。对面是较窄狭的走廊，放置点杂物，也可作为白天的休憩处所。楼上串廊的南墙原有一个三四平方尺的窗户，可从窗内俯瞰邻屋屋顶，当时家人戏称为"南天门"，天热时，大家喜欢聚坐那里，阵阵南风扑面吹来，使人精神一爽。楼下东厢是灶间，西厢有耳房两间，北面一间是客座。楼上西厢也是住室。大哥暑假往返经过扬州时，都住在楼下东边正房里。

  朱家住在东关街的时候，朱自清先生正先后任教于浙江、北京，因此只有暑假才能回到扬州。朱家在东关街住了八九年之久，朱先生即使每次回扬州的时间不长，累计起来却也不少。东关街的风光名胜，对于朱先生大概不会是陌生的。

  正如朱国华先生所说，朱家故宅距东关城门很近。出了城门，便是繁忙的运河码头。有人说，枚乘《七发》所谓"将以八月之望，观涛乎广陵之曲江"，就在这里。这当然很可能是附会之说。但在清代，东关城门附近确有以"广陵涛"为名

东关街

的泉水、茶肆、浴池。《扬州画舫录》卷九说过：

> 广陵涛在东关南城脚人家中，几无可考。……盖始东关茶肆有名广陵涛者，又浴池有名广陵涛者，后遂相沿指其地，非广陵涛之真所也。其实东关城下之泉，味自清洌，不可没。

当朱自清先生后来著作《中国歌谣》一书，在第三章中写到"西汉的扬州已成为中外互市之所，枚乘将观涛于此，可以想见其繁盛"的时候，或许会想到他的故家居然同两千年前的广陵涛有过某种因缘吧？

东关街原是一条名胜很多的街道。陈从周先生在《扬州园林与住宅》里说：

> 今日扬州园林与住宅的分布，比较集中在城区，而最大的建筑又多在新城部分。按其发展情况，过去旧城居住者，为士大夫与一般市民，而新城则多盐商。清中叶前，盐商多萃集在东关街一带，如小玲珑山馆、寿芝园(个园前身)、百尺梧桐阁、约园与后来的逸圃等。

到朱自清先生的时代，东关街两侧许多美丽的园林早已随着盐商的衰落而荒芜了。据朱先生同时代人王振世先生的《扬州览胜录》一书所载，在清代曾经盛极一时的马氏小玲珑山馆，已经只剩下"故址"可以凭吊；乾隆间大盐商安麓村的约园，已是"园毁，改为富春花局种花处"；康熙时名士汪懋麟读过书的百尺梧桐阁，而今"园久荒废，屡易其主"；至于杭世骏、蒋士铨、赵翼等海内硕儒讲过学的安定书院，更是斯文扫地，"改为公安总局"了。幸存的个园至今犹在，但当时属私人所有，一般人难以涉足。如此的一条东关街，究竟会给朱自清先生留下了怎样的印象呢？这是很难说的。

不过有一件事情，是我们不能忘记的。这就是，朱先生的名著——《背影》，最早传到扬州，是寄至东关街仁丰里的；《背影》的主人公小坡公最早读到《背影》，也是在东关街仁丰里的。朱国华先生在《朱自清与〈背影〉》一文里写道：

> 1928年，我家已搬至扬州东关街仁丰里一所简陋的屋子。秋日的一天，我接到了开明书店寄赠的《背影》散文集。我手捧书本，不敢怠慢，一口气奔上二楼父亲卧室，让他老人家先睹为快。父亲已行动不便，挪到窗前，依靠在小椅上，戴上了老花眼镜，一字一句诵读着儿子的文章《背影》，只见他的手不住地颤抖，昏黄的眼珠，好像猛然放射出光彩。

朱国华先生接着回忆说："父亲在看到《背影》以后的几年后，便去世了，他是带着满足的微笑去世的，儿辈终于实现了他'腹有诗书'的愿望，自清在中国现代文坛显示了卓越的才华。儿子给了他无限的慰藉。"

安乐巷散记

朱家在扬州的最后的住处,是安乐巷。因为这处房子保存得比较完整,所以已经被正式确定为"朱自清故居"了。

这是一条极为寻常的小巷。尽管近在咫尺的琼花观街发生了巨大的变化,但这里依然保持当年的旧颜。巷子很狭窄,两侧基本上还是晚清或民国时代建筑起来的民居:青砖、小瓦,整饬而玲珑的门楼,低矮而参差的围墙。这虽然是一条"陋巷",然而至少已经存在了二百年以上。二百年前李斗写《扬州画舫录》的时候,就提到过安乐巷,虽然只是卷九里的短短一句:"小安儿巷,通安乐巷,抵罗湾。"

朱家是1930年迁居安乐巷的。朱国华先生《朱自清在扬故居踪迹》说:

1930年春季以后,我家从东关街仁丰里迁入安乐巷54号(以后改为27号)。这是一所扬州传统的三合院式的住宅,外面有客座两间,里面东西两边是正房。……

大哥1932年8月4日和陈竹隐大嫂在上海结婚后,去浙江普陀山度蜜月,回程经过扬州时,曾在此房客座里耽留了十天。1936年母亲病故,他在7月8日独自回扬州奔丧,是住在与客座毗连

安乐巷朱自清故居

的东边正房内的,以后大哥就没有重来扬州了。

朱自清先生在安乐巷居住的时间虽不长,但安乐巷却是朱先生最后诀别扬州的地方。而且,朱自清先生的许多亲人都是在安乐巷去世的,安乐巷也一定是最

使朱先生魂牵梦萦的地方。朱先生的公子朱闰生在《自清府君事略》中这样谈到安乐巷：

安乐巷住宅，大门朝东，进大门过道两旁为厨房、柴房。北面小院内有客座两间，父亲回扬州时就住在这里。进二门以后，为上堂屋三间、下堂屋三间和厢房，是祖父母、庶祖母及二姐五妹和我的住处。祖父母、庶祖母及二姐遨先均在这里逝世。

朱自清先生的母亲是1936年5月28日去世的。朱先生从北京清华大学回到扬州安乐巷家中后，在日记里抄录了父亲所撰的挽联，以寄哀思："来归近五十载，内外少闲言，子成列，女有家，绕膝孙枝，你原无憾；卧病历百余天，膏肓伏二竖，祷无灵，医罔效，伤心梁梅，我独何堪。"慈母的离去自然使人心伤，而爱女的夭折格外令人断肠。1944年8月19日，朱

在朱自清故居内

先生的二女公子遨先得急病死于安乐巷家中。先生在《我是扬州人》一文中这样写道："这中间叫我痛心的是死了第二个女儿！她性情好，爱读书，做事负责任，待朋友最好。已经成人了，不知什么病，一天半就完了！"这个女儿死的时候已经二十二岁，正所谓英华早逝，所以朱先生十分痛心。安乐巷是凝聚了朱先生的无穷哀思的。

安乐巷中的"朱自清故居"是一座单檐硬山式的晚清建筑。房子原来的主人姓陈，朱家居住在这座房子的南半部。现在，堂屋、客座、天井、小院，都还保持着旧时的格局，只是我们再也看不到那朴实而伟岸的身影了。

这是再平常不过的扬州传统民居。但我们总是企图在这里发现一点点伟人留下的痕迹。门外面当年那用乱砖和泥土踩平了的巷道依旧，使人默然感到"结庐在人境，而无车马喧"的幽静气氛。南墙上那个本来刻着"敬惜字纸"字样的砖洞尚存，又无端教人想起"二句三年得，一吟双泪流"的苦吟精神——这些，有点像朱自清先生，但又不完全像。天井中常年湿润的地面，是用一块块青砖铺成的，质朴，然而非常坚实。面朝天井的一大片窗棂，全是用一根根短木条镶嵌成的整齐的图案，简洁，却又十分精致——这些，隐隐地催人联想起朱先

生的品格与风采。

抗日战争时期，朱自清先生的父亲小坡公杜门不出，专心在家中练习书法与篆刻。听说他练字的方砖和还没有雕刻完成的毛竹笔筒，至今还在。睹物思人，使人不能不在脑海里浮现出朱自清先生用他那枝生花妙笔所深情描绘的、为许多人所熟知的"肥胖的，青布棉袍，黑布马褂的背影"。

关于小坡公的"背影"，有这样一件轶事。据给小坡公治过病的耿鉴庭大夫回忆，小坡公晚年精神渐渐欠佳，因安乐巷住宅大门朝东，当入冬无风而晴时，小坡公每晨必面对门内而坐，阴其头部，但曝其背。这样，过往行人只能看到他的背影。小坡公对耿大夫说，他之所以不能正面晒太阳，是由于当时体质"阳气浮于上"。而实际上，小坡公那时正在韬光养晦，怕人知道他是《背影》的主人公。但时间一久，人们还是知道了这位老人的身份。事为信成女学校语文教师所知，还出过《我也看到〈背影〉主人的背影》的作文题目。

小坡公是 1945 年 4 月 9 日在安乐巷走完自己的人生旅途的。正如朱国华先生在《朱自清与〈背影〉》一文中说的那样，他是带着满足的微笑去世的，因为儿辈终于实现了他"腹有诗书"的愿望，朱自清在中国现代文坛显示了卓越的才华。小坡公葬于扬州廿四桥祖坟。这一来，这位原籍浙江绍兴的老人，终于像他家门上对联写的那样，"见说乡亲是苏小；为看明月住扬州"了。他永远地留在扬州了。

二十四桥明月夜〈跋〉

扬州真是一个文化渊薮，理由是文章怎样做也做不完。密密匝匝的小巷，袅袅婷婷的古桥，林林总总的老字号，斑斑驳驳的大宅门，还有别处没有的种种风物，像琼花、八怪、白塔、盐商等等，都容易使人产生自豪、怀旧和感慨的情愫。

这本书里的文章，是十多年中陆续写出来的。有些文章，至今还记得写作时的情形。例如，十几年前《扬州文学》创刊，要求写一篇美文，内容必须关系到扬州，这就有了书中第一篇文字《巷城赋》。现在重翻这篇文章，才发现文章提到的一些小巷已经在城市改造中不知不觉地消失了，像明代贵妃田秀英住过的田家巷、民间流传着故事的黑婆婆巷等，重读这篇文章时的心情也就多少变得有些怅惘。几年前济南的《藏书家》创刊，

编者希望写点扬州藏书楼方面的东西，恰好那时扬州的测海楼正面临拆除的命运，就立即写了一篇《沧桑测海楼》进行呼吁。也可能是因了《藏书家》的影响，测海楼不但没有拆掉，如今反而整修一新，成了旅游者的去处，倒是《藏书家》杂志在最近出满了十辑之后不得不停刊了，令人顿生人琴之叹。书中有一组关于"扬州花事"的文字，其实最先只写了琼花、芍药两篇，因为近年来民歌《好一朵茉莉花》成为扬州的市歌，这才补充了一篇谈茉莉花的文字。

扬州历史上有一些非常出名的人群，比如盐商、瘦马、优伶、八怪、学派等。几年前，在福建人民出版社出版过谈扬州人群文化的几本书，即《两淮盐商》、《扬州瘦马》、《维扬优伶》——那时本

来还想写扬州的工匠，后来因为兴趣不大，就作罢了。收在本书中的几篇相关文字，是那几本书的绪言，因为自己觉得写得还算好，也就收集在一起。后来又写了《关于扬州八怪》，因题材相近，也一并收在书里。这次补充的一篇文字是《关于扬州学派》，原为《扬州文化通论》的一节，也因内容相近，舍不得割弃，便收入本书。

  扬州的风物，真很丰富而且隽永，但没有人能够写得很好。不是眼光只盯着一些浅俗的东西，就是笔力停留在旅游解说词的层次。能够找到埋藏已久又深有意义的题材，已属不易。舍得花力气从各种故书杂记中钩沉那些琐细史料的人，更是凤毛麟角。更不用说眼力、观点和趣味了。总之，材料、趣味、文字俱佳的不多。我稍稍感到欣慰的是，收在本书里的"风物撷拾"与"老字号钩沉"两组文章，庶几合乎自己的要求。写扬州的"包家灯"、"女儿红"、"黄鱼脚"、"狮子头"等风物，"伍少西"、"戴春林"、"梁福盛"、"惜馀春"、"陈恒和"等老字号，还有《周制》、《乌师》等等一些文字，自信都是既有兴味而又未经人道的。至于《品味"扬州气"》和《扬盘·苏意》两篇文章，刻意从文化批判的角度去谈扬州传统文化，也颇敝帚自珍。其中的是非得失，我想自有识者公论。

  《二十四桥明月夜》原由上海古籍出版社于2000年出版，这次由南京师范大学出版社重新出版，非常感谢。书中文章的调整情况，特说明如下：原书中《邂逅三白》和《寻找芸娘》两篇，因为不久前收入苏州大学出版社出版的《扬州掌故》一书，故这次删去；新补充的几篇文章是：《浪漫扬州》、《见证扬州城》、《重访梅花岭》、《寂寞丛书楼》、《茉莉飘香》、《关于扬州学派》、《侬自阊门来》七篇。图片大部分更换了，其中有不少扬州著名摄影家王虹军先生和周泽华先生等老朋友的作品，特此致谢。

二〇〇五年五月

二十四桥明月夜《再版后记》

《二十四桥明月夜》的重印，得感谢老友王欲祥先生的雅意。

这本书的上一版是在2005年，至今已有十年。书中的一些文章，因为新材料的发现，借此机会作些补充。

一是《包家灯》一文，近年发现清人陈文述《画林新咏》关于包钧的记载："南宋时，有人能于袖中剪字，与古人名迹无异。近年扬州包钧最工此，尤工剪画，山水、人物、花鸟、草虫，无不入妙。"诗云："剪画聪明胜剪书，飞翔花鸟泳萍鱼。任他二月春风好，剪出垂杨恐不如。"据考包钧系乾嘉间人，他的剪画作品今在天津博物馆、镇江博物馆及徐州私人收藏家手中均有收藏。包钧或许是包壮行之后，也未可知。

二是《瘦西湖船娘》一文撰成后，发现民国二十年（1931）9月8日上海《金刚钻》第四版署名健客的文章《瘦西湖上话船娘》，开头写道："瘦西湖为扬州最名胜之地，风景绝佳，每当春夏，湖中游人如织，瓜皮小艇络绎不绝。此辈船娘，名虽以操舟为业，实则多操神女生涯。今岁大水为灾，瘦西湖亦因水涨，一般船娘以娇弱之躯，不复敢往来于大水泛滥之中，遂致湖上生涯一落千丈。而此名噪中外之瘦西湖，亦为之减色不少。差幸为时不及一月，湖中波涛渐退，船娘乃得重整旗鼓，恢复旧观。"文中说："瘦西湖上船娘，虽不明张艳帜，分别等级，然无形中亦有品第之分。有名三银者，为前数年艳噪湖上二银之妹，年纪十五，秀丽天然，且知书识字，聪慧过人。而其体态苗条，秋波明媚，尤非一般船娘所及。自去岁操舟以来，裘马少年莫不为之颠倒。与三银齐名者，有巧云与连弟子。巧云以风骚胜，虽以花信年华，而风韵未减，恋之者亦大有人在。其操舟和酒之值，与三银相伯仲。连弟子年华二八，以天真烂漫胜，今岁始业操舟，价格亦较逊。顾闻其父母，束之甚严，欲造访芳阁，殊不易易。此三人者，人品生涯，俱在其他船娘之上，故有'瘦西湖三艳'之称。次则如二姑娘之丰容盛□，小四子之娇小玲珑，小才子之活泼天真，俱有足取，泛舟之值，一元足矣。复次则虽黄面跣足，然亦有其乡村风韵，且取价只小银元数枚，亦尚有一部分人欢迎。至若狗女子、如意子等，则自郐以下，卑卑不足道矣。"值得注意的是所谓"瘦西湖三艳"——三银、巧云和连弟子，她们虽被轻佻文人视为风尘中人物，但她们的家教还是很严的。

民国时的扬州船娘，甚至还曾作为广告女郎。有一张名为《瘦西湖三美图》的阴丹士林布广告画，画面上的三位扬州女郎肤色细腻白皙，正在湖中撑船。大概因瘦西湖船娘声名远播，她们就成为一种叫做"阴丹士林"的布匹广告中人物。画面由三位美女构成，身着旗袍，两站一坐，站着的两位手持木桨划船。湖面上有荷叶，远景有房有山有塔。画面上有红色字体，一看即是广告语。正上面用红色楷体写着"阴丹士林各种色布"，底下是"永不褪色"，以及阴丹士林的"晴雨商标"。右侧是比较详细且有鼓动性的广告语："闺阁名媛请购此布，制衣裳尤美观，注意每码右边上均印有晴雨商标。"阴丹士林（Indanthrene）是人造染料的一种名称，原有各种颜色，一般多指青蓝色。它比其他布更为鲜亮，穿一件阴丹士林大褂，令人觉得特别干净、平整。阴丹士林布面世以后，受到女学生们的喜爱。据说民国时期，不分年龄、性别、职业、阶层，一年四季每人都有几件阴丹士林布做的衣服。当年，阴丹士林布在全国大做广告，在哪儿做广告就选当地的女子。如在扬州做广告就选扬州美女作宣传，在苏州做广告则选苏州美女作宣传。他们在扬州选择了扬州船娘。这幅广告画所绘"三美"，或者就是《金刚钻》所称的"瘦西湖三艳"。

晚清扬州人辛汉清《小游船诗》曾吟咏瘦西湖上的八位船娘，她们是钟莲娘、转娘、挡子、巧姑、沈家娘、洪四娘、小蔚、五子。民间又有"十二钗"或"十八钗"之说，知其雅号者有憨湘云（仇姓）、莽张飞（崔姓）、船娘子（张姓）、玉如意（张姓）、红珍珠（刘姓）、玉唾壶（王姓）、胡媚儿（孟姓）、冷香丸（林姓）、第五泉（李姓）、薄幸儿（刘姓）、小飞燕（张姓）、活玉环（姚姓）、女孟尝（崔姓）、赛文君

再版后记

（朱姓）、骚丫头（郑姓）、肥肉白（眭姓）、望君来（林姓）、翡翠儿（唐姓）等。而当代的瘦西湖船娘，已有大学生参与其中。她们善于摇橹，也擅长民歌。很多游客要坐游船，就是想听船娘唱扬州小调。

三是《扬州俗语札记》。我近年来又写过几则，如《发广东财》。扬州人有一句俗语，叫做"发广东财"，现已逐渐不为年轻人所知。偶尔在网上看到扬州人写的文章，其中有一句话："喂，到哪儿发广东财啦？"甚感亲切。"发广东财"固然是一句土话，其历史背景却非同一般。在明清两代，广东是中国最早与外国通商的地方。先是明嘉靖年间，葡萄牙人租借澳门，开辟了广州至西洋的贸易航线，此后西、荷、法、英、美各国纷纷来广州进行贸易。清乾隆年间，专限广州一口通商，广州成为中国国际贸易的中心市场。西方的物质文明和精神文明同时敲开了帝国的大门，广东俨然是中华大地得风气之先的"南风窗"。而内地的扬州人，是最先意识到这一点的。嘉庆间扬州人林苏门在《邗江三百吟》里，就赫然记载着当时扬州社会流行的一句俗语，叫做"想发广东财"。林苏门说："广东洋货，沽来鬻于他省，利息原大。但洋面风波最恶，即谚云所谓'漂洋'者也。扬俗求财若辈，往往有财未发而卒至祸不旋踵者，皆由不知冒险之故。一朝失足，遗憾终身，其举念可妄动耶？嗤之者曰：'想发广东财。'"虽然作者认为到广东做生意要冒生命危险，但这段文字足以说明扬州人早在两百年前已经纷纷前往广东淘金。

"发广东财"这句扬州俗话，由于流传很广，因而在文献中有较多的记载。例如著名的清代扬州评话话本《飞跎传》第二十四回的题目，就叫做"富家郎暗助广东财，飞跎子三进簸箕阵"。在《飞跎传》一书里，提到"发广东财"的次数之多，令人惊讶。如第四回："家中就交与你混时光，如若有人找我，就说我发广东财去了。"第六回："在下姓石，名信，字不透，往逼上红城投师，想大大的发个广东财。"第二十五回："看财童子见富家郎不能取胜，慌将聚钱斗望刁里古怪身上一倒，倒出许多广东财来。"可见在清代中叶，"发广东财"几乎是扬州人的口头语。扬州人往广东淘金的经济行为，同时也推动了两地的文化交流。一方面，扬州人从广东引进了许多新鲜东西，譬如西洋的建筑风格。"广东十三行"一称"广东洋行"，在历史上声名卓著，实为清朝在广州设立的对外贸易牙行。其聚居地称为"十三行街"，"洋行"后来成为外贸商行的通称。在清中叶，广东洋行、两淮盐商、山西票商三分天下,成为举足轻重的商人集团。广东洋行的建筑多为三层楼结构,底层作货仓,二楼与三楼作公寓。其建筑风格既华丽又时尚,最有名的是碧堂,扬州盐商则仿其风格在瘦西湖边建造了一座澄碧堂。亲自到过广东的扬州人李斗,在《扬州画舫录》里写道:"盖西洋人好碧,广州十三行有碧堂,其制皆连房广厦,蔽日透月为工。是堂效其制,故名澄碧。"这是扬州人擅于吸收外来文化的实例。另一方面,扬州人也把自己的文化带到了广东,譬如扬州的民间小曲。扬州歌女早在乾隆年间就到广东珠江花艇上卖艺,经常演唱的曲调有《小郎儿曲》。李斗说过,他曾经三游珠江,询问当地人最好的歌伎是谁,"皆云扬伎金姑最丽"。因为金姑们的传唱,致使扬州清曲在广东盛行,并被刻版传播,后来结合当地民歌,演变成广东南音。这也是扬州文化传播到外地的证明。但是,如今的广东早已不再是中国唯一的对外通商口岸了,所以"发广东财"一语迟早会被人们遗忘。

另一句扬州俗语是"做拦停"。在扬州方言中,"做拦停"一语用得很多。"做拦停"的意思很明白,就是拉架、劝解、排解纷争。每每在街上看到两个人吵架,就有人上前说:"两位都省一句吧。大暖天的,看你们吵得一身汗,累不累呀!又不为什么大事,何必呢?凡事听人劝,都回家吃晚饭吧,家里老婆还等你们呢!"通常这时旁观者也跟着附和,于是双方怒气渐消,借机下台,一场干戈,化为玉帛。此之谓"做拦停"。"做拦停"其实是一种和谐的艺术。"做拦停"固然不适用于大是大非问题,但适用于一般的纠纷。"做拦停"作为一种化解矛盾的艺术,要取得成效,有两点原则:一是保持中立,不能偏向一方;二是善于安抚,尽量大事化小。话虽如此,实际上做到完全中立也难。例如乾隆时扬州人浦琳在所著《清风闸》第十六回中,写皮五爷卖菜,与老奶奶发生争吵,"五爷说:'讲明白了,八百文!'奶奶说:'放你娘的屁!'两下大闹,旁边邻居出来做拦停,把奶奶银镯一只,当了大钱八百文与他。"纷争虽然平息了,但舆论谴责的还是皮五爷一方。这是我看到的最早使用"做拦停"一语的小说。

根据《清风闸》讲述的扬州评话《皮五辣子》,就更多地用这句话了。如第十四回说一个卖菜的大嫂遇见皮五爷,两相争执,"本来后街上还有跑路的,她这一喊,连跑路的都没有了。邻居家可有人出来做拦停呢?也没有"。连"做拦停"的都没有,说明邻居都害怕皮五爷。第二十回说县衙门里的刑房书办毛老先生,到城隍庙想买样玩具给孙子,"他才到庙门口,被皮五辣子看见了,一阵鬼喊,把毛老头子喊过来了。老头子想:不晓得皮五辣子跟什么人较量,分明不得过,喊我去做拦停。"毛老先生"做拦停",语气近乎哀求:"凤山呀!有话说话呀,不要跟人家动手啊!"因为他了解皮五的性格是喜欢动手。

"做拦停"有时候是两边卖情讨好。道光年间成书的《风月梦》第八回,写一个姓白的人,最喜欢"做拦停":"此人姓白,名白实新,弟兄几个他居长,人总喊他白大,专在清浑堂名里打茶围、吃白食、传签打知单,逢时遇节打秋风,不拘那家堂名闹出事来,他总捱着做拦停,两边卖情讨好。"白实新"做拦停"的方法,比毛老先生更为离奇,不但哀求,而且磕头。有一次,两伙人闹矛盾,"白实新听了,就往地下十跪,将众人拦住道:'尤大哥们暂息雷霆,强大虽是不懂人事,还要看他家照应的庚四老爹分上。他是个朋友,最肯交结人的。如今哥哥们权且将巧相公交与兄弟,此刻菜前酒后不便说话,明日大早请在教场泠园,我兄弟同庚老四过来,总叫弟兄们过得去。'"为了平息事端,以至于此,也是旧时一景。而教场茶馆作为扬州人"做拦停"的场所,看来也由来已久。不过,有时"做拦停"却是预先设计的谋略。《风月梦》第二十三回写有人想敲诈抽鸦片烟的扬关差人吴珍,因为吴珍有数千两银子家资。他们摸准吴珍"每天晚间总在强大家过瘾",届时"带几个伙计,约莫二更时分,闯进强大家,到桂林房里将吴珍同烟枪、烟具获住,人赃现获"。而这时候,"我在他家别的相公房里坐着,等你们声张起来,我假装不知,岔出来做拦停。他怕打官事,至菲也要弄他几百银子"。这种"做拦停",实为一种计谋。

"做拦停"是扬州方言无疑。凡用此三字的,均是历代扬州人的作品。迄今为止,我发现的唯一例外,是清初禁书《姑妄言》(下)第二十三卷一段话:"那吴赖的父母、哥嫂、兄弟、老婆、儿子、媳妇、女儿哭哭啼啼,拿棒槌的、拿短棍的、拿拨火棍的,妇女们拿着马刷的,就来了一大阵。喊进门来,见他家人多,不敢打人,只将厅上桌椅隔扇打得粉碎。还想打到内里去,他那内门关得铁桶一般。众人打得性瘫了,傅家亲友出来做拦停。再三再四的讲私和,不必到官,将旧次的文书还他,还与他一百银子。"《姑妄言》的作者曹去晶,康熙年间生活于宁、苏、杭一带。他自署"三韩曹去晶",三韩即今辽宁朝阳一带。有人考证,曹去晶家族如同曹雪芹家族一样,是从东北随清军入关的。所不同的是,曹雪芹先人到北京即定居下来,而曹去晶先人却随清军南下，最后在南京定居。曹去晶于康熙初年生于南京，他的书中既然用了"做拦停"一语，说明南京话里也有此一说。

本来，"做拦停"总要好言相劝，但现实生活中也有硬行劝阻的，谓之"硬拦停"。嘉庆时扬州人著有《邗江三百吟》，卷十《硬拦停》条云："两人相争，势莫能解，旁观者硬行拦阻，曰'硬拦停'。"并有诗云："舌剑唇锋学鲁连，解纷排难独争先。同人无论二三四，获利均分十百千。谬托知心强借箸，未曾假手即扬鞭。不关己事谋人事，如此饥躯亦可怜。"可见"硬拦停"是从"做拦停"派生来的一句土话。无论是"软拦停"，还是"硬拦停"，对于减少纷争、和睦邻里，都有积极的意义。

兹借重印之机，聊缀数语如上。

韦明铧
二零一四年五月

图书在版编目(CIP)数据

二十四桥明月夜 / 韦明铧著. — 南京:南京师范大学出版社,2005.9
(城市文化丛书)
ISBN 978-7-81101-322-1

Ⅰ.①二… Ⅱ.①韦… Ⅲ.①文化史—扬州市 Ⅳ.①K295.33

中国版本图书馆 CIP 数据核字(2005)第 095301 号

书　　名	二十四桥明月夜
作　　者	韦明铧
责任编辑	韦　娟
出版发行	南京师范大学出版社
地　　址	江苏省南京市宁海路 122 号(邮编 210097)
电　　话	(025)83598919(总编办)　83598412(营销部)
	83598297(邮购部)
网　　址	http://www.njnup.com
电子信箱	nspzbb@163.com
印　　刷	扬中市印刷有限公司
开　　本	787 毫米×960 毫米　1/16
印　　张	17.5
字　　数	277 千
版　　次	2005 年 9 月第 1 版　2014 年 5 月第 3 次印刷
印　　数	6 601~9 100 册
书　　号	ISBN 978-7-81101-322-1
定　　价	42.00 元
出 版 人	彭志斌

南京师大版图书若有印装问题请与销售商调换
版权所有　侵犯必究